Anneliese Panzer
Ich war fünf und hatte das Leben noch vor mir

Anneliese Panzer

Ich war fünf und hatte das Leben noch vor mir

Erinnerungen an eine Flucht

Bibliografische Information der Deutschen Nationalbibliothek
Die Deutsche Nationalbibliothek verzeichnet diese Publikation in der
Deutschen Nationalbibliografie; detaillierte bibliografische Daten
sind im Internet über http://dnb.dnb.de abrufbar.

ISBN 978-3-86506-305-2
3. Paperbackauflage 2014
© 1999 by Joh. Brendow & Sohn Verlag GmbH, Moers
Einbandgestaltung: Brendow Verlag, Moers
Titelfotos: Getty Images
Fotonachweise:
S. 191: DIZ Dokumentations- und InformationsZentrum, München
S. 10, 14, 21, 26, 32, 48, 214, 217: Privatbesitz
S. 37: Bildarchiv Preußischer Kulturbesitz, Foto: Arthur Grimm (Gm/WII-196a/1a)
S. 62: Transit Film GmbH
S. 64: National Archives Washington
S. 176: Sudetendeutsches Bildarchiv, München / Nr. 4133
S. 178: Bundesarchiv Koblenz, Bild 146/76//72/8
Satz: Satz & Medien Wieser, Stolberg
Druck und Bindung: CPI – Clausen & Bosse, Leck
Printed in Germany

www.brendow-verlag.de

INHALT

Vorwort	7
Zu Hause	9
Meine ersten Ferien	11
Aufbruch ins Unbekannte	27
Eine gute Tat bleibt nicht unvergolten	34
Wieder im Flüchtlingstreck	37
Die letzten Wochen in Danzig	43
Kleine Erinnerungen an zu Hause	47
Die letzte Ruhe vor dem Sturm	49
Danzig in Flammen	51
Der Kampf ums Überleben beginnt	56
Es geht weiter zu Fuß	61
Eine kurze Bleibe	65
Der Weg zurück	85
Ein rettender Engel	93
Endlich zu Hause	98
Alles nur wegen der Marmelade	111
Weihnachten 1945	130
Das Jahr 1946	134

Wenn der Knecht zum König wird	145
Weihnachten 1946	161
Der Winter 1947	164
Die Ausreise	175
Im verkehrten Zug	192
Der Schock sitzt tief	194
Wie schnell man zum Dieb wird	198
Das schlechte Gewissen	200
Mutters Verzweiflung	202
Der überraschende Besuch	203
Unser letzter Versuch	210
Im Krankenhaus	217
Weihnachten im Krankenhaus	223
Die traurige Nachricht	225
Ein Gebet wirkt Wunder	229
Im Erholungsheim	232
Glücklich vereint	239

VORWORT

Mit einem Übermaß an Blut und Tränen endete im Mai 1945 nach über fünfeinhalb Jahren der Zweite Weltkrieg. Erst die Flucht, dann die Vertreibung aus den Heimatländern haben nicht nur Erwachsene, sondern auch unzählige Kinder durchstehen müssen. Meine Erlebnisse sind also kein Einzelschicksal!

Ich will in diesem Rückblick meine Kindheitserinnerungen von 1945 bis 1948 erzählen. Wer kann schon eine solch grauenhafte Zeit vergessen?

Danken möchte ich an dieser Stelle den Amerikanern für ihr großes soziales Aufgebot nach dem Zusammenbruch und den unermüdlichen Einsatz, den sie für uns in unserem zerteilten und völlig abgebrannten Deutschland gebracht haben.

Danken möchte ich aber auch den Ärzten, Krankenschwestern und Lehrern, die sich mit ihrer ganzen Person bemüht haben, meinen Bruder und mich wieder in ein normales Leben zurückzuführen.

Auch meiner Tante gebührt Dank für ihren treuen, aufopfernden Dienst an unserer ganzen Familie. Denn sie hat nicht nur bei Gefahr für ihr eigenes Leben meinen kleinen Bruder vor dem sicheren Tod bewahrt, sondern auch später unsere Familie mit fünf Personen noch zusätzlich zu ihrer eigenen Familie aufgenommen und uns lange Zeit unentgeltlich versorgt.

Doch meiner lieben Großmutter, die unter Einsatz ihres ganzen Lebens uns geschützt und umsorgt hat, sodass wir uns als Familie unversehrt wiedersehen konnten, gilt mein ganz besonderer Dank.

Nicht zuletzt möchte ich aber auch meinen Eltern danken, die unter großem persönlichen Einsatz, Entbehrungen und Opferbereitschaft meinem kleinen Bruder und mir wieder eine neue Heimat aufgebaut haben.

Vor allem aber bin ich meinem lebendigen Gott dankbar, dass er uns nicht übersehen hat. Er hat uns durch all die Wirren des Krieges und der Nachkriegszeit nicht nur bewahrt, sondern auch Tag und Nacht seine schützende Hand über uns alle gehalten.

Anneliese Panzer

Zu Hause

Es ist der 10. Januar 1945. Ein starker Schneesturm peitscht durch die breite Nogatebene. Wer nicht unbedingt raus muss, bleibt am besten zu Hause und schmiegt sich an den warmen Kachelofen. Doch der Sturm ist nicht zu überhören. Er pfeift durch alle Ritzen und versucht, sich auf seine Weise Eingang zu verschaffen. Wer da nicht gegen die Naturgewalten abgesichert ist, hat alle Hände voll zu tun, sich vor diesem hartnäckigen Eindringling zu schützen. Jetzt erst versteht man, warum die meisten Dächer so tief, nahe dem Erdboden, gebaut sind. Manchmal sieht es fast so aus, als hätte das ganze Haus einen Mantel bekommen. Wirklich, hier hat der stärkste Sturm keine Chance. Die gewaltigen Schneemassen liegen wie ein Schutzwall rund um die einzelnen Gehöfte. Wenn die Fensterläden bei Nacht verschlossen sind, dringt auch kein Licht nach außen. So käme niemand auf den Gedanken, dass dort jemand wohnen könnte. Zumal es gerade in der Elbinger Niederung keine Dorfstrukturen gibt, nur Einzelgehöfte. Aber kaum hat sich das Wetter etwas beruhigt, quälen sich weiße Rauchwolken aus den verschneiten Schornsteinen. Ein weithin sichtbares Zeichen, das doch Leben verrät.

Aber diese Idylle trügt. Am Horizont sieht man ein großes Leuchten, beinah einem Nordlicht gleich, das mit hellen Blitzen und anschließendem Donnergetöse die Stille durchbricht. Man hat das Gefühl, als bewege sich der Boden unter den Füßen. Die Stalinorgel mit ihren melodischen Raketengeschossen einerseits und die Panzer und Kanonen andererseits liefern sich ein ohrenbetäubendes Gefecht, das viele Kilometer weit einen jeden in Angst und Schrecken versetzt. Ich habe nur Angst, weil die anderen auch Angst haben. Doch wenn meine Großmutter mir über mein krauses Haar streicht, fühle ich mich geborgen.

Ich gehe in den Stall zu unserem Knecht, der Russe ist und schon viele Jahre bei uns arbeitet. Er hat mich aufwachsen sehen. Darum freut er sich auch, wenn ich zu ihm gehe. Er ist immer beschäftigt. Heute putzt er die Pferdegeschirre mit den vielen Messingringen und pfeift dazu seine russischen Weisen. Manchmal treffe ich ihn auch beim Strohschneiden. Das will er heute auch noch tun. Rechts, neben einer Pferdebox, steht eine zweiteilige Holzkiste. Mir als Fünfjährige kommt sie sehr groß vor. Plötzlich habe ich eine Idee. Ich weiß nämlich, wie schnell man unseren Nickoley ärgern kann. So springe ich einfach in die noch leere Hälfte der Holzkiste und mache den Deckel zu. Nun sitze ich in der dunklen Kiste und warte ab. Es dauert und dauert, die Luft wird beinah knapp. Doch dann höre ich schwere Schritte. „Er kommt", denke ich. Dann geht der Deckel hoch und Nickoley setzt an, den Korb mit dem geschnittenen Stroh in die Kiste zu leeren. Gerade eben entdeckt er mich noch.

Meine Welt war hier noch in Ordnung – 1942 in Elbing (Westpreußen)

Vor Schreck stößt er einen lauten Schrei aus und zieht mich hastig aus der Kiste. Er flucht auf Russisch, knirscht mit den Zähnen und weiß vor lauter Wut nicht, was er mit mir machen soll. Ich habe es nie glauben wollen, aber in der Tat, er verhaut mich einfach. Flugs verlasse ich den Stall. Mein ausgedachter Streich hat damit ein schnelles Ende genommen.

Meine ersten Ferien

Meine Großeltern mütterlicherseits sind bei uns zu Besuch. Als ich hastig eintrete, unterbrechen sie ihre Unterhaltung mit meiner Mutter. Sie stehen schon fertig angezogen vor mir und wollen mich mitnehmen. Ich soll vor Schulbeginn bei ihnen ein paar Tage Ferien machen. Das ist für mich eine überraschende Nachricht. Sie lässt den vorangegangenen Schreck schnell vergessen. Es gibt für mich einfach nichts Schöneres. Rasch werde ich umgezogen, meine Haare werden ordentlich gekämmt. Ungefähr fünfzehn Kilometer von unserem Hof in Ellerwald in der Elbinger Niederung entfernt liegt der Hof meiner Großeltern in Oberkerbswalde. Weil ich so gerne verreise, wollen sie mir mit dieser Überraschung eine Freude machen. Also packen sie mich in einen Schlitten, an die Füße kommen warme Backsteine, rundum werde ich in weiche Decken gewickelt und ab geht's. Zwei Pferde ziehen dieses Gefährt mit Kufen. Ein kleiner Schlitten mit einem Aufsatz wird hinterhergezogen. In dem Aufsatz, einem aus Latten zusammengenagelten Kasten, gefüllt mit Stroh, befanden sich wohl früher einmal Schafe. Jetzt ist er leer und für mich sehr interessant.

Ich sitze vorerst schön gemütlich, warm eingepackt auf dem Schlitten zwischen meinen Großeltern. Ich schaue gar nicht zurück. Schnell haben wir unseren Hof verlassen und fahren auf unserem eigenen Ein- und Ausfahrtweg auf die Landstraße zu. Es dauert ein bisschen, bis wir auf der richtigen Straße sind. Ich liebe die hohe Hecke zur rechten und die schlanken Birken zur linken Seite. Im Sommer sieht alles viel schöner aus. Das herrliche Grün im Sommer mit der bunten Blumenpalette lässt ein bisschen vergessenes Paradies erahnen. Jetzt ist alles weiß, wie unter einem Winterkleid oder einer Decke. Die Natur um uns ist in einen tiefen Winterschlaf versunken. Jedes Mal macht es mich neugierig, was für ein Garten sich hinter dieser großen Hecke verbergen mag. Ein Moorgarten ist es, den keiner betreten darf. Wenn man es doch tut, versinkt man auf Nimmerwiedersehen. So erzählt man es mir oft. Manchmal habe ich im Sommer neugierig über den Zaun gesehen. Es ist auch ein Gartentor vorhanden, aber leider zugeschlossen. Nur zur Vorsicht, versteht sich, sonst wäre ich vielleicht schon eine Moormumie. Viele bunte Schmetterlinge, seltene Blumen, die ich so gerne gepflückt hätte, habe ich entdeckt. Die Frösche waren am Abend besonders laut. Und der Wind spielte dazu seine eigene Weise, wenn er die vielen Grashalme und Sträucher hin und her wehte. Jetzt aber ist alles still, der Schnee hat alles zum Schweigen gebracht. Doch es besteht Hoffnung in diesem Fall. Ja, es wird wieder ein Frühling kommen, dann erwacht alles zu einem neuen Leben. Ich sehe mit meinen Augen in den teilweise verdeckten Himmel, es fällt mir ein bisschen Schnee von den kahlen Ästen ins Gesicht. Es ist richtig angenehm, diese Frische zu spüren. Plötzlich werde ich durch einen dumpfen Donnerschlag aus meinen Träumen geholt. Die ganze Erde erzittert unter unseren Füßen. Mit Sicherheit sind es wieder die vielen Schüsse aus Kanonen und Panzern. Jetzt ist es wieder ganz nah und dann wieder weiter weg. Anschließend folgt immer eine bedrohliche Stille. Ich habe es ganz vergessen, aber man sagt mir öfters, es sei ja Krieg. Aber was ist Krieg? Die Antwort ist dann immer die gleiche: Sie kämpfen für ein „einig Volk und Vaterland"!

Mit Peitschengeknall werden die Pferde angetrieben, schneller zu laufen. Sie tun es, bestimmt auch von einer Angst gepackt. Schon haben wir die Landstraße erreicht. Jetzt fahren wir im Schutz des Nogatdamms. Hier kann uns so schnell keiner sehen. In zehn Minuten haben wir unsere schöne Kirche mit dem großen Friedhof erreicht. Der Friedhof ist der Einzige weit und breit in der Gegend von Ellerwald-Zeyer. Und in diese Kirche fuhren wir jeden Sonntag zum Gottesdienst. Der Gottesdienst allerdings war für mich oft sehr langweilig. Ich musste eine ganze Stunde still sitzen, das fiel mir besonders schwer. Aber die schöne feierliche Atmosphäre, die werde ich nie vergessen.

Auf diesem Friedhof liegt mein lieber Großvater väterlicherseits begraben, der durch einen schweren Unfall ums Leben kam. Ich kann mich nur schwach an ihn erinnern. Aber einige Begebenheiten weiß ich noch: Wenn er mich auf seine Arme nahm und mich drücken wollte, wehrte ich mich mächtig. Sein Kaiser-Wilhelm-Bart pikste mich doch so. Und wenn er Zeit hatte, trug er mich auf seinen Schultern von einem Bild zum anderen. Das sind die kleinen Erinnerungen an meinen Großvater väterlicherseits, die haften geblieben sind.

Später wurde noch unser Franzose, der auf unserem Hof als Knecht arbeitete, auf diesem Friedhof begraben. Ich glaube, an den kann ich mich deshalb so gut erinnern, weil er mit meinem Bruder und mir viel gespielt hat. Er bastelte für uns die schönsten Holzspielzeuge. Und auch sonst war er immer fröhlich und guter Laune. Meine Großmutter väterlicherseits sorgte sich wie eine Mutter um ihn. Das war auffallend. Sie sagte immer, er sei doch noch so jung. Er habe auch eine Mutter, die sich um ihn sorge. Leider ist er durch pure Unvorsichtigkeit beim Baden ertrunken. Wir haben alle um ihn getrauert. Sogar unser Hofhund wachte an seinem Grabhügel. Leute, die an uns vorbeifuhren, riefen uns zu: „Wenn ihr euren Hund sucht, dann geht auf den Friedhof, dort sitzt er an einem Grab." Und in der Tat, dort fanden wir ihn dann endlich.

Auch unser Knecht Nickoley hat lange um ihn getrauert. Oftmals habe ich ihn weinen gesehen. Ein lieber Freund war für immer weg. Sehr lange wurde er von großen Schuldgefühlen geplagt, weil er nach seiner Meinung nicht richtig auf ihn aufgepasst hatte.

Weil mein Vater im Krieg ist, musste meine Großmutter väterlicherseits die Leitung der Land- und Hauswirtschaft in die Hand nehmen. Meine Mutter ist oft kränklich, darum kann sie ihren eigentlichen Verpflichtungen nicht so richtig nachkommen. Weil die meisten deutschen Hilfskräfte für die Landwirtschaft im Krieg sind, bekommen wir einfach Kriegsgefangene für unsere Arbeit zugeteilt. Das ist oft schwierig, besonders was die Landessprachen der einzelnen Arbeiter angeht. Aber fleißig sind sie alle, das kann Großmutter mit Genugtuung beobachten. Allerdings hat die Regierung angeordnet, dass Gespräche mit ihnen und gemeinsames Essen strengstens verboten sind. Trotzdem beschließt unsere Großmutter, dass alle, die bei uns arbeiteten, auch mit uns an einem Tisch essen sollen, ob es Polen, Russen oder Franzosen sind. Wenn auch alle Kriegsgefangene sind, sie will diese Anordnung nicht einsehen. Sie macht sich ihre eigenen Gesetze, ja sie beschließt eigenmächtig, sich von nun an mit ihnen, welcher Herkunft auch immer, an einen Tisch zu setzen.

Trotzdem wir keine Dorfsituation haben, hat es sich doch herumgesprochen, dass wir diese Anweisungen nicht einhalten. So stehen dann auch ganz überraschend zwei uniformierte junge Männer gerade während des Mittagessens in unserer Küche. Sie fangen an herumzuschreien, ja beschimpfen uns sogar, als würden wir gerade das größte Verbrechen begehen. Und das alles nur, weil diese ausländischen Arbeiter an unserem Tisch sitzen. Auch sie werden von ihnen angespuckt und mit üblen Worten beschimpft. Da ist es mit der Geduld meiner Großmutter zu Ende. Sie stemmt ihre beiden Hände an die Hüfte, sodass sie aufgebäumt, mit angewinkelten Armen diesen jungen Kontrolleuren gegenübersteht. Wortwörtlich sagt sie, mit auffallend zornigem Blick: „Was habt ihr Grünschnäbel mir überhaupt zu befehlen? Was wisst ihr denn schon, was Arbeit ist? Ihr seid ja noch nicht mal trocken hinter den Ohren! Bitte lasst uns in Ruhe und verlasst sofort mein Haus!" Weil sie immer noch nicht gehen wollen, holt sie den Besen, hebt ihn drohend empor und treibt sie zur Tür hinaus. Dann ruft sie ihnen noch nach: „Das nächste Mal meldet euch gefälligst an!"

Eine starke Frau – meine Großmutter mit meinem Vater und seiner Schwester (1920)

Leider hatte das für Großmutter noch ein Nachspiel. Wie gut, dass mein Vater zufällig auf

Heimaturlaub kam, sonst wäre ihr das Konzentrationslager sicher gewesen. So konnte er viele gute Worte bei der Ortsbehörde für sie einlegen.

Ich muss meine Gedanken schnell beenden, denn nun kommen wir auf die große mit Steinen gepflasterte Straße. Auch darüber liegt Schnee, den Pferden fällt das Laufen schwer. Sie rutschen mit ihren mit Eisen beschlagenen Hufen hin und her. Der Weg ist durch den Schnee recht schmal geworden. Wenn die Straßen schneefrei sind, kann man den so genannten Sommerweg benutzen. Er ist extra für Pferd und Wagen oder, wie in diesem Fall, auch für den Schlitten gedacht. Es ist nur ein festgefahrener Sandweg, auf dem die Pferde mit ihren Hufen sicher und bequem auftreten können. So ist auch kein lautes Pferdegetrappel zu hören. Aber umso lauter sind jetzt die Quietschgeräusche einer nicht geschmierten Deichsel zu hören und die schönen, hellen Glöckchen des Pferdegeschirrs, die nun mal zu einem Schlitten dazugehören.

An beiden Seiten der Straße stehen Kolonnen von deutschem Militär, so weit das Auge überhaupt sehen kann. Hin und wieder werden wir angehalten, dann lautet die Frage immer, woher wir kommen und wohin wir wollen. So dauert es fast eine Stunde, bis wir in Elbing ankommen. Langsam wird es schon wieder dämmerig. Am Horizont sieht man wieder das grelle Licht, gleich einem Polarlicht. Auch die Geschosse sind wieder deutlich zu hören. Die vielen Donnerschläge, die von verschiedenen Seiten gleichzeitig kommen, lassen erneut die gefrorene Erde unter uns buchstäblich erschüttern. Ein Erdbeben kommt dem gleich. Die Angst steigt wieder in mir hoch. Ich kann es mir nicht erklären. Ich glaube, es ist die gegenwärtige Atmosphäre, die sich wie ein tief liegender Nebelschwaden über alles, was da lebt, verbreitet. Die Stadt ist wie ausgestorben. Die Menschen haben sich in ihre Häuser zurückgezogen, andere sind längst Richtung Westen geflohen oder mit den letzten Schiffen zu einem sicheren Hafen unterwegs.

Meine Großeltern haben noch etwas in der Stadt zu erledigen. Sie halten vor einem Geschäft, steigen vom Wagen und binden die Pferde an. Sie wollen auch gleich wiederkommen, darum bleibe ich zurück. Nun sitze ich hier auf dem Wagen. In Geduld zu warten ist nicht meine Stärke. So fange ich an, den hinteren Schlitten zu untersuchen. Immer wieder werde ich von dem lauten, ohrenbetäubenden Getöse der deutschen Panzer und den nachfolgenden Autos und Lkws, voll gestopft mit deutschem Militär, unterbrochen. Ich muss mir meine Ohren zuhalten, denn es ist einfach zu laut für mich. Ängstlich sehe ich zu den Soldaten hinüber. Vielleicht ist ja auch mein Vater dabei. Viele winken mir, manche pfeifen mir zu, aber mein Vater ist nicht dabei. Eigentlich kann das ja auch nicht sein. Denn er pendelt als Soldat zwischen England und Frankreich.

Ich versuche, die Klappe des Holzverschlages aufzuschieben, und krieche mit meinen guten Kleidern in das schmutzige Stroh. Hier also waren die Schafe drin, eigentlich schön gemütlich. Plötzlich stehen Kinder vor mir und schauen in den Kasten. Wo die so plötzlich herkommen, ist mir ein Rätsel. Aber sie stehen nun da und lachen sich halb kaputt, als sie mich in diesem Schafverschlag sehen. Ich glaube, so ein Schaf wie mich haben sie noch nie gesehen. Zudem sperren sie die Klappe von außen zu. Jetzt bin ich eingesperrt. Da half auch kein Bitten, ich blieb eingeschlossen. Einem, der sich an dem Wagen hochzieht und mit beiden Händen den Holzverschlag fest umklammert, beiße ich mit meinen scharfen Zähnen in die Finger. Den Schrei kann ich heute noch hören. Meine Großeltern haben ihn wohl auch gehört und sind auch gleich zur Stelle. Bloß, sie finden mich nicht. Auf dem Schlitten die Decken, alles nur eine leere Hülle. Endlich entdecken sie mich, mein rotes Mäntelchen ist ja auch nicht zu übersehen in der Schafskiste. Hastig holen sie mich aus dem Verlies heraus. Rundherum bin ich mit Stroh beklebt, ein richtiger Ärger für sie. Denn sie haben ja wieder die Arbeit, mich einigermaßen salonfähig zu machen.

Mit schnellem Galopp geht es anschließend Richtung Oberkerbswalde. Es ist schon fast dunkel. Die Pferde wissen den Weg nach Hause schon von allein. Aber es ist fast kein Durchkommen, denn das deutsche Militär, dicht gedrängt zu beiden Seiten der Straße, versperrt alle Zufahrtswege. Unsere Fahrt dauert dreimal so lang wie gewöhnlich. Dann setzt auch wieder dichtes Schneetreiben ein. Wir sind auf unserem Schlitten richtig eingeschneit. Wie Schneebutzemänner sehen wir aus. Die Blitze und Donnerschläge von den Kanonen und der Stalinorgel sind jetzt wieder deutlich zu sehen und zu hören. Der Himmel ist teilweise hell erleuchtet bis blutrot. Die Landschaft zeigt ein seltsam romantisches Bild. Jetzt sind auch Flugzeuge zu hören und dann wieder die Furcht erregenden Einschläge, die die schneebedeckte Erde gewaltig erschüttern lassen. Die Pferde werden scheu, ja sie bäumen sich vor Schreck sogar auf. Die Soldaten geben uns Handzeichen, dass wir uns beeilen sollen. Alles ist plötzlich in nicht zu übersehender Aufregung. Dann erschallt plötzlich wieder ein Ruf: „Halt, wo wollen Sie hin?" Jemand springt auf unseren Schlitten und ermahnt uns zur Eile. Nun geht es nur noch im Streckgalopp und die kleinen Glöckchen an den Sielen machen ihre Musik dazu. Endlich haben wir die Einfahrt zu unserem Gehöft erreicht. Die Einfahrten sind überall schmal gehalten. Auch in dieser Einfahrt stehen seitlich in einer Reihe, alle dicht gedrängt im Schutze der schneebedeckten Bäume, deutsche Soldaten. Den Anblick werde ich nie vergessen. Ja, sogar der Hof ist voller Soldaten. Wir haben alle Mühe, überhaupt hineinzufahren. Einer der Soldaten nimmt unsere Pferde am Zaum und führt sie ruhig vor ein Scheunentor. Man hilft uns beim Aussteigen. Wie es aussieht, haben sie wohl schon lange auf uns gewartet. Dann trägt man sehr höflich meinen Großeltern eine Bitte vor. Ich verstehe es nicht, doch später wird mir alles klar.

Im Nu ist das ganze Wohnhaus hell erleuchtet. Alle Zimmer, groß und klein – es sind eine ganze Reihe – werden für die deutschen Soldaten hergerichtet. Selbst das große Wohnzimmer, mit den vielen Hirschgeweihen und dem großen präparierten Adler über der Tür, stellen sie den Soldaten zu Verfügung. Einige sind ernsthaft krank. Sie bekommen ein Bett und werden mit einer Wärmflasche, heißem Tee und sonstigen Dingen versorgt. Es gibt alle Hände voll zu tun. Mittlerweile füllen sich so langsam alle Räume mit Soldaten. Auch in den Scheunen und Stallungen wird für Unterkunft gesorgt. Jeder ist dankbar für einen geschützten Platz. Denn draußen hat das Schneetreiben an Heftigkeit zugenommen. Ein regelrechter Schneesturm peitscht gegen alles, was aufrecht steht. Ich freue mich, dass meine Großmutter so lieb zu ihnen ist. Sie denkt sich vieles aus, um es ihnen so angenehm wie nur möglich zu machen. Am selben Abend stellt sie noch einen großen Holzbottich in die Küche und rührt jede Menge Brotteig an. Bis zu den Ellenbogen steckt sie in dem Teig, um alles richtig durchzumengen. Sie kommt dabei richtig ins Schwitzen. Es ist nicht zu übersehen, dass sie dabei eine Freude erfüllt, denen da draußen und drinnen helfen zu können. Sie hat schon immer gerne viele Leute versorgt. Ich höre manchmal, wenn sie ihre Selbstgespräche führt: „Das wäre doch gelacht, wenn ich das nicht schaffen könnte!" Dabei denkt sie auch an ihre beiden Söhne und Schwiegersöhne, die irgendwo weit draußen, in Russland, Frankreich oder England, sind. Vielleicht erfahren sie auch eine Hilfe. Sie kann nur hoffen.

Es wird sehr spät, bis wir zu Bett gehen. Auch in der Nacht tritt keine richtige Ruhe ein. Wir werden alle von einer nicht zu erklärenden Unruhe geplagt, die einfach nicht zu bändigen ist. Auch die Soldaten schlafen nicht richtig. Viele gehen hin und her, öffnen die Tür, schließen sie wieder, und das in einem fort. Die Artilleriegeschosse scheinen näher gekommen zu sein, jedenfalls hört es sich so an. Das Leuchten am Horizont hat noch an Helligkeit zugenommen. Die Bombeneinschläge sind auch heftiger geworden. Denn jetzt fangen auch die Fensterscheiben an zu klirren. Man hört die Kühe brüllen und die Pferde scharren mit den Hufen und wiehern, es hört sich recht seltsam an. Die Angst macht sich auch unter den Tieren breit. Vielleicht haben sie eine Vorahnung. Es sieht so aus, als gehe es den Soldaten und den Tieren ähnlich.

Ich muss wohl doch eingeschlafen sein, denn mein Großvater weckt mich aus meinem Schlaf. Es ist schon längst Morgen. Der frische Brotgeruch dringt in meine Stube. Oma ist bereits beim Brotbacken. Eine ganze Reihe Brote liegen schon gebacken, aber noch warm auf dem Tisch, andere sind noch im Ofen. Bis die alle gebacken sind, wird wohl ein ganzer Tag vergehen. In den nächsten Tagen werden auch Schweine geschlachtet. Ich soll es wohl nicht so mitbekommen, darum sperrt man mich auf den Dachboden. Dort ist ein kleines Stübchen, Oma hat es für mich warm gemacht. Ich finde es hier oben recht gemütlich. Das Stübchen sieht nach einer Nähstube aus. Zuerst blicke ich aus dem kleinen Fenster, denn von hier oben kann man in einen schönen, großen Obstgarten sehen. Jetzt ist aber nicht viel zu sehen, alles ist tief verschneit. Die Bäume sind kahl und beinah gespensterhaft in dem diesigen Schneewetter. Von hier oben sehen sie richtig klein aus, aber wenn man vor ihnen steht, braucht man eine Leiter, um ihre Baumkronen zu erreichen.

So wende ich meinen Blick in das kleine Stübchen zurück. Ich sehe ein braunweißes Schaukelpferd ohne Schweif, ein Steckenpferd, einen Puppenwagen auf drei Rädern. Er steht recht schief im Raum, alles ist zugestaubt und voller Spinnweben. Was wohl in der Kiste sein mag, die geheimnisvoll in der einen Ecke steht? Mit viel Mühe versuche ich, den Deckel zu öffnen. Aber was sehen meine Augen: alles Geld, richtiges Geld! Nur hat es, wie sich dann herausstellte, überhaupt keinen Wert mehr. Ja, so reich waren meine Großeltern nach dem Ersten Weltkrieg. Sie hatten für den Verkauf von Trakehnern viel Geld bekommen, aber sie konnten kaum etwas dafür kaufen. In wenigen Tagen schon war das Geld wertlos geworden. Es muss wohl allen bei uns in Deutschland so ergangen sein. – Jetzt höre ich jemanden die Treppe hochkommen. Es ist mein Großvater. Er meint, ich solle mal lieber wieder herunterkommen, hier oben sei es zu kalt. Eigentlich ist es schade, dass ich mitgehen muss, wer weiß, was ich noch so alles gefunden hätte.

Wieder unten angekommen, macht sich ein reger Tumult breit. Viele Soldaten rennen hin und her. Auf dem Hof haben sie ihre eigene Küche aufgestellt. Aus dem riesenhaften Kessel entweichen dicke Dampfwolken. Für die vielen Soldaten rundum wird ein Mittagessen gekocht. Der Geruch ist so appetitlich, dass jeder Hunger verspürt, auch wenn er schon satt ist. Ich habe mir einen Stuhl ans Fenster geschoben und beobachte alles, was auf dem Hof passiert. So viele deutsche Soldaten, die ich hier auf dem Hof meiner Großeltern zu sehen bekomme, habe ich später nie wieder gesehen. Mit Sicherheit war das hier ihr letzter geschützter Aufenthalt.

Das Dröhnen der Geschosse und das Pfeifen der Stalinorgel ist dieses Mal ganz deutlich zu hören. Auch ist es sehr anhaltend. Plötzlich gibt es einen ohrenbetäubenden Knall, es muss hier ganz in unserer Nähe eine Bombe eingeschlagen sein. Das ganze Haus bewegt sich leicht und an dem großen Kachelofen fällt der Mörtel aus den Fugen. Die Fensterscheiben klirren noch heftiger als das letzte Mal. Wieder gibt es ein Rennen und Laufen unter den Soldaten. Es sieht aus, als hätte man in einem Ameisenhaufen herumgestochert. Im Laufen ziehen sie sich an und stehen augenblicklich kampfbereit da. Doch jemand gibt überlaut ein Kommando weiter und alle gehen auf ihre Posten zurück.

Es ist Mittagszeit. Ich esse mit meinen Großeltern in der Küche. Es will mir gar nicht so richtig schmecken. Der Geruch aus dem Kessel, der auf dem Hof steht, verrät mir Besseres. Während ich noch träumend über das Soldatenmittagessen nachdenke, kommt tatsächlich ein Soldat in unsere Küche und überreicht mir das sehnlichst erhoffte Mittagessen aus ihrer Soldatenküche: Sauerkraut, Fleisch und Kartoffeln, alles zusammengekocht. Das schmeckt einfach phantastisch. Nie habe ich dieses herrliche Mahl je wieder in meinem Leben gegessen. So ist es für mich eine schmackhafte Erinnerung geblieben.

Der nette Soldat, der mir gerade das Essen gebracht hat, ist immer väterlich freundlich zu mir. So höre ich ihm auch gern zu, wenn er mir Geschichten erzählt. Anschließend muss ich sie ihm dann wiedererzählen. Er paßt dann ganz genau auf, ob ich sie auch richtig verstanden habe. Vielleicht ist er Lehrer. Auch muss ich ihm die Fotos meiner Eltern zeigen. Er nickt, staunt und lächelt. Leider sehen es mein Großeltern nicht so gern, wenn ich mich mit den Soldaten unterhalte. Aber was soll ich denn sonst machen? Nicht mal mein kleiner Bruder ist hier. Mit dem hätte ich ja auch schön spielen können. Aber er ist noch zu klein, er würde nur nach seiner Mama jammern. So nehme ich halt mit meinem Opa vorlieb. Wir sitzen oft in der kleinen Stube, Opa liest in der Zeitung oder hört aus so einem kleinen Volksempfänger die Nachrichten. Trotz der vielen Nebengeräusche kann man die Rede des Propagandaministers deutlich hören. Die Rede habe ich nicht verstehen können, doch umso intensiver haben sich bei mir die Marschlieder mit den Texten eingeprägt. Fast täglich höre ich sie und so singe ich sie als Kind schon lautstark mit. Hier bei meinen Großeltern mütterlicherseits werden mir keine Verbote auferlegt. Ich kann sie nach Herzenslust singen. Wenn dann der Text noch ein bisschen durcheinander kommt, lachen sie höchstens.

Wie anders ist es da zu Hause bei meiner Großmutter väterlicherseits, sie würde es mir sofort verbieten. Denn sie hält von dieser gegenwärtigen Diktatur überhaupt nichts. Meine Mutter allerdings steht zu meinem Vater, was ich ja auch verstehen kann. Er ist auch ein ganz bewusster Soldat, und das mit Leib und Seele. So beobachte ich immer zwei Geistesströmungen in unserem Hause, die unvermeidlich zu heißen Diskussionen führen. Gott wird bei meinen Eltern ganz ausgeklammert, wogegen er bei meiner Großmutter wichtigster Bestandteil ihres täglichen Lebens ist. Es wird jeden Sonntag mit Pferd und Wagen zur Kirche gefahren, egal ob es schneit oder regnet. Keiner darf sich widersetzen, alle müssen mitfahren. Ausgerechnet am Sonntag wird meine Mutter öfters ganz plötzlich krank, dann braucht sie auch nicht mit. Sie bleibt dann mit meinem Bruder zu Hause, aber ich fahre mit Großmama und den anderen mit. So verbindet uns schon recht früh eine herzliche Vertrautheit. Sie heißt auch nicht alles gut, was ich tue, nein, nein. So manches Mal verhaut sie mich oder sie geht mir aus dem Weg. Aber es dauert gar nicht lange, dann gibt es ein Gespräch und ich muss ihr versprechen, dass ich dieses oder jenes nicht wieder tue.

Familienbild mitten im Krieg (aufgenommen 1943)

Wie immer nimmt sie mich dann in ihren Arm und sagt: „Du bist meine schöne Tochter!" So hüpfe ich anschließend voller Glück von einem Bein aufs andere. Braust ein Unwetter über unser Land, dann finden sich alle zu einem kurzen Gebet in unserer Diele ein. Unter einem Fenster steht ein Tisch, auf dem eine große Bibel von Dr. Martin Luther liegt. Aus der liest meine Großmutter ein Stück vor, dazu eine Andacht, die eigens für Unwetter gedacht ist. Sie endete immer mit einem Vaterunser. Dann gehen alle wieder an ihre Arbeit.

Aber ich bin ja noch nicht zu Hause. Ich sitze noch immer in der kleinen Stube bei meinem Großvater mütterlicherseits. Er hat einen Teller voll Äpfel geholt und legt sie in die heiße Bratröhre. Bratäpfel soll es geben. Die schmecken immer sehr gut. Leider dauert es ziemlich lange, bis sie gar sind. In der Zeit will ich mal nachsehen, was die Oma macht. Die arme Omi, sie steht noch immer in der großen Futterküche und kocht Fleisch und Wurst in einem großen Kessel. Sie ist sehr emsig bei der Sache, man sieht es ihr förmlich an. Ihr Gesicht ist puterrot, ja sie hat nur Augen für die Dinge, die in dem Kessel vor sich hinköcheln. Als sie den Deckel ein wenig öffnet, kann ich genau die vielen Würste erkennen. Manche sind aufgeplatzt. Diese Wurstbröckchen werden mit einem Schaumlöffel herausgeholt und zum Abkühlen zur Seite gestellt. Davon darf ich nun so viel essen, wie ich möchte. Und wie das schmeckt, das kann nur der nachempfinden, der schon mal so etwas gegessen hat. Ich muss wohl zu viel davon gegessen haben, denn Oma nimmt mir plötzlich den Teller mit den warmen Wurstbröckchen weg. Ich bin darüber ganz schön überrascht, weil sie so etwas noch nie getan hat. So eine große Esserin war ich noch nie, deshalb sollte ich ja auch bei ihr Ferien machen, um für den Schulbeginn neue Kräfte zu sammeln. Warum sie das tut, wird mir erst später klar.

Bis zur Einschulung ist ja auch nicht mehr viel Zeit. Der Monat März 1945 steht schon für mich als Schulbeginn fest. Jedenfalls habe ich mich bereits vergangenen Herbst in der Schule vorstellen müssen. Um überhaupt dort hinzukommen, muss man sich jedes Mal mit einer Fähre über die Nogat übersetzen lassen. Im Winter allerdings kann man einfach über das Eis laufen oder auch die Schlittschuhe benutzen. So wird also in Zukunft mein Leben aussehen. Eine anstrengende Zeit steht mir bevor.

Doch jetzt bin ich noch hier. Inzwischen hat mich mein Großvater in die warme Stube gerufen. Die Bratäpfel sind fertig. Ein appetitlicher Anblick, diese geschmorten Äpfel, teilweise aufgeplatzt. Durch die Ritzen der braunen Schale quillt der weiße Apfelschaum. Opa legt mir gleich zwei auf meinen Teller. Vorsichtig versuche ich, diese heiße Köstlichkeit mit einem kleinen Löffel zu essen. Wenn man da nicht aufpasst, kann man sich sehr schnell den Mund verbrennen. Da sitzen wir nun beide und essen gemeinsam die herrlichen Bratäpfel. Opa isst sehr langsam, ihm tun die Zähne weh. In dieser Zeit ist in Elbing weit und breit kein Zahnarzt aufzufinden. Sie sind alle im Kampf für „einig Volk und Vaterland" unterwegs. Bei den vielen Soldaten hier auf dem Hof könnte vielleicht auch ein Zahnarzt sein. Aber Opa will das nicht, er meint, die Soldaten haben andere Probleme, als sich um seine Zähne zu kümmern. Und in der Tat, da hat er vollkommen recht. Als ich zum Fenster hinausschaue, sehe ich ein großes Aufgebot von Soldaten, so weit man überhaupt sehen kann. Es ist niemand mehr im Haus, auch nicht in den Scheunen. Sie stehen alle auf dem Hof und darüber hinaus und sehen kampfbereit aus, als wollten sie etwas schützen.

Weil es schon reichlich spät geworden ist, muss ich nun auch zu Bett. Doch diese Nacht ist sehr unruhig. Ich komme in eine bedrückende Stimmung. Die heißen Wurstbröckchen und die herrlichen Bratäpfel hat mein kleiner Magen doch nicht vertragen. Um mich einigermaßen aus diesem Zustand zu befreien, haben meine Großeltern alle Hände voll zu tun. So gegen Morgen finden wir doch noch Ruhe, aber leider ist sie nicht von langer Dauer. Ein plötzlicher Knall lässt das ganze Haus erschüttern, Fensterscheiben gehen zu Bruch. Wir schrecken aus dem gerade begonnenen Schlaf auf. Wie auf Kommando richten wir uns in unseren Betten auf und da hören wir auch schon die Flieger. Jemand ruft in den Flur: „Alle in den Keller!" Ganz schnell ziehen wir uns etwas über und laufen in den Keller. Die Bombeneinschläge sind auch im Keller nicht zu überhören. Sie müssen wohl ganz in unserer Nähe sein. Uns überfällt eine große Angst. Mein ganzer Körper zittert, das Zittern will auch nicht mehr aufhören. Schließlich fange ich auch noch an zu weinen. Ich glaube, von diesem Augenblick an bin ich meine Angst nie mehr losgeworden. Großmutter schleicht sich zwischendurch nach oben, um uns warme Decken und etwas Essen zu holen. Wie lange wir überhaupt hier unten im Keller bleiben müssen, ist augenblicklich nicht abzuschätzen, aber wir halten aus. Der Keller ist kalt und feucht. Da werden Tage zu Wochen. Die Geschosse der Panzer und Kanonen, das Geschrei der Soldaten sind auch im Keller nicht zu überhören. Aber wir halten hier unten aus. Wir haben sowieso keine andere Möglichkeit. Zum ersten Mal bitte ich meine Großeltern, mich doch nach Hause zu fahren. Keinen Tag möchte ich länger hier bleiben. Aber das ist fast unmöglich, denn alle Straßen sind mit deutschen Militärfahrzeugen zugestellt. Es ist kein Durchkommen, welche Richtung man auch wählt. Was nun? Opa meint, wir können ja nicht einmal aus dem Keller nach oben, geschweige denn auch noch mit Pferd und Schlitten unterwegs sein.

Es hat sich wohl alles wieder beruhigt. Denn eine atemberaubende Stille hat sich plötzlich eingestellt. Der Ansturm scheint vorüber zu sein. Wir hören die Haustür gehen, es sind die gleichen Soldaten wie vorhin. Anscheinend suchen sie uns. So gehen wir gemeinsam nach oben. Alle Öfen werden angefeuert, um die längst erkalteten Stuben wieder zu erwärmen. Einige Soldaten sind sogar dabei, Holz einzutragen. Die zerbrochenen Fensterscheiben werden notdürftig repariert. Aber sie reden nicht viel, der Schrecken der letzten Tagen sitzt ihnen anscheinend noch im Nacken. Im Grunde sprechen wir alle nicht viel, denn die Anspannung und die Angst, zusammen mit der großen Ungewissheit, haben uns alle sprachlos gemacht.

Oma hat sich hingelegt und ist in einen tiefen Schlaf versunken. In den letzten Tagen hat sie ja auch viel gearbeitet. Die Schweine, die geschlachtet und zu Wurst und Fleisch verarbeitet wurden, auch das viele Brot, das dazu für die Soldaten gebacken wurde, haben sie müde gemacht.

Es ist spät am Nachmittag, ein dichtes Schneetreiben hat wieder eingesetzt. Wir sind ringsum eingeschneit. Tiefe Schneeverwehungen machen die weit verstreuten Gehöfte beinah unsichtbar. Wer heute mit einem Fahrzeug unterwegs sein will, muss lebensmüde sein. Niemals würde er den richtigen Weg finden. Ich sehe nach draußen, es ist alles weißgrau. Ich möchte am liebsten nach Hause, aber daran ist im Augenblick nicht zu denken. Wie sollte das auch zugehen? Ach, mich plagen Bauchweh und Beinschmerzen, aber ich sage es niemandem, es bleibt mein Geheimnis. Es soll niemand wissen, wie mir zumute ist. So gehe ich nun von einem Zimmer zum anderen und schaue mir die Bilder an den Wänden an. Aber die hängen für mich zu hoch, außerdem soll ich auch nicht in die

Zimmer, in denen die Soldaten Quartier bezogen haben. So nimmt mich mein Großvater mit in den Pferdestall. Eine ganze Reihe Pferdeboxen, in denen je ein, manchmal auch zwei Pferde eingeschlossen sind. Als wir hereinkommen, schauen sie alle neugierig über ihre Türen, wiehern und scharren laut mit den Hufen. Wir haben auch Pferde zu Hause, aber nicht so viele wie hier. So viele habe ich überhaupt noch nie auf einmal gesehen. Die meisten haben ein schwarzes Fell, aber es gibt auch braune und weiße mit schwarzen Punkten. Ja, Opa züchtet Trakehner, die sind sein ganzer Stolz. Sie sehen auch richtig schlau aus, ihre schönen, dunklen Augen, ihre schlanken Ohren, die sie in jede Richtung drehen können, ja, und ihre weichen Nüstern, alles das gefällt mir an ihnen. Ob sie wohl auch Angst bekommen haben, als die Bombeneinschläge das Haus und die Stallungen erschüttern ließen? Ich glaube schon. Schon einmal habe ich erlebt, wie unsere Pferde vor Schreck sich plötzlich auf die Hinterbeine stellten und laut zu wiehern begannen. Ich schaue sie lange an, irgendwie tun sie mir leid. Es sind noch einige Männer da, die meinem Opa beim Misten und Füttern helfen. Ich sitze und höre den Pferden beim Kauen zu. Es sind immer die gleich bleibenden Geräusche, wenn sie die Körner oder anderes, hartes Futter zwischen ihren Zähnen zermahlen. Irgendwie beruhigt mich die friedliche Stallatmosphäre. Mir ist, als wäre die Angst doch ein bisschen gewichen. So schaue ich gelassen dem Treiben zu.

Doch plötzlich reißt jemand die Stalltür auf und ruft laut: „Es ist eine Frau mit dem Schlitten gekommen!" Na, wer wird denn das wohl sein? Bestimmt kein normaler Mensch, denn heute mit dem Schlitten unterwegs zu sein, kann zu einer Todesfalle werden. Ich gehe nicht hinaus, weil es mir zu kalt ist. Opa macht die oberste Tür des Stalles auf und guckt nach draußen. Dann kommt er ganz schnell zurück und nimmt mich bei der Hand, geht erneut zur Tür und hebt mich ein bisschen hoch, sodass ich auch darüber sehen kann. „Schau mal, wer da gekommen ist", sagt er. Ich traue meinen Augen nicht, aber es ist meine Mutter. Sie hat sich auf den langen Weg gemacht, um mich abzuholen. Sie ist wirklich ganz allein gekommen, ohne Begleitung. Nun begrüßen wir uns alle. Meine Mutter treibt mich an, alles zusammenzupacken, denn wir müssen ganz schnell umkehren. Alle Straßen sind zugestellt mit deutschem

Militär, darum ist fast kein Durchkommen. Ich eile ins Haus zurück und ziehe alles Mögliche an, das einigermaßen warm halten kann. Meine Großmutter und meine Mutter helfen mir dabei. Draußen steht alles voll Militär, zwei Soldaten halten die Pferde. Sie versprechen, uns eine kurze Wegstrecke zu begleiten. Dann wollen sie anderen den Auftrag weitergeben. Nur so haben wir die Möglichkeit, einigermaßen sicher nach Hause zu kommen. Schnell wird alles zusammengepackt, schon sitzen wir im Schlitten, warm eingepackt, und ab geht's. Die Verabschiedung von meinen Großeltern ist ganz kurz. Sie stehen noch lange und winken mir nach. Auch ich schaue noch lange zurück. Durch das dichte Schneetreiben verblasst ihr Bild immer mehr, und dann ist es ganz verschwunden. Die Soldaten machen für uns den Weg frei. Sonst hätten wir wohl die ganze Nacht gebraucht, um nach Hause zu kommen. Sehr oft werden wir auch dieses Mal angehalten und gefragt, wo wir herkommen und wo wir hinwollen. Aber dieses Mal sind es die Soldaten, die für uns sprechen.

Meine Großeltern mit meinem Vater und seiner Schwester (1919).

Aufbruch ins Unbekannte

Ich weiß gar nicht, wie oft die begleitenden Soldaten ausgewechselt werden. Ich muss wohl zwischenzeitlich eingeschlafen sein. Lautes Hundegebell weckt mich aus meinem kurzen Schlaf. Wir sind zu Hause in Ellerwald. Endlich, mein Wunsch ist in Erfüllung gegangen. Nickoley, unser Knecht, kommt schnell gelaufen. Er spannt die Pferde aus und führt sie in den Stall. Wir gehen gemeinsam ins Haus, überglücklich, dass alles so gut geklappt hat. Denn ich sehe es meiner Mutter an, wie froh sie ist, dass ihr der spontane Entschluss doch noch gelungen ist. Auch meine Großmutter ist mächtig stolz auf ihre Schwiegertochter, dass sie trotz großer Gefahr diese Fahrt gewagt hat. Ich ziehe meine warmen Kleider aus, alle helfen mir. Als ich mich umsehe, stelle ich fest, dass rundherum Koffer, Kisten, Kasten, ja sogar Steintöpfe mit Naturalien, fein säuberlich mit Leintüchern abgedeckt, stehen. Es sieht nach einem Auszug aus. In der Tat, es ist an dem. Alle sind damit beschäftigt, das Nötigste irgendwie einzupacken, aber wirklich nur das Allernötigste. Inzwischen wissen alle, die hier in der Elbinger Niederung wohnen, dass sie vorübergehend ihr Anwesen verlassen müssen. Manche haben es schon zeitig gewusst und haben vorgesorgt. Unter unserem neuen Geräteschuppen steht schon lange ein Planwagen. Jetzt weiß ich auch, wofür er gebraucht wird.

Es ist ein Hasten und Treiben, keiner hat Zeit zuzuhören. Selbst Großmutter, die immer Zeit hatte, spricht nur noch in weinerlichem Ton zu mir. Für sie ist alles besonders schlimm. Ich erinnere mich, es ist noch gar nicht so lange her, dass sie mir erzählte, was ihr in ihrem langen Leben schon alles widerfahren ist. Die politischen Veränderungen: das Ende der Kaiserzeit, der Erste Weltkrieg, die Weimarer Republik, die Geldentwertung. Zweimal ist der Hof durch Unwetter abgebrannt, von persönlichen Niederlagen und Demütigungen ganz zu schweigen. Und jetzt muss sie zwangsweise den eigenen Grund und Boden verlassen. Meine Mutter meint, es sei ja nur vorläufig, dann könnten wir alle wieder zurück. Doch ich sehe es meiner Großmutter förmlich an: Sie sagt zwar nichts, aber sie glaubt den tröstlichen Reden meiner Mutter nicht und schon gar nicht den überlauten Propagandareden des Herrn Goebbels. Sie hat gelernt zu schweigen. Wer hier seine persönliche Meinung lautstark verbreitet, muss mit einer Verhaftung rechnen.

Irgendwie traut sie auch meiner Mutter nicht, weil sie genauso fanatisch ist wie mein Vater. Denn als mein Vater das letzte Mal auf Heimaturlaub kam, stand er wie immer kerzengerade in der Tür, hob seine rechte Hand schräg über den Kopf zum Gruß und sagte dabei mit ernster Miene: „Heil Hitler!" Meine Großmutter antwortete darauf: „Du sollst dich was schämen. Wie kannst du solch einem Fanatiker nur glauben. Du wirst schon sehen, wie er uns alle ins Unglück stürzen wird!" Mit solchen Worten versuchte sie immer wieder, meinem Vater die Augen zu öffnen. Aber er hörte nicht hin oder wollte es nicht hören. Bei diesen Disputen kann meine Mutter auf einmal reden. Sie lehnt sich ganz an meinen Vater und meint, immer mit listigem Augenaufschlag: „Du hast keine Ahnung, du bist zu alt!" Das sagt sie jedes Mal, wenn meine Großmutter Hitler angreift.

Ich erahne, in welch einer inneren Zerreißprobe meine Großmutter sich befindet. Vielleicht hat sie sich's gewünscht, dass mein Vater Recht behält. Denn wer wünscht sich schon Unglück. Wir stehen nun mitten in einem Wust von Kisten und Kasten. Es ist spät in der Nacht, bis wir alle zur Ruhe kommen. Zuerst kann ich gar nicht einschlafen. Mein kleiner Bruder liegt in seinem Bettchen und schläft tief und fest. Der wird schön staunen, wenn er mich am Morgen sieht. Ich freue mich schon, dass ich wieder mit ihm spielen kann.

Diese Nacht dauert nicht lange, denn ein eindringliches Klopfen an den Fensterläden schreckt uns alle auf. Im ganzen Haus geht das Licht an. Ich glaube, es hat niemand so richtig geschlafen. Eine Stimme von außen fordert uns auf, innerhalb von zwei Stunden Haus und Hof zu verlassen. Da ist nun die Aufforderung, die wir aus Angst immer zu verdrängen suchten. Alle haben sie gehört. Jetzt ist sie Wirklichkeit.

Was in dieser kurz bemessenen Aufbruchszeit alles geschieht, ist kaum der Reihe nach zu schildern. Jeder hat für sich zu tun, um wenigstens das Nötigste mitzubekommen. Meine Mutter muss für sich und für uns beide sorgen. Mein kleiner Bruder wird aus dem Schlaf gerissen. Er weiß überhaupt nicht, wie ihm geschieht. Als er mich sieht, freut er sich. Meine Mutter zieht ihn an, dabei friert er so sehr, dass seine kleinen Zähnchen richtig klappern. Ich kann mich schon alleine anziehen. Meine Mutter sieht auch auf mich, damit ich alles in der richtigen Reihenfolge anziehe. Später hat sich dann herausgestellt, dass ich doch nicht alles der Reihe nach angezogen hatte. Wenigstens bin ich warm angezogen. Dann wird alles auf den Planwagen geladen. Der Lärm ist so groß, dass sogar die Tiere im Stall laut brüllen und quieken, allen voran die Kühe und Schweine. Draußen wäre es eigentlich stockdunkel, wenn nicht dieses „Nordlicht" mit den ständigen Blitzen und das Knattern der Maschinengewehre wäre.

Ein eisiger Wind und klitzekleine Schneekörnchen, die wie kleine Kristallsteine glitzern, fallen direkt vom Himmel. Der Schnee unter den Füßen gibt eigenartige Geräusche von sich, wenn man darauf geht. Wenn es richtig still ist, kann man die Schritte auf diesem verharschten Schnee schon von weitem hören. Ein Zeichen, dass es sehr kalt ist, minus fünfundzwanzig Grad. Aber es bleibt uns keine Zeit, wir müssen uns beeilen, sonst hat uns der Russe am Ende doch noch eingeholt. Ein Nachbar, von der anderen Seite der Nogat, ist zu uns herübergekommen und lässt sich Anweisungen geben, was er alles zu tun hat. Er will so lange nach dem Rechten schauen, bis wir wieder zurück sind. Er bekommt die Schlüssel von Stall und Wohnhaus. Nickoley, unser Knecht, und unser Landnachbar füttern noch einmal gemeinsam das Vieh. Der Nachbar lässt sich aus seiner Heimat nicht vertreiben. Er will abwarten, denn so schlimm, wie immer berichtet wird, werde es schon nicht sein, meint er. Er ist ein alter Mann, was will man schon von ihm. Darum hat er sich auch angeboten, immer in bestimmten Abständen bei uns nach Haus und Hof zu sehen.

Mein kleiner Bruder wird richtig zwischen Kisten und Kasten in Decken und eine richtige Bettzudecke eingewickelt, und ich nehme in der gleichen Verpackung neben ihm Platz. Zunächst ist es recht gemütlich, denn ein Verdeck ist ja über unserem Kopf. Der Kutschersitz ist auch halbwegs überdacht, dahinter eine Bankreihe, auf der noch drei bis vier Personen sitzen können. Nickoley sitzt schon auf dem Wagen und wartet auf die Übrigen. Als meine Mutter Nikkoley in seinem leichten Wettermantel und seiner gewöhnlichen Mütze sieht, läuft sie schnell ins Haus zurück und holt Vaters dikken Pelzmantel und die dicke Pelzmütze mitsamt den Handschuhen. Zuerst wehrt Nickoley sich, aber dann gibt er doch nach. Als er sich umgezogen hat, küsst er meiner Mutter voller Dankbarkeit die Hand. Wir müssen plötzlich alle lachen, weil er so lustig aussieht. Der Mantel ist ihm viel zu groß, die Länge des Mantels gleicht beinah einer Schleppe und auch die Ärmel sind viel zu lang. Denn seine Hände sind hoch oben im Ärmel verschwunden. Die Mütze ist die Krönung des Ganzen. Wenn er sie aufhat, weiß man nicht genau, was hinten oder vorne ist. Er hat seinen Mantel und seine Mütze einfach drunter gelassen. Trotzdem ist ihm alles noch zu groß. Aber das macht nichts, Hauptsache, er friert nicht. Denn was sollten wir ohne ihn tun?

Nun nehmen alle der Reihe nach auf dem Wagen Platz. Zuerst kommt meine Mutter. Sie soll dicht neben uns sitzen, damit sie uns ständig im Auge haben kann. Dann kommt Tante Mariechen, sie ist Großmutters Schwester. Vor einigen Tagen hat sie bei uns Schutz gesucht. Darum muss sie jetzt auch mit uns fahren. Die Nächste ist unsere Tante Lotte. Sie ist schon fast zwanzig Jahre bei uns Hausmädchen, ein ganz lieber Geist, der immer in Haus und Garten nach dem Rechten sieht. Zum Schluss kommt noch meine Großmutter. Ihr fällt es sichtlich schwer. Doch dann steigt sie auch auf, was bleibt ihr anderes übrig. Dann werden die Zügel ruckartig bewegt und die Pferde ziehen langsam den Wagen an. An unseren Planwagen ist noch ein kleinerer Wagen angehängt. Auf diesem Wagen befindet sich das Futter für die Pferde. Dreispännig fahren wir dem kalten Wintermorgen entgegen. Den Hund haben wir im Stall eingesperrt. Er würde die Kälte nicht überstehen. Er jault und bellt herzzerbrechend, als er merkt, dass er nicht mitkommt. Auch das Gebrüll der Kühe klingt noch lange in unseren Ohren nach. Sie waren wohl die Ersten, die wussten, dass wir nicht mehr zurückkommen würden.

Nun fahren wir auf demselben Weg, auf dem meine Mutter und ich vor ein paar Stunden angekommen sind. Ich kann es mir genau vorstellen, wo wir uns im Augenblick mit unserem Wagen befinden, auch wenn ich nichts sehen kann. Mein Bruder fragt mich, wo wir denn hinfahren. Ich weiß es nicht, muss ich ihm sagen, denn ich weiß es wirklich nicht. Wir müssen fort, hat jemand gesagt. Aber wohin, das weiß ich nicht. Die Pferde haben es schwer, den beladenen Wagen durch den Schnee zu ziehen. Immer wieder sinken die Räder tief in den Schneeverwehungen ein. Manchmal hat man das Gefühl, als drohe der Wagen umzukippen, einmal rechts und einmal links. So geht es eine ganze Zeit. Jetzt höre ich auch andere Stimmen. Wir treffen auf andere Flüchtlinge, die den gleichen Weg wie wir haben. Die vielen Soldaten, die die Straße rechts und links säumen, weisen uns die Richtung. Sie leuchten mit ihren Scheinwerfern auf unsere Wagen, andere treten näher an uns heran und rufen immer wieder: „Weiter, weiter!" Wieder andere machen hastige Armbewegungen, was wohl bedeutet, dass wir schneller fahren sollen.

Trotz aller Bemühungen will es nicht schneller werden, weil wir uns in den langen Treck mit eingereiht haben. Ab und zu springt unser Nickoley mit seinem langen Mantel vom Wagen und versucht im Laufschritt, die Decke bei den Pferden, die sie vor der starken Kälte schützen soll, zu richten. Dann plötzlich Stillstand, nichts geht mehr. Es muss etwas passiert sein. Bis zu uns dringt nichts vor, denn der Treck hat eine unübersehbare Länge erreicht. Wir scheinen mittendrin zu sein. Ausscheren und überholen ist nicht möglich. Wir müssen aushalten, ob wir wollen oder nicht. Nun, da alles zum Stehen gekommen ist, hört man die Artillerie mit ihren Kanonengeschossen wieder ganz deutlich. Auch die Maschinengewehre mit ihrem lautem Geknatter sind ziemlich nahe gerückt. Die zuckenden Blitze kann ich durch unsere Plane sehen. Jetzt bekomme ich wieder Angst. Die Leute erzählen sich, dass der Russe schon längst über der deutschen Grenze ist und uns eingekreist hat. Wir sind mitten im letzten Kampfkessel, da gibt es kein Entfliehen. Aber unser Nickoley tröstet uns mit seinen Worten. Wir brauchen uns keine Sorgen zu machen, er wird seinen Landsleuten schon früh genug sagen, dass sie uns nichts tun sollen. Endlich setzt sich der Zug wieder in Bewegung. Nun werden wir alle auf den zugefrorenen Nogatfluss geleitet. Die Pferde können sich jetzt noch schlechter fortbewegen. Mit ihren beschlagenen Hufen können sie sich kaum halten. Immer wieder rutschen sie auf dem Eis aus. Man merkt ihre Unsicherheit, die sich immer mehr steigert, bis sie plötzlich ruckartig stehen bleiben. Was nun? Wir bemerken, dass aus dem langen Treck das reinste Chaos entstanden ist. Jeder fährt, wie er gerade will, kreuz und quer. So springt unser Nickoley vom Wagen, geht nach vorne zu den Pferden, fasst sie am Halfter und spricht ihnen ruhig zu: ein Ruck und wir fahren wieder. Dann versucht er, mit den Pferden wieder ans Ufer zu kommen. Am Ufer liegt mehr Schnee, dort ist es für die Pferde besser. Aber es ist furchtbar kalt, der eisige Ostwind schneidet jedem ins Gesicht. Wer sich hier nicht gut schützt, bekommt größte Erfrierungen. Bei uns auf dem Wagen haben sich alle das Gesicht mit Tüchern und Schals eingewickelt. Das sieht zwar lustig aus, ist aber unbedingt notwendig.

Mein kleiner Bruder (1943)

Ein neuer Morgen bricht an. Immer noch liegen mein Bruder und ich schön eingepackt und ganz versteckt zwischen Kisten und Kasten. Wir frieren auch nicht. Mein kleiner Bruder war während der Fahrt wieder eingeschlafen. Jetzt ist er wach geworden. Er weiß nicht, wo er ist, deshalb fängt er an zu weinen. Meine Mutter und ich trösten ihn. Wahrscheinlich hat ihn eine heftige Explosion aufgeschreckt. Die anschließenden Schüsse der Maschinengewehre sind ohrenbetäubend, sie können auch einen fast Tauben in Angst und Panik versetzen. Die Front muss ganz in unserer Nähe sein.

Wir können nur hoffen, dass wir nicht in Feindeshand geraten. Denn dann gibt es keinen Ausweg mehr. In was für einer Gefahr wir uns befinden, kann keiner richtig abschätzen. Schon gar nicht mein kleiner Bruder. Wie soll er auch, er ist ja erst drei Jahre. Darum müssen wir eine ganze Weile sein Schreien ertragen. Meine Mutter holt etwas zu essen aus einer großen Verpackung heraus, wir müssen aber leider feststellen, dass alles steinhart gefroren ist. Nichts ist im Augenblick essbar. Was nun? Ein Haus, vielleicht mit noch verbliebenen Bewohnern, ist weit und breit nicht zu sehen. So müssen wir aushalten. Zudem merken wir auch, dass die Pferde immer langsamer werden. Sie brauchen eine Ruhepause, Wasser und Kraftfutter würde sie wieder stärken. Aber einfach hier stehen zu bleiben, würde den sicheren Tod für uns alle bedeuten. Es hilft nichts, wir müssen weiter.

Die Nogat, unseren schönen Heimatfluss, haben wir inzwischen verlassen. Hoffentlich dauert es nicht so lange, bis wir wieder zu Hause sind. Jetzt haben wir uns wieder mit den anderen in die lange Kolonne eingereiht. Aber unsere Pferde wollen nicht mehr richtig Schritt halten. Wir sind gezwungen, an die Straßenseite heranzufahren, um andere vorbeizulassen. Aber auch da stehen schon viele, die eine Pause machen müssen.

Eine gute Tat bleibt nicht unvergolten

Großmutter klopft unserem Nickoley auf die Schultern und zeigt in die Ferne auf ein Haus. Es ist nur ganz schwach zu erkennen. Wir drehen um und biegen dann in den schmalen Seitenweg ein, der gerade zu diesem Haus führt. Einige Wagen kommen uns auf dem gleichen Weg schon entgegen. Sie sind abgewiesen worden. Eine Frau, dick vermummt, springt von ihrem Wagen und fordert uns teilnehmend auf umzukehren. Jeder, der dort ankommt, wird hartnäckig abgewiesen.

Großmutter besteht aber darauf, dass wir weiter zu diesem Haus fahren. Die anderen schauen uns kopfschüttelnd nach. Großmutter meint, wir sollten uns nie von den Reden der anderen beeinflussen lassen. Wir werden es auch dort wie die anderen versuchen. Vielleicht gelingt es uns, ihr Herz zu erweichen. Niemals aufgeben, das ist ihre Weise. So kommen wir am Spätnachmittag völlig erschöpft vor diesem kleinen Bauernhaus an. Ein alter Mann kommt uns entgegen und tatsächlich wehrt er uns energisch mit seinen beiden Armen ab. Mit anderen Worten, wir müssen umkehren. Aber meine Großmutter gibt nicht auf, sie steigt vom Wagen und geht dem alten Mann entgegen. Wir sind gespannt, was jetzt kommt. Müssen wir wieder umkehren oder dürfen wir bleiben? Zwei Gestalten stehen sich nun gegenüber, nichts tut sich. Aber dann wird etwas sichtbar, was keiner vermutet hätte.

Diese zwei Gestalten gehen sich mit ausgestreckten Armen entgegen und lassen einen Willkommensgruß deutlich erkennen. Nun werden wir auch aufgefordert, näher zu kommen. Wir dürfen unsere Pferde ausspannen und sie sogar zum Füttern in den Stall führen. Und wir dürfen alle in ihr Wohnhaus und sollen uns bei ihnen aufwärmen. Eine große Kanne mit Malzkaffee, aus eigener Gerste gebrannt, und dazu die lang ersehnte Milch für meinen kleinen Bruder, stehen da. Jetzt holen wir auch unser Brot, aber es ist noch immer gefroren. Schnell wird es in die warme Ofenröhre geschoben, damit es auftaut. Dafür bekommen wir Ersatz aus dem Hause. Die alte Frau ist freundlich zu uns. Sie schaut uns mit ihren liebevollen Augen besorgt an. Ihr Rücken ist schon sehr krumm, und dazu hat sie Mühe, sich einigermaßen fortzubewegen. Nun erfahre ich auch, dass sie meinen Großvater gekannt haben. Ja, sie haben eine gute Erinnerung an ihn. Vor etwa zwanzig Jahren steckten sie in einer wirtschaftlichen Krise. Da soll sie mein Großvater eine Zeit lang tatkräftig unterstützt haben. Aber er hat nie einen Pfennig dafür genommen. So bleibt ihnen mein Großvater in dankbarer Erinnerung. Darauf gibt es keine Antwort. Alle schweigen. Es wird überhaupt nicht viel geredet. Schweigen sagt mehr aus als Reden. Das hatte meine Großmutter zu Hause oft gesagt. Und ihr kummervolles Gesicht ist jetzt nicht zu übersehen. Das kann ich schon ganz gut beurteilen, denn niemand kennt sie so gut wie ich. – Das also war des Rätsels Lösung, dass wir bleiben durften.

Nickoley ist nun auch gekommen, er hat die Pferde gefüttert. Er sehnt sich nach einem warmen Plätzchen. Seine Pelzkleidung hat er schon vorhin abgelegt. Er setzt sich mit an den Tisch und isst mit uns. Aber dann ist er verschwunden. Keiner hat bemerkt, wo er hingegangen ist. Jetzt entdecken wir ihn. Nicht weit von uns hat er sich auf die Ofenbank gelegt und ist fest eingeschlafen. Das kann jeder verstehen.

Doch wir schauen auf die Uhr, wir müssen weiter. Auf keinen Fall können wir über Nacht bleiben. Eigentlich haben wir uns hier schon viel zu lange aufgehalten. Hastig brechen wir wieder auf. Die aufgetauten Brote werden wieder eingepackt, aber dieses Mal kommt zum Schutz gegen den Frost noch mehr Papier darum herum. Alles wird wieder auf den Planwagen geladen. Wärmflaschen werden mit heißem Wasser gefüllt, die erwärmten Backsteine kommen auch auf den Wagen, damit die Füße nicht so schnell kalt werden, und wir, mein kleiner Bruder und ich, werden auch wieder vorschriftsmäßig gegen die Kälte eingepackt. Zwischen Kisten, Kasten und sonstigen Dingen bekommen wir erneut unseren Platz. Zusätzlich werden wir noch mit Decken, Federbetten und mit den neu gefüllten Wärmflaschen gut eingepackt. Denn draußen sind noch immer zwanzig Grad minus und dazu ist es auch schon dunkel. Aber wir müssen uns beeilen, denn sonst verpassen wir den Anschluss an die anderen und die Front, die unaufhaltsam näher rückt, könnte uns einholen. Das wäre der sichere Tod. Das Geheule der Stalinorgel und das Donnern und Rattern der Kanonen und Maschinengewehre ist in unmittelbare Nähe gerückt. Die Nacht ist durch die vielen Blitze so erhellt, dass wir ein Licht für den Wagen gar nicht brauchen. Inzwischen ist Nickoley mit den Pferden auch wieder da. Er kann sich mit dem langen Mantel kaum bewegen. Aber was macht das schon. Wenigstens hat er einen Schutz gegen die Kälte. Eine kurze, aber herzliche Verabschiedung folgt. Nun sitzen wir wieder alle auf dem Wagen genauso, wie wir gekommen sind. Die beiden Alten sehen uns noch eine ganze Weile nach.

Ich kann noch sehen, wie sie gemeinsam in ihr Haus zurückgehen. In ihrem Alter können sie solch eine Reise nicht mehr wagen. Sie sind auch nicht die Einzigen. Viele haben sich auf die Flucht begeben, aber viele sind auch geblieben. Nun sind wir wieder allein und dunkel ist es auch. Zum ersten Mal habe ich heute bei der Unterhaltung gehört, dass wir nach Westen fahren. Was das auch immer heißen mag, ich kann es jedenfalls nicht verstehen. Hoffentlich dauert diese Fahrt nicht mehr so lange!

WIEDER IM FLÜCHTLINGSTRECK

Wir sind nun wieder auf der Straße, wo die ganzen Flüchtlingstrecks langziehen. Wir müssen abwarten, bis wir eine Lücke finden, damit wir uns einreihen können. Dann endlich sind wir in demselben Strom. Wir können weder schnell noch langsam fahren. Deutsche Soldaten weisen uns wieder den Weg. Sie fordern uns zur Eile auf. Durch uns werden sie auch noch aufgehalten, was sie sichtbar nervös macht, denn wir blockieren ihre Wege. So manche stehen am Rande des Weges und können nicht weiter, weil ihnen ein Rad oder sogar die Radachse gebrochen ist. Hier halten und helfen, das würde zu einem Chaos führen. Aber auf diesen Wagen sind auch Kinder, die schreien oder weinen. Pferde stehen müde und abgekämpft, sie haben nicht mehr die Kraft, den Wagen

Unter unmenschlichen Strapazen und mitten im Winter mussten Hunderttausende vor den russischen Truppen fliehen.

weiterzuziehen. Viele Wagen stehen tief verschneit, Pferde liegen, sie können schon längst nicht mehr stehen. Die Schwäche und der starke Frost haben sie übermannt. Da ist nichts mehr, das noch Leben zeigt. Sie sind ein Mahnmal für die Vorüberziehenden: Bei Stehenbleiben Todesgefahr! So fahren wir an vielen stehen Gebliebenen vorbei und können nicht helfen. Ein grausamer Anblick, Verzweiflung auf beiden Seiten. Jeder kämpft hier ums Überleben.

Mein kleiner Bruder ist eingeschlafen und ich bin das wohl auch. Denn ich erwache erst wieder, als mir jemand sagt, dass wir schon einige Zeit vor einer Brücke, die über die Weichsel führt, stehen. Es ist eine Holzbrücke, die übermäßig durch Militär und Flüchtlinge belastet ist. Unter der Brücke hat sich schweres Packeis herangeschoben, es besteht also Einsturzgefahr. Die Brücke muss so schnell wie möglich geräumt werden. Eine fast endlose Wagenkolonne, die sich auf der Brücke eng beieinander aufgereiht hat, ist zu langem Warten gezwungen. Obwohl auf die Pferde eingeprügelt wird, bewegt sich der Treck auf der Brücke nur langsam weiter. Der eisige Wind weht an unserem Planwagen durch alle Ritzen. Meine Mutter hat sich noch zusätzlich in eine Decke gewickelt. Wie es meiner Großmutter und den Übrigen ergeht, erfahre ich nicht. Nickoley ist noch einmal vom Wagen gesprungen und richtet die großen Decken, die auf den Rücken der Pferde befestigt sind. Sie dürfen sich nicht erkälten. Das wäre das Ende unserer Flucht nach Westen.

Es ist Morgen geworden, ein neuer Tag beginnt. Endlich werden wir weitergewiesen und zu einer anderen Brücke geleitet. Sie ist nicht weit entfernt. Wir gehören zu den Ersten, die über diese Brücke in Begleitung deutscher Soldaten buchstäblich gejagt werden. Kaum auf der anderen Seite angekommen, hören wir ein furchtbares Krachen. Pferde wiehern, Kinder schreien, ein lautes Rufen durcheinander – soeben stürzt die Brücke ein, über die wir gerade gefahren sind. Ein Schaudern durchfährt uns alle. Zwischen unseren Kisten und Kasten kann ich gerade so durchsehen. Die Brücke ist an verschiedenen Stellen eingebrochen, die Fahrzeuge darauf rutschen langsam, aber sicher in die Tiefe. Vor Entsetzen fangen wir alle auf einmal an zu schreien. Ich glaube, wir sind nicht die Einzigen. Obwohl sie schon längst auf der anderen Seite sind, halten viele an und laufen zurück, von dem Gedanken getrieben, vielleicht helfen zu können. Aber wie es scheint, ist jede Hilfe vergebens.

Es ist Eile angesagt. Die Front mit ihren Kanonen und Panzern ist jetzt ganz deutlich zu hören, sogar Flugzeuge. Sie müssen direkt über uns sein. Der Nebel ist aber so dicht, dass wir sie nicht sehen können. So wissen wir nicht, ob es feindliche Flieger oder die Deutschen sind. Ein riesiges Aufgebot von deutschen Soldaten ist ständig um uns. Manche kommen uns auch entgegen.

Allmählich haben wir uns wieder beruhigt. Nur meine Großmutter schreit noch immer und ruft mit ausgebreiteten Armen: „Mein Gott, mein Gott, Erbarmen, Erbarmen!" Doch ihr Schreien verliert sich nach draußen, das Gebrumme der vielen Flieger übertönt alles. Nickoley nimmt die Peitsche und schlägt auf die Pferde ein. Sie sollen laufen, damit wir schneller von der Unglücksstelle wegkommen und das ohrenbetäubende Geschrei um uns aufhört.

Jetzt ist es mein kleiner Bruder, der zu jammern anfängt. Er hat Hunger und versteht nicht, warum wir immer noch herumkutschieren. Er möchte sich lieber bewegen, seine warme Milch trinken und in einer warmen Stube spielen. Er ist nicht der Einzige, man hört überall kleine Kinder schreien. Viele sind schon sehr lange unterwegs. Es sollen sogar schon Kinder erfroren oder auch vor Angst gestorben sein. Ich versuche ihn zu trösten, indem ich meinen Arm um ihn lege und ihn streichle. Er will das nicht, darum beißt und kratzt er mich. Gut, dass meine Mutter in unserer Nähe ist, sie macht dem Gekratze ein Ende. Jeder bekommt eine halb angefrorene Schnitte Brot in die Hand, die wir auch begierig aufessen.

Der Weg durch den Wald scheint endlos zu sein. Durch die vielen Wegbiegungen meinen wir, uns im Kreis zu drehen. Die kahlen Bäume wirken durch den Nebel wie Gespenster. Doch der Nebel hat aber auch etwas Gutes für sich. Er hüllt uns ein und schützt uns vor Feinden.

Gegen Mittag erreichen wir endlich ein Dorf. Nickoley besorgt Wasser für die Pferde und gibt ihnen Heu und Hafer von dem Wagen, den wir hinter dem Planwagen angebunden haben. Meine Mutter sorgt dafür, dass wir alle richtig warmen Milchkaffee bekommen, und die Wärmflaschen werden auch alle erneuert. Wir haben einen geschützten Platz nahe einer Scheune bekommen. Das Dach ist etwas tiefer und bietet somit ein wenig Schutz gegen die Kälte. Das ist die einzige Möglichkeit. Es reihen sich auch andere Fahrzeuge an, sodass wir mit den Pferden zusätzlich geschützt stehen. Zudem werden sie noch gut abgedeckt, damit sie es in der eisigen Kälte aushalten. Das ganze Dorf ist voll von Flüchtlingen, Wagen und deutschen Soldaten. Hier eine Unterkunft zu bekommen ist so gut wie ausgeschlossen. Aber Wasser für die Pferde und warmen Malzkaffee gibt es hier reichlich und wird dankbar angenommen, eine fast nicht versiegende Quelle, eine Hilfsbereitschaft, wie man sie nur selten kennt.

Die Menschen im Dorf haben für die vielen Flüchtlinge bestimmt Tag und Nacht zu tun. Meine Großmutter sagt immer zu ihnen: „Gott wird Sie dafür reichlich lohnen!" Und sie spricht aus Erfahrung. Wir wollen etwa zwei Stunden hier bleiben. Die Pferde müssen sich ausruhen. Auch sie haben nur eine begrenzte Kraft, sonst bleiben sie unterwegs stehen, wie bei so vielen auf dem langen Weg. Das wäre für uns alle der sichere Tod. Wir steigen alle vom Wagen, dick angezogen wie wir sind, und gehen an unserem Planwagen immer hin und her. Meine Mutter hält uns beide an den Händen, damit wir ihr ja nicht weglaufen. Denn bei diesen vielen Menschen und den vielen Wagen würden wir uns nicht mehr wieder finden. Meine Großmutter und die anderen gehen immer ein paar Schritte, schlagen die Arme um ihren Körper und gehen dann weiter. So werden die Hände wieder warm. Trotz der vielen Menschen ist es doch auffallend, dass nur das Nötigste gesprochen wird. Ich sehe mir unsere Pferde an. Sie haben ihre Köpfe geneigt und schlafen im Stehen.

Ob nun schon zwei Stunden vorbei sind, kann ich nicht genau sagen. Deutsche Soldaten fahren durchs Dorf und fordern alle Flüchtlinge auf, unverzüglich nach Danzig aufzubrechen. Bis dorthin sind es noch zehn Kilometer. Wieder werden wir beide in dicke Federbetten eingepackt mit heißen Wärmflaschen. Jeder nimmt seinen gewohnten Platz ein. Nur Nickoley führt die Pferde am Zaum, bis wir wieder auf der Landstraße mit den anderen in einer Kolonne weiterfahren. Zehn Kilometer, das halten die Pferde noch aus. Immer wieder höre ich von den anderen, dass es nicht mehr weit ist. Jetzt geht es mir beinah wie meinem Bruder, ich freue mich auf ein richtiges Bett und eine warme Stube. Auf ein Bett, in dem man sich richtig ausstrecken kann und nicht wie hier krumm wie ein Fragezeichen schlafen muss.

Es ist früh dunkel geworden. Der Nebel verstärkt die Dunkelheit noch. Noch nicht einmal die vorderen Wagen sind zu sehen. Aber das Licht der Militärwagen leuchtet uns hier und da schwach an. Die Augen der Pferde sehen dann wie grünliche Leuchtkugeln aus. In der Ferne sind wieder Flugzeuge zu hören. Ganz in unserer Nähe scheinen die Frontstellungen zu sein. Das Knattern der Maschinengewehre und das Pfeifen der Kanonenkugeln ist jetzt wieder ganz nahe. Weil wir bereits im Wald sind, hört es sich wie ein Echo an. Anscheinend haben sich die Pferde schon an diese Geräusche gewöhnt. Sie erschrecken nicht mehr wie sonst. Weil keiner ein Wort sagt, nehme ich an, dass wohl alle auf unserem Wagen eingeschlafen sind. Ich versuche, mich auch an meinen kleinen Bruder zu kuscheln, denn er ist schon wieder eingeschlafen.

Ich denke an zu Hause. An all die Tiere, die in der Nacht so geschrien haben, als wollten sie uns auffordern, doch bloß hier zu bleiben. Hoffentlich können wir bald wieder zurück, jedenfalls wird es uns immer wieder versprochen. Aber wer glaubt schon daran? Wir ziehen doch immer weiter nach Westen, immer weiter weg! Viele haben die innere Ahnung, dass es kein Zurück gibt. Doch keiner wagt, seine Gedanken mitzuteilen. Im Höchstfall könnte das einige Jahre Straflager einbringen.

So geht diese Unterdrückung schon seit Jahren. Wir haben uns an all die neuen Gesetze nicht oft gehalten und auch an die vielen Propagandaworte nicht. Im Höchstfall haben wir darüber gelächelt, aber nicht an sie geglaubt. Mein Vater ist ein überzeugter Nationalsozialist. Er glaubt daran und fordert von uns dasselbe. Einmal hat er in einer Gaststätte eine Rede gehalten. Die Bauern, die ihm zuhörten, griffen zuletzt nach den Stühlen und wollten ihn tüchtig verhauen. Eiligst flüchtete er durch eine Hintertür nach draußen. Er hat sich durch seinen Fanatismus recht unbeliebt gemacht. Auch zu Hause baute sich ein riesiges Spannungsfeld zwischen seinen Eltern und ihm auf: einziger, hoffnungsvoller Sohn, durchtränkt von einem Fanatismus, der nicht mehr abzuwenden war. Mit allen

Mitteln hat er sich bei seinen Eltern versucht durchzusetzen. Es ging sogar so weit, dass er mich auf Hitler taufen lassen wollte, erzählt meine Großmutter. Mein Großvater, ein großer, stattlicher Mann, musste mit den härtesten Mitteln gegen seinen eigenen Sohn vorgehen. „Wenn du das tust, verlässt du morgen unverzüglich dein Elternhaus! Du bist dann enterbt!" Diese Härte seines Vaters hat meinen Vater wohl etwas vorsichtiger werden lassen. So bin ich trotz Widerwillen meines Vaters in der evangelisch-lutherischen Kirche, verbunden mit allen christlichen Verheißungen, getauft worden.

Knapp zwei Jahre später verunglückte mein Großvater auf mysteriöse Weise, fernab von Haus und Hof. Er konnte nur noch tot geborgen werden. Der Unfall ist niemals endgültig aufgeklärt worden. Es bleibt ein Schatten über unserem Haus. Aber die vielen, schönen Erinnerungen an ihn sind trotz Grabhügel geblieben. Mein Vater kam zur Beerdigung auf Heimaturlaub. Er hat doch sehr um seinen Vater getrauert. Dagegen trug meine Großmutter ein Leben lang Leid um meinen Großvater. Nun muss meine Großmutter ganz alleine in unserem Haus die christliche Linie weiter erstreiten. Das ist für sie nicht einfach. Aber sie schafft es immer wieder, christliche Maßstäbe zu setzen. Es wagt auch keiner, sich dagegen zu stellen. In einem aber musste sie doch nachgeben, nämlich innerhalb von zwei Stunden mit einem Planwagen Haus und Hof zu verlassen. Unterwegs, fernab von allem, kann ich hin und wieder in ihr ernstes und trauriges Gesicht sehen. Sie ist auffallend still geworden, manchmal kann sie ihre Tränen nicht unterdrücken. Sie hat es kommen sehen, ja, sie hat es geahnt.

Die letzten Wochen in Danzig

Danzig ist in Sicht. Wir haben unser vorläufiges Ziel erreicht. Soldaten stehen an mehreren Weggabelungen und weisen die Wagen ein. Sie verlieren sich. Der lange Treck löst sich langsam auf. Vor einem großen Kasernengebäude halten wir. Die Soldaten sind noch sehr jung, die als letzter Nachschub in dieser Kaserne stationiert sind. Sie helfen uns. Sie weisen Nickoley den Stall für die Pferde zu, einige helfen beim Ausspannen, wieder andere tragen unser Gepäck, das wir am nötigsten brauchen, in eine Kasernenstube. Alles andere bleibt auf dem Wagen. Nickoley ist für die Pferde und den Planwagen zuständig. Er hält die Wache und schläft bei den Pferden im Stall. Jetzt haben wir den lang ersehnten Schlafraum. Der Raum ist riesengroß. Ein Schlafsaal ist es, viele Doppelbetten nebeneinander und jede Menge Matratzen zusätzlich. Jeder soll eine Schlafgelegenheit bekommen. Hier wählt auch keiner mehr. Bei der eisigen Kälte draußen ist jeder froh, überhaupt einen warmen Platz zu bekommen. Ich freue mich jedenfalls, endlich ausgestreckt, geschützt vor dem kalten Wind und in einer warmen Stube schlafen zu dürfen. Wir legen all unsere warmen Sachen ab, die uns draußen vor der Kälte geschützt haben. Mein kleiner Bruder steht noch schlaftrunken mitten zwischen unserem Gepäck und weiß nicht, wie ihm geschieht. Er ist ja auch im Halbschlaf nach oben getragen geworden. Wer schon fertig ist, seine Sachen geordnet hat, soll nach unten in den Speisesaal kommen. Dort erhält jeder ein leeres Gefäß und muss sich anstellen, um eine warme Suppe in Empfang zu nehmen. Anschließend gibt es noch Tee und trockenes Brot. Ich habe meine Suppe noch gegessen, aber was dann passierte, weiß ich nicht mehr.

Gegen Mittag eines neuen Tages wache ich endlich auf. Ich habe von dem vielen Kindergeschrei und dem lauten Tumult um mich her nichts mitbekommen. Es ist ein ständiges Kommen und Gehen.

Viele haben es vorgezogen, doch weiterzuziehen. Wir befragen deutsche Soldaten, was wir tun sollen. Sollen wir weiterfahren oder sollen wir noch bleiben? Alle raten uns zu bleiben. Es ist kein Durchkommen. Danzig ist ringsum eingekesselt. Wir müssen abwarten. Ich sehe, dass viele zwar hinhören, aber dennoch ihre Sachen zusammenpacken und weiterziehen. Klar, jeder möchte sich in Sicherheit bringen. Aber wo ist der sicherste Ort? Wir bleiben.

Ein kleines Fünkchen Hoffnung flackert in diesen Tagen immer wieder auf, vielleicht können wir später von hier aus wieder zurück. Ich spiele mit anderen Kindern, doch diesen Raum darf ich nicht verlassen. Wenn wir laut sind, werden wir aufgefordert, wieder leiser zu sein. Sehr oft sehe ich aus dem Fenster. Da kann ich gerade auf einen großen Platz sehen und beobachten, wie die Soldaten üben, ein Gewehr zu halten, und dann auf Kommando auf eine schwarze Scheibe schießen müssen. Das geht den ganzen Tag so. Nur die Soldaten werden immer wieder ausgewechselt. Die meisten Stahlhelme sind viel zu groß für sie. Und ihre Gesichter sehen noch recht jungenhaft aus, meint meine Großmutter. „Wie kann man nur diese blutjungen Menschen, die noch wie halbe Kinder aussehen, an die Front schicken?", fragt sie in den großen Raum hinein. Die Leute, die uns gegenüber sitzen, bewegen zwar die Schultern, antworten aber nicht. Ich glaube, sie haben Angst, dass sie etwas Falsches sagen könnten. Ich habe mir einen Stuhl geholt und knie mich darauf. So kann ich besser auf den Übungsplatz sehen. Überall sind Kinder, die das Gleiche tun.

Manchmal winken wir zu den Soldaten runter und sie winken auch zu uns rauf. Jetzt stellen sie sich in Gruppen auf und marschieren mit Gesang. Ihr Gesang ist sogar ganz deutlich durch unsere Fenster zu hören. Manches ist mir aus dem Radio bekannt. Es ist schon eine recht merkwürdige Situation: Hier wird gesungen, etwas weiter hört man die krachenden Geschosse der Kanonen und Panzer, von der anderen Straßenseite kommt der Lärm der vielen Flüchtlingstrecks. Militärfahrzeuge ziehen vorbei, voll besetzt mit deutschen Soldaten, und viele Menschen behängt mit Rucksäcken, Koffern und Taschen. Alle drängen sich auf den Straßen, die kreuz und quer verlaufen und von hier oben gut zu sehen sind. Sie alle sind auf der Flucht vor dem, den sie selbst nicht kennen.

Es sind schon einige Tage vergangen. Wie froh sind wir doch, dass wir in dieser Kälte nicht weiterfahren müssen. Vielleicht wären wir schon alle erfroren. Auch dass unsere Pferde in einem warmen Stall stehen und obendrein gut versorgt werden, sie haben es sich redlich verdient. Die letzten zehn Kilometer bis nach Danzig waren nicht nur für uns, nein, auch für sie die beschwerlichste Wegstrecke. Aber sie haben es geschafft. Nun können sie sich ausruhen. Mir wird es hier oben allmählich recht langweilig. Ich darf diesen Schlafsaal nicht verlassen, nur in Begleitung eines Erwachsenen. Diese Anordnung gilt für alle Kinder. Mein kleiner Bruder hat ein kleines Holzauto, damit spielt er schon den ganzen Nachmittag. Manchmal versteckt er sich, dann müssen wir ihn suchen. In diesem Saal sind auch Leute, die unser lebhaftes Rumtoben nicht so gern haben. Also müssen wir wieder zurück zu unseren Plätzen. Hier müssen wir lernen, aufeinander Rücksicht zu nehmen. Da gibt es auch Leute, die kramen ständig in ihren Taschen. Das ständige Rascheln von Papier und sonstigen Gegenständen kann einem auf die Nerven gehen. Manchmal tun mir von diesen Geräuschen richtig die Beine und der Bauch weh. Ich bin ja ein Kind und habe mich deshalb nicht zu beschweren. Mir wird immer gesagt, ich solle mir dann die Ohren zuhalten. Doch immer kann ich das auch nicht.

Meine Mutter häkelt eine Decke. Sie hat eine ganz dünne Häkelnadel mit einem weißen Faden. Sie nimmt den Faden, wickelt ihn um den Finger und macht dann an dem Faden eine Schlaufe. Mit der Häkelnadel zieht sie den Faden durch diese Schlaufe und wiederholt das mehrmals. Daraus entstehen dann die schönsten Muster. Tante Lotte, unser Hausmädchen, stopft Strümpfe. Es sind wohl ihre eigenen. Das ist auch interessant. Sie zieht den Strumpf über ihre Hand, dann kann man das Loch ganz deutlich sehen. Mit der Stopfnadel, an der ein Wollfaden durch das Nadelöhr gezogen wird, sticht sie nun am Rand des Loches ein und zieht den Wollfaden durch. Dann geht sie auf die andere Seite. So zieht sie von einer Seite auf die andere einen Faden, und zwar so lange, bis das ganze Loch mit Längsfäden überzogen ist. Jetzt wird das ganze gedreht und sie sticht mit der Nadel unter den ersten Querfaden und dann wieder über den zweiten Querfaden und so weiter, bis sie am anderen Ende der Kante angekommen ist. Nun wird so lange hin und her gestopft, bis das Loch zu ist. Zum ersten Mal habe ich mir diese schwierige Arbeit angesehen, aber begriffen habe ich sie nicht. Da muss ich wohl noch ein bisschen größer werden. Zu Hause habe ich schon einmal einen Knopf angenäht. So richtig war das auch nicht. Wenigstens habe ich es schon einmal versucht. Meine Großmutter und Tante Mariechen sitzen dicht zusammen und unterhalten sich. Ich glaube, da kann ich mal hingehen. Ich frage Großmutter, ob sie mir eine Geschichte erzählen kann. Sie nimmt mich auf den Schoß und beginnt wie immer: „Es war einmal ..." Wieder bin ich mit meinen Gedanken zu Hause. Auf Großmutters Schoß fange ich immer an zu träumen.

Da sitze ich in der Sommerstube meiner Großmutter. Es ist der erste Tag, an dem ich ohne Fieber bin. In beiden Ohren habe ich eine eitrige Mittelohrentzündung. Sie hat mir viel Schmerzen bereitet. Jetzt ist der Schmerz endlich gewichen, aber den dicken Verband aus Watte und Mull muss ich noch tragen. Das nehme ich auch willig auf mich, Hauptsache, die Schmerzen sind weg. Großmutter liest mir die schönsten Märchen vor. Manchmal ist es so spannend, dass ich das Atmen vergesse. Die meisten Märchen sind wunderschön. Doch ein Märchen finde ich immer wieder besonders schön. Das ist das Märchen der Gebrüder Grimm „Die Gänsemagd". Die würde ich mir jetzt gerne anhören. Aber es gibt keine Bücher, aus denen man vorlesen kann. Man hat an wichtigere Dinge zu denken. Einen Satz aus diesem Märchen werde ich nicht vergessen: „O Falada, da du hangest, wenn das deine Mutter wüsste, ihr Herz täte im Leibe zerspringen!"

Aber Großmutter erzählte mir nicht nur Märchen, nein. Sie erzählte mir auch oft biblische Geschichten. Dann sagte sie immer: „Jetzt kommt kein Märchen. Diese Geschichten haben sich vor ein paar tausend Jahren wirklich zugetragen." Besonders gern hörte ich die Geschichten von Jesus und, dass er die Kinder so lieb hat. Das hat mich besonders interessiert. „Aber wie kann er Kinder lieben, die er nicht sieht?", fragte ich meine Großmutter. Sie antwortete: „Jesus ist mitten unter uns, er sieht alles und er kennt auch unsere Gedanken." Sie schaute mich dabei gar nicht so richtig an. Sie blickte glatt an mir vorbei, in Gedanken versunken sagte sie dann immer: „Ja, das ist wahr!"

Kleine Erinnerungen an zu Hause

Aus dem Fenster kann man genau in den Hof sehen. Links sieht man zu den Stallungen und zur Scheune. Auf der rechten Seite kommt zuerst die Veranda, der Eingang zum Wohnhaus vom Hof aus. An die Veranda reihen sich vier Fenster. Und zwischen der Veranda und dem ersten der vier Fenster beginnt ein Zaun, der zur rechten Seite des Hofes bis zu einem ziemlich neuen Gebäude führt. Es ist ein Kutschenhaus. Unten im Haus befinden sich die Kutschen oder Spazierwagen mitsamt den Pferdegeschirren und oben ist eine Hobelkammer und darin eine Wäschemangel. Hinter diesem Haus geht es rechts zu dem Ausfahrtsweg mit der prächtigen Hecke zur Rechten und den schönen Birken zur Linken. Wenn man aber an dem Weg geradeaus vorbeifährt, beginnt ein langer, gerader Feldweg. Es ist der Hauptweg, der zu unseren Wiesen und Äckern führt. An diesem Weg steht noch ein ganz neuer Geräteschuppen. Alle Landmaschinen und sonstigen Geräte sind dort untergebracht. Da hat auch bis vor kurzem unser Planwagen gestanden.

Diesen Hauptweg habe ich sehr gern. Er führt weit durch unsere Felder und Wiesen. An den Seiten stehen die alten Weiden. Im Sommer haben sie lange, dünne Äste, die wie Ruten aussehen. Dazu haben sie schmale, längliche Blättchen, die im Sonnenlicht silbrig glänzen. Wenn der Wind durch die Zweige weht, entsteht eine leise Melodie, die immer mit einem Rascheln endet. Sogar in den kleinsten Bächen kann man niedliche Fische beobachten. Auf die vielen, schönen Blümchen längs der Flüsse und Bäche freue ich mich schon. Aber an den Nogatfluss darf ich nicht mehr gehen. Eigentlich brauche ich nur durch den Garten zu laufen. Ich kann aber auch durch das Haus zum anderen Hauseingang hinaus in Richtung Nogatdamm laufen. Man darf mich nur nicht erwischen. Hin und wieder gelingt es mir doch, auf den Damm zu klettern und die Schleppkähne zu beobachten. Manchmal halten sie auch bei uns. Sie bringen uns meistens Salz und Zucker in großen Säcken. Dafür bekommen sie Weizen, ebenfalls in großen Säcken, zurück. Ich glaube, es ist ein richtiges Tauschgeschäft. Ein großer, runder Käse war auch schon mal dabei. Ja, und wenn man links vom Damm weitergeht, kommt man zu einer kleinen Halbinsel, die direkt in die Nogat reicht. Eine schöne, große Weide für unsere Kühe.

Meine Eltern und ich – letzter Heimaturlaub (1943).

Die letzte Ruhe vor dem Sturm

Wieder gibt es einen Ruck und ich wache aus meinen Träumen auf. Leider bin ich nicht zu Hause. Meine Großmutter weckt mich, sie kann mich nicht mehr auf dem Schoß halten, ich bin ihr einfach zu schwer. Weil es schon Abend geworden ist, gibt es etwas aus unseren Vorräten zu essen. Warmer Tee aus der großen Küche wird an alle weitergereicht. Mein kleiner Bruder und ich müssen in einem Bett schlafen. Einer am Kopfende und der andere am Fußende. Das geht ganz gut so. Ich bin zufrieden.

Die Hauptsache ist, dass wir nicht frieren müssen und auch keine Angst um die Pferde zu haben brauchen, dass sie uns womöglich noch schlapp machen. Sie sind jetzt im Stall, geschützt gegen die große Kälte, Wasser und Futter haben sie auch. Nur die vielen Menschen in diesem großen Schlafsaal, das ist nicht so schön. Aber es gibt keine andere Möglichkeit. Und wie es scheint, klappt es auch ganz gut. Wir haben ja alle die eine Hoffnung, dass wir bald wieder nach Hause können. Es ist ja schon Anfang Februar. Allzu lange wird es wohl nicht mehr dauern. Darum halten wir auch alle geduldig aus.

Draußen ist ein ständiges Geratter von Panzern zu hören. Es ist so laut, dass Türen und Fenster zittern. Wir müssen uns richtig anschreien, weil wir sonst nichts verstehen. Fast lautlos marschieren deutsche Soldaten, dick eingepackt, immer entlang der großen Hauptstraße und dazwischen zieht sich der endlos lange Flüchtlingsstrom. So lange wir nun hier sind, immer ist es das gleiche Bild. Wo kommen diese viele Menschen nur her? Mittlerweile ist dieses Haus, in dem wir Unterkunft haben, völlig überfüllt mit Flüchtlingen. Wir können nur noch um unsere Betten gehen. Jedes freie Plätzchen ist belegt. Wer zur Türe will, muss über die anderen Liegeplätze buchstäblich klettern. Viele kommen von sehr weit her, viel weiter als wir. Wir fragen uns, wie sie das nur geschafft haben.

Die ganze Nacht ist es in unserem Schlafsaal unruhig. Es gibt einige bei uns, die am Tag kaum ein Wort sagen, dafür aber in der Nacht ihren Mund nicht zukriegen. Und wenn dann aus einer Ecke jemand „Ruhe" schreit, dann sind alle anderen auch wach. Aber wir halten das aus. Es ist ja nur vorübergehend. Allzu lange wird es wohl nicht mehr dauern. Es ist uns doch versprochen worden, dass wir bald wieder zurück dürfen.

Die ersten Sonnenstrahlen brechen mit Macht durch die Fenster in unseren Schlafsaal. Es ist ein schöner Wintermorgen. Feinstes Glitzerpulver fällt von Himmel. Es ist Raureif, er verrät uns einen sehr kalten Tag. Heute hört man die Soldaten bei ihren täglichen Übungen nicht. Dafür sind sie aber alle sehr dick angezogen, haben ihre viel zu großen Stahlhelme auf und stehen mit ihren Gewehren abrufbereit an der anderen Hausseite. Es sieht aus, als ob sie auf jemanden warten müssten. Irgendetwas scheint hier nicht zu stimmen. Eine angstvolle Stimmung macht sich überall breit. Ein Neuankömmling berichtet uns, dass die Stadt Danzig von den Russen eingekesselt ist und niemand mehr fliehen kann. Die es doch versucht haben, mussten mit ihrem Leben bezahlen.

Wir können nicht verstehen, dass die Russen auch Flüchtlingstrecks angreifen. Immer wieder wird beteuert, dass Flüchtlinge, egal wo sie sich auch befinden, verschont werden. Wie es nun aber aussieht, hält sich der Russe an keine dieser Abmachungen. In einem Gemisch von Wut und Zorn mäht er alles um, was ihm in die Quere kommt. Nichts ist ihm heilig. So berichtet uns einer, der mit großer Mühe doch noch zurückgefunden hat, unter vorgehaltener Hand von all den Gräueltaten. Die Angst verbreitet sich bei uns allen wie ein Schwelbrand. Was sollen wir tun? Wir haben keine Wahl. Jetzt gibt es kein Entfliehen mehr, wir sitzen alle in einem Boot. Meine Großmutter tröstet uns. Sie meint, dass unser Nickoley uns schon verteidigen wird. Er ist ja Russe und versteht die russische Sprache. Er wird seinen Landsleuten schon sagen, wie gut er es bei den Deutschen gehabt hat. So viele Jahre ist er ja schon bei uns, da kann er das wohl behaupten.

DANZIG IN FLAMMEN

Von weitem hören wir das Gebrumme beinah endloser Flugzeuggeschwader. Zum Glück fliegen sie nicht über unsere Stadt. In den Straßen haben überall Panzer und viele, viele Soldaten Stellung bezogen. Es tut sich etwas, aber keiner weiß richtig was. Wir sitzen alle schweigend auf unseren Plätzen und warten auf etwas, von dem wir nicht einmal ahnen, was es sein könnte. Mein kleiner Bruder sitzt bei meiner Mutter auf dem Schoß und weint, er hat Fieber. In dieser angespannten Lage kann ihm keiner helfen.

Da, plötzlich lässt ein ohrenbetäubender Knall das ganze Haus erschüttern. Panik überfällt uns wie aus heiterem Himmel. Die meisten rennen fluchtartig alle zugleich zur Tür. Einige bleiben trotz allem ruhig sitzen, wir auch. Doch dann hören wir wieder die Flugzeuge. Aber dieses Mal kreisen sie über unserer Stadt und werfen jede Menge Bomben. Die Einschläge machen einen ohrenbetäubenden Lärm. Jetzt wird auch vor unserem Haus und überall auf den umliegenden Straßen geschossen. Plötzlich hören wir auch die Sirenen und alle Kirchenglocken läuten. Ein Lärm, ein Geschrei, jeder ist verwirrt. Die Bombardierung der Stadt Danzig beginnt. Es rette sich, wer kann!

Russische Soldaten dringen in unser Haus ein und stolpern mit plumpen Schritten die Treppen hinauf, treten gegen alle Türen und reißen sie mit Gewalt auf. Einige versuchen, von innen die Türen zuzuhalten. Sofort wird geschossen. Menschen fallen tot zu Boden, Kinder schreien. Jetzt stehen sie vor uns, das Gewehr auf uns gerichtet. Sie zeigen mit ihren Fingern auf den Arm, dann ans Ohr. Aber wir verstehen sie nicht. Sie sprechen Russisch, und das ist uns fremd. Weil wir sie nicht verstehen, werden sie immer lauter. Schließlich kommt noch einer dazu. Der flüstert den anderen etwas ins Ohr. „Ah", sagen sie, „Uhr, Uhr!" Sie zeigen wieder auf den Arm. Jetzt haben wir sie verstanden. Meine Mutter löst ihre Armbanduhr und reicht sie ihnen. Dabei entdecken sie einen Ring mit einem Stein an ihrem Finger. „Gib!", sagen sie. Meine Mutter verneint, gleichzeitig schüttelt sie den Kopf. Sie zielen wieder mit dem Karabiner schussbereit auf uns. „Gib!", schreien sie uns fast gleichzeitig in ihrem gebrochenen Deutsch an. Meine Mutter reicht ihnen auch den Ring. Die Ohrringe muss sie auch noch abgeben. Jetzt wollen wir an ihnen vorbei. Aber es geht nicht. Sie stampfen mit den Füßen auf, aus ihrem Mund kommt wie ein Kommando: „Stoi!" Es ruft uns jemand zu: „Bleiben Sie stehen!" Ich kann jetzt genau in ihre Gesichter sehen. Ihre Augen sind wie Tigeraugen, grün gelblich und schlitzförmig. Sie haben sie bis auf einen kleinen schwarzen Strich zusammengezogen. Ihre Gesichtsfarbe ist gelblich weiß. Haare kann man keine sehen. Sie sind unter ihrer dicken Pelzmütze vollkommen versteckt. Aber der rote Stern an der Mütze ist nicht zu übersehen. Dann fragen sie meine Mutter: „Du Waggen?" „Gom", sagen sie. Meine Mutter geht mit uns Kindern an ihnen vorbei. Sie folgen uns auf den Fersen. Ständig stoßen sie meiner Mutter den Gewehrkolben in den Rücken. Anscheinend haben sie auch nicht viel Zeit. Wer nicht schnell genug ist, wird einfach erschossen. Auch die anderen, mit denen wir den Schlafsaal teilten, werden nach draußen getrieben. Sie müssen ihr Gepäck und sonstige Habseligkeiten vorzeigen. Alles, was einigermaßen wertvoll aussieht, wird nach draußen getragen und auf einen Lkw geladen. In Windeseile hasten sie von Wagen zu Wagen. Wir werden sogar Zeuge, wie eine Frau mit vorgehaltener Pistole gezwungen wird, Fotos, auf denen ein Hakenkreuz ist, zu essen. Nun sind wir an der Reihe. Zwei Russen treiben uns, das Gewehr auf uns gerichtet, die Treppe hinunter. Mein kleiner Bruder schreit wie am Spieß. Wir müssen ihnen den Wagen und die Pferde zeigen. Da so viele Planwagen nebeneinander auf dem Gelände stehen, fällt es uns schwer, den unsrigen herauszufinden. Die Gier steht ihnen ins Gesicht geschrieben. Sie wollen doch sehen, was wir so alles auf dem Wagen haben.

Mitten in dem furchtbaren Bombenhagel schreien wir nach Nickoley. Tatsächlich, er kommt wirklich. Er sieht aus wie eine Erscheinung. Kerzengerade geht er auf die beiden Russen zu und spricht sie auf Russisch an. Ja, er will einem von beiden die Hand auf die Schulter legen. Da springen sie plötzlich zur Seite, richten das Gewehr auf ihn und schießen. Vor unseren Augen bricht er lautlos zusammen. Aber es bleibt keine Zeit, irgendetwas zu sagen. Meine Mutter wird mit den Füßen getreten, sie soll schnell zum Wagen gehen. Sie muss zusehen, wie einfach es doch ist, einem anderen die Sachen wegzunehmen. Aber die Kiste ist zu schwer, sie haben nicht die Kraft, sie auf ihren Lkw zu laden. Meine Mutter wird angeschrien und angespuckt, sogar mit dem Gewehrkolben wird auf sie eingeschlagen. Sie fängt an zu taumeln, fällt sogar hin. Die beiden russischen Soldaten ziehen sie brutal hoch, treten ihr ins Kreuz, sie soll sofort die Kiste aufschließen. Mein kleiner Bruder und ich fangen laut zu schreien an. Aber sie werden nur noch brutaler. Meine Mutter sucht in ihrer Manteltasche nach dem Schlüssel. Sie kann ihn nicht finden. Vielleicht ist er noch oben. Zu spät. Das Dach des großen Kasernengebäudes steht in Flammen. Jetzt nehmen sie den Gewehrkolben und schlagen mit voller Wucht auf das Schloss ein. Überall brennt es nun. Ziegelsteine schlagen neben uns auf, Schutt und Sand wirbeln durch die Luft, Geschosse pfeifen an unseren Ohren vorbei. Wir drehen uns um, weil wir jemanden rufen hören. Aber was wir da sehen müssen, lässt uns fast ohnmächtig werden. Deutsche Soldaten, dieses Mal ohne ihre großen Helme, einige nur in Hemdsärmeln, werden an die Wand gestellt und mit dem Maschinengewehr der Reihe nach erschossen. Ich höre ihre Schreie. Manche schreien sogar nach ihrer Mutter. Aber es hilft nichts, sie sinken alle zu Boden. Die großen Blutspritzer an der Wand und der rot gefärbte Schnee erzeugen in mir eine Lähmung. Ich kann einfach nicht richtig schreien, obwohl ich es gerne getan hätte.

Mein kleiner Bruder hält sich krampfhaft an dem Mantel meiner Mutter fest. Er kann richtig schreien und tritt hastig auf der Stelle. Das Schloss der Kiste ist abgeschlagen. Jetzt heben sie den Deckel. Was sie nun aber zu sehen bekommen, bringt uns an die Todesgrenze. Sie entdecken zuallererst die Ausgehuniform meines Vaters. Was sich meine Mutter wohl dabei gedacht hat? Ich weiß es nicht. Die Wut der beiden Soldaten ist grenzenlos. Mit der Gewehrspitze heben sie die Uniform in die Höhe und fluchen in ihrer Sprache. Ihre Gestik kann gar nicht anders gedeutet werden. Es sieht aus, als stiege ihre Wut ins Unermessliche. Ihre Augen sind zu kleinen Schlitzen geworden, ihre dicke Fellmütze mit dem roten Stern hängt knapp über ihren Augen. Sie fassen uns beide, meine Mutter und mich, gewaltsam und zerren uns vor einen nahe liegenden Gartenzaun. Dabei fällt meine Mutter wieder hin. Sie versucht, sich aufzurichten, es fällt ihr schwer. Sie ist von den Tritten und harten Schlägen immer noch benommen. Mein kleiner Bruder steht plötzlich ganz allein zwischen den zwei russischen Soldaten. Ein kleiner Junge, der nicht begreifen kann, was hier passiert. Er schreit aus Leibeskräften. Meine Mutter versucht, sich mit letzter Kraft nach vorne zu bewegen, um ihn zu holen. Aber die beiden russischen Soldaten sind schneller. Sie ergreifen meinen kleinen Bruder und schleudern ihn mit voller Wucht zu uns an den Zaun. Mit letzter Kraft beugt sich meine Mutter über den fast leblosen Körper und hebt ihn ruckartig auf. Schnell drückt sie den kleinen Kopf an ihre Schulter. Ihre Wut lässt die russischen Soldaten zu Bestien werden. Getrieben von einer unsichtbaren, finsteren Macht richten beide ihre Gewehre auf uns. Beginnt jetzt die Ewigkeit?

Ein Schneetreiben hat eingesetzt. Überall Feuer, Häuser fallen in sich zusammen. Die Geschosse der Panzer, das Rattern der Maschinengewehre und das Schreien der vielen Menschen, die sich dicht gedrängt, ohne Ziel durch die Straßen wühlen, erschüttern mich so sehr, dass ich einen Schock erleide. Wir dürfen uns nicht rühren. Was jetzt auf uns zukommt, weiß ich auch nicht. Dann höre ich das Laden der Gewehre, Schüsse fallen. Die Kugeln pfeifen an unseren Ohren vorbei. Doch dann, o Wunder, wo sind sie denn plötzlich hin? Die beiden russischen Soldaten sind plötzlich verschwunden. Wahrscheinlich haben sie zu viel von ihrem „Zielwasser" getrunken. Aber dafür steht plötzlich ein deutscher Soldat vor uns, nimmt meinen kleinen Bruder auf den Arm, meine Mutter hält er ganz fest am Oberarm und zieht uns buchstäblich aus diesem Graben. Damit ich nicht verloren gehe, hält meine Mutter mich am Handgelenk so fest, dass es furchtbar wehtut. Ich möchte mich gern befreien, aber es geht nicht. Der Soldat zieht und schleift uns buchstäblich hinter sich her, denn es geht hier um Leben und Tod. Eiligst schiebt er uns in ein unterirdisches Gewölbe und schließt hastig hinter uns die Tür. Wo sind wir? Es ist plötzlich ganz still geworden. Vorsichtig sehen wir uns um, aber wir können in der Dunkelheit nichts erkennen. Nach einer Weile merken wir, wir sind nicht allein. Viele Menschen, alle dicht gedrängt, haben Schutz vor diesem Bombenangriff gesucht. Sie schweigen alle. Hier weiß keiner, ob er aus diesem Keller je ins Freie kommt. Was wäre, wenn von außen die Eingänge verschüttet sind? Wir wären auf ewig Gefangene.

Ich merke auf einmal, dass ich nicht mehr reden kann. Mein kleiner Bruder kommt langsam zu sich. Er hat den Aufprall überlebt. Dickes Blut quillt aus seiner Nase. Dazu schreit er wie am Spieß. Die Leute, die um uns herumstehen, versuchen, ihn zu trösten. Sie helfen auch mit, die Blutung zu stillen. Meine Mutter sieht mich an, sie redet mit mir, aber ich kann sie nicht hören. Jedes Wort dringt mit lauten und leisen Schwingungen an mein Ohr. Ich kann es nicht aufnehmen, es verhallt wie in einer leeren Kirche. Dann wird mir übel. Ich werde auf eine harte dunkelgraue Decke gelegt und mit einer anderen zugedeckt. Soldaten haben sie wahrscheinlich für uns hier gehortet, ein kleiner Schutz gegen die Kälte. Jetzt kann ich plötzlich wieder die Stalinorgel mit ihrem mörderischen Geheul hören. Es dröhnt und donnert. Die Bombardierung ist ganz in unserer Nähe. Hoffentlich finden die Russen nicht den Eingang zu unserem Luftschutzkeller. Das wäre für uns alle das sichere Ende. Denn sie schießen auf alles, was sich bewegt. Ob wir wohl jemals lebend diesen Bunker verlassen werden? Die meisten hier haben große Angst und starren an die Decke. „Hoffentlich bricht sie nicht ein", werden viele denken. Wie kommt man hier wieder raus, wenn die Decke wirklich einstürzt? Da gibt es kein Entrinnen!

Wieder eine Explosion, alles wackelt. Jetzt fällt der Putz von den Wänden und der Decke. Ja sogar die Ziegelsteine lösen sich aus der Wand. Tiefe Risse zeigen sich nun. Die Wände drohen einzustürzen. Von irgendwoher dringt scharfer Rauch zu uns herein. Alle schreien: „Es brennt!" Soldaten reißen die Tür auf und rufen uns zu: „Alle raus, es brennt, Einsturzgefahr!"

Der Kampf ums Überleben beginnt

Wie eine Sturzflut drängen sich die Menschen gewaltsam nach draußen. Das ängstliche Schreien wird durch die ohrenbetäubenden Artilleriegeschosse der Panzer und der Bomber weit übertönt. Wir können weder nach rechts noch nach links ausweichen.

Uns bleibt nur die Möglichkeit, mit dem Völkerstrom gemeinsam zu fliehen. Wo wir auch hinschauen, endlose Schlangen von schreienden Menschen, die Schutz suchen. Jeder kann nur hoffen, dass ihn kein Unglück trifft. Meine Mutter hält meinen kleinen Bruder in einer Decke gewickelt auf dem Arm. An der anderen Hand hält sie mich so fest, dass ich glaube, meine Hand bricht ab. Ich fange an zu schreien vor Schmerz. Aber sie lässt nicht locker. Sie hat Angst, dass sie mich in dieser Menschenmenge verliert. Wir laufen und laufen, dann plötzlich ein Halt. Nicht weit vor uns fällt ein brennender Balken auf schreiende Menschen. Unser Zug kehrt plötzlich um. Doch ein Zurück gibt es nun auch nicht mehr. Alle verteilen sich. Jetzt rennen wir über rauchenden Schutt, durch enge Gassen, durch verschneite Gärten, über Brücken immer weiter, immer weiter. Hinter einem Hügel haben wir ein wenig Schutz gesucht. Wir sind aus dem großen Flüchtlingsstrom als kleine Gruppe übrig geblieben. Wir haben es geschafft und sind am Rand der Stadt angelangt. Aber wir können hier auch nicht weiter. Überall Panzer und Kanonen, die sich Feuergefechte liefern. Wenn es auch schon dunkel geworden ist, so können wir sie doch im Lichtkegel der brennenden Stadt Danzig sehen.

Ja, Danzig brennt lichterloh! Viele Menschen bleiben in der Stadt eingesperrt. Sie können dem Tod nicht entrinnen. Für uns ist es wie ein Wunder, dass wir mit dieser kleinen Gruppe überhaupt aus der brennenden Stadt herausgefunden haben.

Doch wie geht es nun weiter? Immer noch liegen wir im Schatten des kleinen Hügels. Wir haben Angst, uns zu bewegen. Es wird auf alles geschossen, was sich bewegt, darum sind alle vorsichtig. Ich wundere mich, dass mein kleiner Bruder nicht weint. Er hat es wohl schon gelernt, dass man hier still sein muss. Mein Handgelenk schmerzt noch immer, obwohl meine Mutter mich jetzt nicht mehr festhält. Als eine Frau neben uns zu jammern anfängt, weil sie ihren großen Jungen in dem Gedränge verloren hat, bin ich meiner Mutter doch dankbar, dass sie mich so fest gehalten hat.

Dicke Schneeflocken rieseln über uns. Jetzt können wir nicht mehr viel sehen. Auch die Geschosse und die Bomben haben nachgelassen. So langsam wird es wieder ruhiger. Wir wissen aber noch immer nicht, in welche Richtung wir gehen sollen. Plötzlich, wie aus dem Nichts heraus, stehen einige deutsche Soldaten vor uns und fordern uns leise auf, ihnen zu folgen. Unter ihrem Schutz erreichen wir den nahe liegenden Wald. Dort müssen wir mit ihnen in einen Schützengraben steigen. Immer wieder gibt man uns zu verstehen, dass wir nicht reden und auf keinen Fall uns bewegen sollen. Inzwischen merken wir auch, dass den fast stillen Wald Scheinwerfer durchfluten. Bei der geringsten Bewegung wird geschossen. Wir verhalten uns alle sehr leise. Es wird noch eine Zeltdecke gegen den Schnee über uns gelegt, und dann ziehen sie weiter und lassen uns allein. So sitzen wir nun eng beieinander und warten.

Gegen Morgen stellen wir fest, dass einige schon weitergegangen sind. Mir sind wohl doch die Augen zugefallen. Denn meine Mutter hat alle Mühe, mich wach zu kriegen. Mein kleiner Bruder weint herzzerreißend. Er klappert mit seinen kleinen Zähnen vor Kälte. Hunger hat er bestimmt auch. Zu essen und zu trinken haben wir nun nichts mehr. Jetzt muss jeder aushalten, hoffentlich nicht zu lange. Arme und Beine sind richtig steif geworden. Nur langsam kommen wir aus unserem Graben heraus. Weit und breit ist nichts zu sehen. Der Neuschnee hat alle Unebenheiten zugedeckt. So gehen wir mühsam durch den tiefen Schnee immer am Waldrand entlang. Zuletzt sind mein kleiner Bruder, meine Mutter und ich nur noch allein übrig geblieben. Wir waren den anderen einfach zu langsam. In der Ferne entdecken wir eine kleine Häuserreihe. Gleich an dem ersten Häuschen klopft meine Mutter an. Eine ältere

Frau öffnet uns. Sie bedauert, dass sie uns nicht aufnehmen kann. So gehen wir weiter. Wir versuchen es auch bei dem Nächsten. Wieder öffnet eine Frau die Tür. Aber dieses Mal ist es eine alte, tief gebeugte Frau. Sie ist so krumm, dass sie kaum hochsehen kann. Sie schaut uns lieb an und sagt: „Na, dann kommen Sie man rein! Aber lange können Sie nicht bleiben. Wir können nicht viel geben. Meine Tochter und ich sind hier allein. Und sie bekommt heute noch ihr Kind."

Ach, wie wohl war es uns, endlich in einem warmen Raum zu sein. In der einfachen, schlichten Stube ist alles fein säuberlich aufgeräumt. Es sieht so aus, als ob hier keiner wohnen würde. Wir dürfen uns setzen. Mein kleiner Bruder weint immer noch. Auf dem ganzen Weg bis hierhin hat er mit einigen Unterbrechungen geweint. Die alte Frau geht in eine Nebenstube, die eine Küche zu sein scheint. Man hört sie mit Kochtöpfen hantieren. Jetzt, da die Türe einen Spalt offen steht, höre ich das Feuer im Herd knistern. Derweil sehe ich mich um. Ein Donnergrollen, ähnlich einem Gewitter, ist ununterbrochen zu hören. Aber es ist weiter weg, und wie es scheint, haben wir uns schon daran gewöhnt. Dabei sieht es draußen so friedlich aus: die goldenen Sonnenstrahlen, der blaue Himmel und der weiße, glitzernde Schnee. Wer kommt da auf den Gedanken, dass Krieg sein könnte? Aber es ist Krieg, daran besteht kein Zweifel. In einer Ecke hängt ein Bild, ich muss es unentwegt ansehen: Zwei Kinder gehen über eine brüchige Brücke, die über eine Schlucht führt. Aber sie sind nicht allein. Ein großer Engel begleitet sie und hält schützend seine Hände über sie. Ich kann mich von diesem Bild nicht abwenden. Ich fange an zu begreifen: Wenn das stimmt, dann sind wir auch nicht allein. Wie durch einen Windstoß geht die Türe zur Küche auf und herein kommt die liebe, alte Frau und stellt uns einen Topf mit Haferflocken, in Wasser gekocht, auf den Tisch. Aus dem Schrank holt sie für jeden einen Teller und einen Löffel dazu hervor und gibt mit einer Kelle jedem einen Schlag in den Teller. Dazu holt sie ein großes Brot, drückt es an ihren Körper und schneidet mit einem großen Messer für jeden eine Scheibe davon ab und legt sie an die Teller. Aber bevor sie es anschneidet, kratzt sie mit dem Messer in die Unterseite des Brotes ein Kreuz. „Das ist alles, was ich habe", sagt sie. „Mehr kann ich

Ihnen nicht geben." Mein kleiner Bruder, der sonst sehr wählerisch ist, hat dieses Mal ohne Murren gegessen.

Während wir ohne Worte unsere warme Suppe essen, ruft jemand ganz laut nach der alten Frau, die uns gerade so freundlich bediente. Wir erschrecken, denn wir glaubten, wir seien hier ganz allein. Aber die Stimme kommt uns irgendwie sehr bekannt vor. Rasch verschwindet die alte Frau und wir hören nun, wie sich zwei Frauen hastig und aufgeregt unterhalten. Ich sehe, wie meine Mutter aufmerksam hinhört, meinen Bruder von ihrem Schoß hebt und zur Tür geht. Sie ruft vorsichtig und zugleich fragend: „Mutter?" Dann eine Pause und schließlich die Antwort: „Else!" Jetzt erkenne ich die Stimme meiner Großmutter. Ja, sie ist es. Wie ist das nur möglich? Meine Freude kann ich nicht verbergen. Ich hüpfe, drehe mich im Kreis, dann nehme ich meinen kleinen Bruder und will ihr entgegenlaufen. Aber ich werde aufgehalten. Sie steht auf halber Treppe und winkt mir zu. „Später, meine Tochter, später!" Wie es scheint, hat sie etwas sehr Wichtiges zu erledigen. Oben im Zimmer liegt eine Frau im Bett und erwartet ihr Kind. Heißes Wasser wird in einer Schüssel nach oben gebracht, dazu ein ganzer Stapel weißer Tücher. Großmutter wird in einem fremden Haus zur Hebamme.

Ich kann es noch immer nicht fassen, dass wir unsere Großmutter wieder gefunden haben. Wie ist das nur möglich? Zum wiederholten Mal ist es ein Wunder vor unseren Augen. Nun sind wir wieder zu dritt. Hoffentlich bleiben wir auch immer zusammen. Dann hat es meine Mutter nicht mehr so schwer. Sie braucht jetzt nur noch auf meinen kleinen Bruder aufzupassen und meine Großmutter paßt ab heute wieder auf mich auf. Ja, so wird es gehen.

Von weitem höre ich eine Katze schreien. Doch nach längerem Hinhören müssen wir feststellen, dass es gar keine Katze ist, sondern ein Baby, das sich mit seiner krächzenden Stimme schon behaupten will. Also, das Baby ist nun da! Es ist eine große Freude, aber es bedeutet für uns, dass wir nicht mehr länger bleiben können. Doch für eine Nacht bekommen wir die Erlaubnis dazubleiben.

Es fängt an, dunkel zu werden. Das Dröhnen unzähliger Militärfahrzeuge, die am Haus vorbeifahren, lässt uns nicht zur Ruhe kommen. Vielmehr schleicht sich erneut die große Angst bei uns ein. Die Schrecken der letzten Nacht und die Todesangst stecken noch tief in unseren Gliedern. Wenn ich meine Augen zumache, sehe ich noch immer die großen Feuerfackeln über Danzig, die vielen schreienden Menschen, den großen Bombenhagel, der überhaupt keine Ende nehmen wollte. Ich weiß noch immer nicht, wo plötzlich die Russen geblieben waren, die uns erschießen wollen. Sie hatten sogar schon auf uns geschossen, nur nicht getroffen. Dann das plötzliche Zerren in den Luftschutzkeller. Ein deutscher Soldat war es, der uns schützte. Dann die Nacht in dem Schützengraben ... Und jetzt sind wir hier. Wenigstens haben wir ein Dach über dem Kopf und brauchen nicht zu frieren. Wer weiß, was noch alles kommt! Hoffentlich können wir bald wieder nach Hause. Aber daran ist im Augenblick nicht zu denken. Es geht immer weiter von zu Hause weg. Das wird ein langer Weg werden, wenn wir wieder nach Hause dürfen, und dann noch ohne Pferd und Wagen. Was wohl aus unseren Pferden in Danzig geworden ist? Unser armer Nickoley, warum haben ihn seine eigenen Landsleute nur erschossen? Er hatte ihnen doch gar nichts getan. Aber es ist ja Krieg. Anscheinend sind alle Gesetze aufgehoben. Wer hier kein Ehrgefühl besitzt, erschlägt den anderen, um zu überleben.

Es geht weiter zu Fuss

Wir sind schon wieder einige Tage unterwegs. Es geht Richtung Pommern. Meistens übernachten wir, wie die anderen auch, in Scheunen oder kalten, zugigen Dachböden. In den Scheunen ist es unter dem Stroh recht warm. Wir sind ja auch nicht allein. Mit vielen anderen Flüchtlingen müssen wir das Strohlager teilen, ein Schutz gegen die große Kälte.

Aber ein Schutz gegen die russischen Soldaten ist es nicht. Wie oft werden wir des Nachts von russischen Soldaten überfallen. Sie leuchten mit ihren Taschenlampen in unsere dunkle Scheune und rufen laut in ihrer Sprache etwas Unverständliches zu uns hinein. Verstehen können wir es natürlich nicht. Weil sich aber darauf niemand rührt, fangen sie an, mit ihren Gewehrspitzen das Stroh zu durchbohren. Plötzlich fängt eine Frau kläglich an zu schreien. Aber ihr Schrei ist sinnlos. Russische Soldaten fallen über die Frau her, entkleiden sie. Ein Soldat nach dem anderen vergewaltigt sie. Entkleidet liegt sie vor ihnen, aber sie treten immer weiter mit ihren harten Stiefeln auf sie ein. Ihre Schreie scheinen sie zu überhören. Schließlich bleibt sie regungslos liegen. Die Nächste wird wie ein Stück Vieh auf dieselbe Weise vorgenommen und anschließend genauso behandelt. Das geht die ganze Nacht so weiter. Das Schreien, Weinen und Klagen ist die ganze Nacht zu hören. Die Russen benehmen sich wie wilde Tiere. Viele müssen in dieser Nacht solche Grausamkeiten über sich ergehen lassen. Meine Mutter hat sich ganz tief ins Stroh vergraben und wir haben uns ganz still über sie gelegt. So ist sie verschont geblieben.

So hastig, wie sie gekommen sind, sind sie dann auch wieder gegangen. Am Morgen sind wir entsetzt, denn einige Frauen liegen leblos in ihrem Blut. Für sie ist die Flucht für immer zu Ende. Wegen der großen Kälte ist es nicht möglich, sie draußen zu beerdigen. Still werden sie in einer Ecke beigesetzt, mit Stroh zugedeckt

Wir alle konnten nicht viel mitnehmen, und das Wenige wurde uns später noch geraubt.

und dann ziehen wir alle gemeinsam weiter. Als Zeugen dieser Grausamkeiten sind wir auf einmal zu Verbündeten geworden. Ungefähr fünfzehn Personen sind wir. Wir wachsen zu einer Großfamilie zusammen.

Von jetzt an wird alles geteilt, Hunger, Verfolgung, Freude und Leid. Alles, aber auch alles wird geteilt. Tagelang sind wir zu Fuß unterwegs. Mein kleiner Bruder wird abwechselnd getragen. Sehr leise und vor allen Dingen vorsichtig müssen wir uns verhalten. Es wird auch jetzt noch auf alles geschossen, was sich bewegt. Von deutschen Soldaten ist nichts mehr zu sehen. Dafür gibt es sehr viele russische Soldaten, die man hauptsächlich in der Nacht beobachten kann. Am Tage liegen sie versteckt auf der Lauer. Die Artilleriegeschosse sind immer noch zu hören, manchmal ganz in unserer Nähe. Eine einzige Sorge begleitet uns den ganzen Tag: Hoffentlich werden wir nicht noch von einer Kugel getroffen. Wenn wir die Geräusche von Lkws hören, suchen wir Schutz in einem Graben oder im nahe liegenden Gestrüpp. Öfters müssen wir auch gebückt gehen. Ich kann meist doch gerade gehen, denn ich bin ja erst fünf Jahre. Aber ich kann das viele Gehen mit wenigen Unterbrechungen einfach nicht durchhalten. Mein kleiner Bruder und ich sind die einzigen Kinder. Viele Tage haben wir gemeinsam in dieser Gruppe verbracht. Alle mussten auf uns Kinder Rücksicht nehmen. So schlägt meine Großmutter nach langer Überlegung vor, dass sie auf uns als Familie nur keine Rücksicht nehmen sollen. Sollten wir wieder in ein Dorf kommen, dann trennen wir uns. Als ich das höre, bin ich tief betroffen. Zu gerne wäre ich weiter mit den anderen gegangen. Sie waren einfach lieb zu uns, deshalb kann ich es mir auch nicht vorstellen, wieder nur zu viert zu sein. Gerade gestern haben wir unter dem Dach eines ausgebombten Wohnhauses Schutz gesucht. Dabei kam auch ein wenig Freude auf.

Auf dem Boden, unter den zerbrochenen Ziegeln, lag Weizen. Ach, was könnte man aus diesen Körnern alles zubereiten. Wenn man doch eine Mühle hätte! Meine Großmutter geht vorsichtig nach unten. Was soll sie hier noch suchen? Es ist alles leer geräumt. Die Möbel sind alle von den Russen mitgenommen worden. Ja, sie waren es. In Danzig haben wir mit eigenen Augen gesehen, wie sie alles auf große Lastwagen aufgeladen haben und das Übrige brennend zurückließen.

In der Küche stand ein gemauerter Herd, teilweise zertrümmert, und ringsum zerbeultes Kochgeschirr. Nicht viel, aber es reichte, darin etwas zu kochen. Als sie sich umschaute und die wenigen Habseligkeiten zusammensuchte, fand sie auch eine alte Kaffeemühle. Eilig nahm sie diese Kaffeemühle und kam damit zu uns auf den Boden. Nun setzte sich meine Mutter hin und mahlte mit dieser Kaffeemühle den Weizen. Wenn es auch mühsam war, aber es ging. So sehr wir uns auch bemühten, die Steine aus dem Weizen zu lesen, ein kleiner Rest wurde doch mitgemahlen. Erst wurde aus dem gemahlenen Weizen eine Suppe gekocht, mit Wasser, versteht sich. Salz gab es auch nicht. Aber was machte das schon, wir aßen sie alle.

Es war die erste warme Mahlzeit nach vielen Tagen. Es knirscht ganz schön zwischen unseren Zähnen. Die kleinen Steinchen waren in der Kaffeemühle zu Sand gemahlen geworden und nun hatten wir den Sand zwischen den Zähnen. Meine Mutter meinte, wir sollten nicht kauen, wir sollten einfach nur schlucken. Das habe ich dann auch getan. Dabei wurden auch gleich die Zähne gereinigt, denk ich mir mal. Von dem restlichen gemahlenen Mehl wurde etwas gebacken. Das hatte aber auch einen starken Knirscheffekt. Gegessen haben wir alles. Hunger treibt vermutlich alles hinein.

So sah es überall auf den Straßen aus ...

Eine kurze Bleibe

Längst sind wir wieder unterwegs. Wir können nur wünschen, dass wir diese Nacht nicht im Freien schlafen müssen. In einer Scheune möchten wir auch nicht mehr übernachten, denn noch einmal kann keiner diese Grausamkeiten aushalten. Gegen Mittag erreichen wir endlich irgendwo in Pommern ein Dorf. Nur zögernd steigt etwas Freude auf, aber man kann machen, was man will, die Angst ist doch stärker. Vorsichtig nähern wir uns nun dem ersten Haus. Es sieht aus, als würde dort niemand wohnen. Dieser Ort ist wie ausgestorben, menschenleer die Straßen, keiner lässt sich sehen. Ob hier überhaupt jemand wohnt? Zwei Frauen öffnen uns die Tür, als wir leise anklopfen. Es war wirklich sehr leise. Bestimmt haben sie uns schon lange kommen sehen, denn sie öffnen spontan ihre Türe. Auf unsere Bitte bleiben zu können – meine Großmutter zeigt dabei auf uns beide und meine Mutter –, erhalten wir keine Antwort. Die beiden Frauen zögern. Sie schauen sich an. Endlich, nach langer Pause willigen sie ein. Sie nicken mit dem Kopf, öffnen noch weiter ihre Haustüre und geben uns mit einer Handbewegung zu verstehen, dass wir eintreten sollen. Meine Großmutter dreht sich noch einmal zu den anderen Flüchtlingen um und verabschiedet sich von ihnen. Schade, dass sie nicht bei uns bleiben können. Vielleicht sind sie auch froh, dass sie endlich alleine sind. Ohne Kinder kommt man viel schneller vorwärts, habe ich bei einer Unterhaltung gehört. Ich wünsche ihnen, dass sie alle ihr Ziel erreichen und niemand von einer Kugel getroffen wird.

Jetzt schließt sich die Türe hinter uns und wir sind mit den zwei Frauen allein. Beide helfen uns aus unseren feuchtkalten Kleidern. Ach, wie sind wir froh, dass wir in eine warme Stube gehen können. Meinem kleinen Bruder scheint es wohl egal zu sein. Er hat unterwegs mehrmals gebrochen. Der gemahlene Weizen mit Wasser und den unvermeidlichen Sandkörnchen darin sind ihm offensichtlich nicht bekommen. Darum ist er jetzt still und das Stehen fällt ihm auch schwer. Ich glaube, wenn man ihn hinlegen würde, er würde sofort einschlafen. Meine Mutter bittet die eine Frau um eine Tasse warmen Kamillentee. Nach einer Weile kommt sie tatsächlich mit einer Tasse Kamillentee. Zu Hause hat mein Bruder den nie getrunken. Aber jetzt trinkt er ihn. Dann zeigen die beiden Frauen meiner Mutter in einem Nebenzimmer ein bezogenes Bett. Da hinein sollen wir den Kleinen legen. Aber zuvor werden seine Kleider ausgezogen. Meine Mutter kann ihn sogar mit warmem Wasser vom Kopf bis zu den Füßen abwaschen. Anschließend werden seine Kleider in einer Schüssel eingeweicht. Die eine Frau eilt die Treppe hoch und, als sie nach einiger Zeit wiederkommt, hat sie etwas zum Anziehen für meinen kleinen Bruder in der Hand. Es scheint ein Unterhemd mit langen Ärmeln zu sein, eigentlich viel zu groß für ihn, aber es wird passend gemacht. Die Ärmel werden hochgekrempelt, alles andere kann so bleiben. Nun liegt er in einem warmen Bett. Meine Mutter hat sich zu ihm gesetzt. Es dauert nicht lange, dann ist er fest eingeschlafen. Die abgelegten Kleider hat inzwischen meine Großmutter ausgewaschen. Als meine Mutter kommt, hängen sie über dem warmen Herd zum Trocknen. In Danzig haben wir alles zurücklassen müssen. Da lief jeder um sein Leben. Das Einzige, was wir bis hierher mitnehmen konnten, ist eine graue Militärdecke mit einer schwarzweißen Umrandung. Solche lagen im Luftschutzkeller stapelweise. In die Decke hatte meine Mutter meinen kleinen Bruder eingewickelt, damit er nicht so fror. Das ist alles, was uns noch geblieben ist.

Nun sitzen wir hier bei den freundlichen Leuten, die uns in ihr Haus gelassen haben. Wir sitzen zusammen und schweigen. Dann fragt eine der beiden Frauen, ob wir Hunger haben. Als wir ihnen erzählen, wie unsere letzte Mahlzeit ausgesehen hat, halten sie sich voller Entsetzen die Hände vor den Mund. Sie drehen sich um und blicken zu ihrem Herd. Auf dem Herd steht ein großer Kochtopf. Schnell legt die eine Frau etwas Holz auf das Herdfeuer und stellt den Topf über die offene Flamme. Sie hebt den Deckel und rührt tüchtig darin. Ein angenehmer Duft kommt zu uns hinüber. Die andere Frau stellt für jeden einen Teller auf den Tisch. Und Brot kommt auch auf den Tisch. Wieder erlebe ich, wie das Brot auf der

Rückseite bekreuzigt und erst dann angeschnitten wird. Dabei drückt die Frau das Brot an ihren Oberkörper und schneidet mit einem scharfen Messer Schnitte für Schnitte ab.

Ach, das Essen! Es ist mehr Brei als Suppe, aber es schmeckt mir. Was es überhaupt ist, kann ich nicht feststellen. Meine Großmutter meint, es seien Graupen mit Kartoffeln gekocht. Trotzdem es mir so gut schmeckt, kann ich nur knapp die Tiefe eines Tellers ausessen. Die letzten Löffel kann ich kaum zum Mund führen. Es fehlt nicht viel, dann falle ich unter den Tisch, so müde werde ich plötzlich. Meine Mutter eilt herbei und zieht mir meine warmen Kleider aus, genau wie meinem kleinen Bruder, und wäscht mich gründlich. Das ist mehr als nötig. In den vergangenen Wochen haben wir uns kaum waschen können. Und wenn es möglich war, dann nur eine kleine Katzenwäsche: einmal kreisförmig mit der Hand durchs Gesicht und fertig. Anschließend bekomme ich auch so ein langes Unterhemd für das Bett an. Nun werde ich zu meinem kleinen Bruder gelegt, und zwar auf die gegenüberliegende Seite, an das Fußende.

Ich schreie laut. Meine Großmutter und meine Mutter eilen erschrocken an mein Bett. Im ersten Moment weiß ich nicht, wo ich bin. Fast kommt es mir vor, als wäre ich zu Hause. Soll das alles nur ein Traum gewesen sein? Es kommt mir alles so fremd vor. Eine ganze Weile sitze ich in meinem Bett und sehe nur grelle Blitze. Meine Großmutter sitzt neben mir, hält meine Hand und redet auf mich ein. Sie sieht so groß aus, dass ich sie nicht richtig erkennen kann. Erneut schreie ich aus voller Kehle. Jetzt endlich wache ich durch mein eigenes Schreien auf. Danach schlafe ich fast zwei Tage. Wen wundert das? Das Schönste an diesem Tag ist, dass mein kleiner Bruder und ich jeder eine Tasse warme Milch bekommen. So etwas haben wir seit einigen Wochen nicht mehr getrunken, ein lieblicher Geschmack, den ich nie vergessen werde. Auch unsere Kleider sind wieder frisch. Sie sind sogar richtig glatt gebügelt und das mit einem Bügeleisen, das von innen mit glühenden Kohlen beheizt wird.

Wie es aussieht, dürfen wir hier eine Weile bleiben. Der Krieg soll ja bald zu Ende sein, erzählen sich die Leute. Die beiden Frauen sagen immer wieder zu uns: „Bleiben Sie man hier. Wir werden schon fertig." Meine Großmutter hat Tränen in den Augen, weil die beiden Frauen so nett zu uns sind.

Heute ist meine Mutter krank geworden. Sie liegt im Bett mit hohem Fieber und starkem Schüttelfrost. Das ganze Bett wackelt, so zittert sie. Meine Großmutter vermutet eine Nierenkolik. Das hat sie schon öfters gehabt. Was machen wir bloß? Es fehlen uns die Medikamente. Aber hier darf keiner das Haus verlassen. Und eine Apotheke gibt es nur in der nächsten Stadt und die ist zwanzig Kilometer entfernt. Meine Großmutter und die beiden Frauen beraten lange miteinander. Ich beobachte, wie sie alle möglichen Teesorten, sogar Baumrinde ist dabei, in einen Topf schütten und mit viel Wasser aufkochen. Den ganzen Tag muss meine Mutter von diesem Tee trinken. Wie es aussieht, schmeckt er ihr überhaupt nicht, denn bei jedem Schluck verzieht sie ihr Gesicht. „Schlimm muss schlimm vertreiben", pflegt meine Großmutter immer zu sagen. Meine Mutter hat ganz heiße Hände und einen heißen roten Kopf. Ihr Atem geht schnell. Meine Großmutter legt ihr ein kühles, feuchtes Tuch auf die Stirn. Hoffentlich wird es nicht schlimmer. Mein kleiner Bruder und ich spielen in der Küche vor dem großen Herd. Wir haben uns Holzscheite aus dem Korb genommen und bauen einen Turm oder eine Mauer. Meine Großmutter macht sich überall nützlich. Heute ist sie mit in den Ziegenstall gegangen. Da hilft sie den Stall ausmisten und anschließend streut sie frisches Stroh bei den Tieren aus. Die beiden Frauen melken die großen Ziegen. Das also ist die Milch, die wir trinken. Daraus wird auch Käse und Quark zubereitet.

Eigentlich ist es hier ganz friedlich, wenn nicht die Angst da wäre, die uns ständig daran erinnert, dass noch Krieg ist. Es kann alles ganz schnell anders werden. Man spricht überall von den Gräueltaten der Russen. Sie verschonen keine deutsche Frau, egal wie alt sie ist. Sie vergewaltigen sie am laufenden Band. Wenn sie sich wehren, werden sie einfach bewusstlos geschlagen und in diesem Zustand fallen die Russen reihenweise über sie her. Der Anblick ist furchtbar. Wenn sie sich trotz aller Schwäche dennoch wehren, attackiert man sie mit den Stiefeln und dem Gewehrkolben so lange, bis sie dann für immer schweigen. Sie machen auch nicht vor einer Frau Halt, der zuvor schon tüchtig das Gesicht zerschlagen wurde, sodass ihr das Blut aus Mund und Ohren quillt. Sie vergewaltigen auch die Halbtoten. Manche Frauen fühlen sich so gedemütigt, dass sie sich anschließend das Leben nehmen. Und ich muss das alles mit ansehen. Ich kann auch nicht verstehen, dass russische Soldaten so etwas tun. Um sich vor solchen Überfällen zu schützen, verraten die beiden Frauen meiner Großmutter ein Geheimnis: Wenn man seine Haare mit Schweineschmalz einschmiert und sie lang in Strähnen kämmt, die Augen rundum mit schwarzer Kohle anmalt und ein Gemisch aus Milch und Kernseife im Mund behält und tüchtig zwischen den Zähnen damit blubbert, sodass sich zäher Schleim, mit Blasen vermengt, bildet und langsam aus dem Mund gleitet, dann lassen sie einen in Ruhe. Das lange, anhaltende Husten darf auch nicht vergessen werden. Sie gehen dann alle rückwärts raus. Und unter ihresgleichen spricht es sich dann auch so langsam herum. So schnell kommt keiner wieder. Alles schön und gut, aber was machen die Frauen, die solche Mittel nicht zur Verfügung haben oder von diesen Mitteln nichts wissen? Ein Schaudern durchfährt mich, wenn ich an jene Scheune denke. Zwei Frauen mussten bei diesem Überfall das Leben lassen. Sie waren von all den Strapazen zuvor einfach zu schwach, um sich in dem Augenblick noch wehren zu können. Dieses Milch-Seifen-Gemisch steht immer angerührt an einem sicheren Ort. Von Zeit zu Zeit wird es erneuert. Es darf nicht schlecht werden. Ganz schön auf Draht sind diese beiden Frauen. Meine Großmutter wünscht sich nur, dass wir es niemals brauchen.

Aber was machen wir mit meiner Mutter, wenn die Russen kommen? Sie ist im Augenblick viel zu schwach, um überhaupt irgendetwas im Mund zu behalten. Sie würde sich verschlucken und, wenn sie dann plötzlich keine Luft mehr bekäme, hätten sie leichtes Spiel mir ihr. Auch da haben die beiden Frauen vorgesorgt. Oben auf dem Dachboden steht noch ein Bett für den Fall, dass sich jemand für einige Zeit verbergen muss. Da findet man den Versteckten nicht so schnell. Es kommt niemand auf den Gedanken, dass es noch einen Boden gibt. Denn die Luke zum Boden ist direkt in der Küche über uns, für einen Fremden kaum zu erkennen. Wenn man auf einen Stuhl steigt, kann man sie mit der Hand leicht öffnen. Oben liegt eine Leiter, die man vorsichtig herunterziehen kann. Wenn man oben ist, zieht man sie wieder zurück, die Luke wird geschlossen und keiner bemerkt etwas. Wenigstens hat man einen Ausweg parat, ob er glückt, bleibt abzuwarten.

Das Donnern, gleich einem herannahenden Gewitter, ist sehr deutlich zu hören. Die Kanonen und Panzer machen ihr letztes Aufgebot. Aber so stark und gewaltig hört es sich nicht mehr an. Die Kraft des Krieges scheint gebrochen zu sein. Vielmehr hört man über russische Soldaten, dass sie mit ihren Lkws überall an großen und kleinen Häusern vorfahren und alles aufladen, was nicht niet- und nagelfest ist. So manch ein Russe hat diesen Diebstahl auch mit seinem Leben bezahlen müssen. Zunächst ist dann Ruhe. Aber es dauert nicht lange, dann kommen sie verstärkt zurück und löschen als Vergeltung ein ganzes Dorf aus, Frauen, Kinder, alte Menschen, was ihnen vor die Flinte kommt. Sie benehmen sich wie Bestien. Da wird keiner verschont, nicht einer! Ich kann nur wünschen, dass uns niemand findet. Hoffentlich kann dann meine Mutter aufstehen und sich verstecken, wenn sie kommen. Im Augenblick ist sie noch sehr schwach. Den komischen Tee muss sie noch immer trinken. Meine Großmutter hat ihr einen Milchbrei gekocht, den sie auch gegessen hat. Das ist ein gutes Zeichen. Jetzt liegt sie seit fast einer Woche im Bett. Vielleicht kann sie in den nächsten Tagen aufstehen. Wir sind so froh, dass wir bleiben dürfen.

Draußen ist Tauwetter. Die langen Eiszapfen über der Haustür haben sich über Nacht aufgelöst. Die Dorfstraße ist jetzt schneefrei. Die alten Furchen, die durch die vielen Militärfahrzeuge entstanden sind, haben sich zu kleinen Bächen formiert. Ja, manche Vertiefungen sind zu kleinen Seen geworden. Bald wird die Straße richtig aufgeweicht sein, dann bleiben wieder viele Fahrzeuge im Schlamm stecken. Das kann für uns von Vorteil sein. So manches Fahrzeug wurde schon von den Russen fluchtartig verlassen, weil sie es nicht mehr in Gang brachten.

Wieder sind in weiter Ferne Flugzeuge zu hören. Hoffentlich fallen keine Bomben. Unser Dorf sei aber so versteckt, dass man es aus der Luft kaum sehe, sagen die beiden Frauen, bei denen wir wohnen. Eigentlich tröstlich, das zu wissen. Aber sicher ist man hier nirgends. So warten wir ab. Die Angst bleibt, auch wenn wir uns noch so viel Hoffnung machen. Jetzt hören wir auch die dumpfen Einschläge der ersten Bomben, aber es ist von hier aus ziemlich weit weg. Wieder kreisen Flieger. Vielleicht machen sie jetzt unser Dorf ausfindig. Immer deutlicher und lauter sind die Flieger zu hören. Diesmal, nach den Geräuschen zu urteilen, scheinen sie direkt über uns zu sein. Es bleibt nur zu wünschen, dass sie uns nicht entdecken. Plötzlich hören wir einige Flugzeuge im Tiefflug, direkt auf uns zukommen. Ich glaube, sie haben uns entdeckt. Die kurz darauf folgenden, dumpfen Einschläge zeugen davon. Und als sie sich in kurzen Abständen wiederholen, sogar Maschinengewehre erwidern und zurückschießen, da wissen wir: Wir sind entdeckt. Rauchwolken steigen am Horizont auf und der Boden unter unseren Füßen scheint sich zu bewegen. Die russischen Panzer mit ihren lauten und quietschenden Ketten kommen schnurstracks auf unser Dorf zu. Weil wir am Anfang des Dorfes wohnen, können wir sie aus unserem Fenster genau sehen. Zwischendurch die großen Lkws, voll besetzt mit russischem Militär. Jemand sagt uns, dass sie genau auf unser Dorf zusteuern. Panik bricht überall aus. Jetzt sieht man, wie sie sich aus der Kolonne verteilen und unser Dorf förmlich einkreisen. Fliehen, jetzt, das wäre zwecklos. Das lang Geplante wird in die Tat umgesetzt. Meine Mutter zieht sich schnellstens an und wird auf dem Boden versteckt. Im Moment ist sie da sicher. Meine Großmutter und die beiden anderen Frauen machen sich zurecht: fettige Haare, die schwarz bemalten Augen! Sie sind kaum wieder zu erkennen. Jede hat eine Tasse mit dem berühmten flüssigen Gemisch vor sich stehen. Wir Kinder haben zu ihren Füßen Platz genommen. Wir warten, und das kann lange dauern. Aber so lange halten wir Kinder es nicht aus. Ich laufe immer wieder zum Fenster, um zu sehen, ob die Soldaten schon kommen.

Eigentlich ist draußen ein schöner, ein sonniger Tag. Die letzten Sonnenstrahlen des Frühlingsanfangs fallen schräg in unser Fenster und verbreiten eine friedliche Stimmung. Aber diesmal ist die Stimmung trügerisch.

Vielleicht gehen sie an uns vorbei. Aus unserem Fenster sehen wir, wie sie alte und junge Menschen wie Viehherden auf ihre großen Lastwagen treiben. Wo wollen sie mit den vielen Menschen überhaupt hin? Sie schreien, betteln, fallen vor ihnen mit erhobenen Armen auf die Knie. Aber da ist kein Erbarmen. Sie müssen mit, ob sie wollen oder nicht. An unserem Haus fahren schon Lkws, überladen mit schreienden Menschen, vorbei. Manche versuchen, während der Fahrt abzuspringen, aber die Russen passen auf und attackieren sie mit ihren Gewehrkolben. Während mein kleiner Bruder und ich noch immer aus dem Fenster sehen, haben wir nicht bemerkt, dass Soldaten in die Stube eingetreten sind. Erst als uns eine Hand am Arm fasst, erkennen wir die Gefahr. Sie sehen uns mit ihren mongolischen Augen an, zerren an unseren Armen und reden unentwegt auf uns ein. Aber wir verstehen nichts. Je mehr sie auf uns einreden und wir sie immer noch nicht verstehen, umso wütender werden sie. Schließlich fangen wir an zu weinen. Dann drehen sie sich um und fangen an, das ganze Haus zu durchsuchen. Alles, was nicht sofort zu öffnen ist, wird mit den Stiefeln aufgetreten. Sie durchsuchen alle Winkel: den Keller, den Stall, wo die Ziegen friedlich nebeneinander stehen oder liegen. Sogar die Stroh- und Heuhaufen werden mit ihren Gewehrspitzen durchsucht. Sie klopfen sogar den Boden unter dem Stroh ab. Aber wie es scheint, finden sie nicht, was sie suchen. Dann rennen sie wieder ins Haus zurück. Wir stehen abseits und zittern vor Angst, als sie die Türe zur Küche, wo meine Großmutter mit den beiden Frauen sitzt, mit ihren Stiefeln hastig und mit aller Gewalt aufschlagen. Ich halte meinen kleinen Bruder an der Hand, damit er nicht noch mehr schreit und hinter ihnen herläuft. Durch einen Türspalt kann ich erkennen, wie sie vor den drei Frauen am Tisch stehen bleiben und sich sogar die Hand vor den Mund halten. Es scheint ihnen bei diesem Anblick übel geworden zu sein, denn es sieht nach ansteckender Krankheit aus. Statt vorwärts zu gehen, gehen sie langsam rückwärts. Dann drehen sie sich um und verlassen eiligst das Haus. Draußen hören wir sie noch ein paar Mal husten. Vielleicht hat sie der Anblick geekelt. Man kann es nur wünschen.

Ich sehe wieder aus dem Fenster. Wo kommen bloß die vielen Menschen her? Immer noch werden alte und junge Menschen auf Lkws gejagt und weggefahren. Was wollen sie von ihnen? Wie bin ich doch froh, dass sie meine Mutter nicht gefunden haben und meine Großmutter mit den beiden Tanten für zu krank halten. Sonst wären wir jetzt allein, wie es vielen anderen Kindern auch erging.

Die Nacht darauf ist sehr unruhig. Meine Mutter darf den Boden nicht verlassen. Vielleicht überraschen sie uns noch einmal, wie sie es schon so oft getan haben. Wir Kinder dürfen uns wie immer ins Bett legen. Nur meine Großmutter und die beiden Tanten, die ziehen sich nicht aus, aus Furcht, sie könnten erneut von den Russen überfallen werden. Die sind in der Nacht ja bekanntlich besonders aktiv.

Ich kann auch nicht richtig schlafen. Jedes Geräusch schreckt mich auf. Dafür schläft mein kleiner Bruder umso fester. Er braucht den Schlaf dringend, denn seine Angst hat er noch nicht verloren und seine Verletzungen sind auch noch nicht richtig verheilt. Als es langsam hell wird, meckern die Ziegen im Stall tüchtig. Wieder ist ein immer lauter werdendes Geräusch zu hören. Schnell springe ich aus meinem Bett und sehe nach. Tatsächlich, die Russen kommen wieder. Sie halten genau vor unserem Haus, der Motor läuft hochtourig. Diesmal steigen vier Soldaten aus und stürmen mit lauten und harten Fußtritten in unsere Küche. Ich stehe voller Angst im Türrahmen. Meine Großmutter steht am Herd, sie hat gerade Feuer angemacht. Wie ein Pfeil stürmen sie auf meine Großmutter zu, schreien sie an: „Madka, dawai!" Sie machen ihr Handzeichen, dass sie kommen soll. Eiligst zieht sie sich ihren Mantel an und ein großes schwarzes Wolltuch über Kopf und Schultern, und dann geht sie mit. Ich sehe ihr nach, wie sie ohne Worte hinausgeht und auf den Lkw geschubst wird. Jetzt fahren sie weiter. Schnell biegen sie um die nächste Ecke und verschwinden aus meinem Blickfeld. Erst jetzt merke ich richtig, was uns passiert ist. Ich kann nur leise weinen. Laut schreien möchte ich. Aber das ist gefährlich. Vielleicht stehen noch welche draußen vor der Tür. Sie würden uns dann in ihrer Wut schlagen oder sogar erschießen. Es ist ihnen zuzutrauen. Vielerorts haben sie so gehandelt. Dann werden sie hier auch keine Ausnahme machen.

Aber warum haben sie meine Großmutter so einfach mitgenommen? Sie hat ihnen doch überhaupt nichts getan. Außerdem ist sie schon alt. Vermutlich hat sie diesen bedingungslosen Schritt für meine Mutter getan. Denn wenn sie sich gewehrt hätte – und das hat sie normalerweise immer getan –, dann hätten die Russen voller Wut noch weitergesucht und schließlich noch meine Mutter gefunden. Die hätten sie mit Sicherheit, ohne Rücksicht auf uns, mitgenommen. Nicht auszudenken, was sich dann in dieser kleinen Stube abgespielt hätte. Es wäre für uns alle das sichere Ende geworden. Und dieses Unheil wollte meine Großmutter bestimmt verhindern.

Ich weiß nicht, was ich tun soll. Jetzt bin ich ganz allein. Zuerst laufe ich zu meinem kleinen Bruder. Der hat von diesem schrecklichen Vorfall nichts gemerkt. Er schläft noch. Aber wo sind die anderen? Vorhin waren die beiden Frauen noch da. Hoffentlich sind sie nicht auch noch weg. Ich laufe in den Ziegenstall und rufe laut. Aber es rührt sich nichts. Vorsichtig gehe ich an den Ziegen vorbei, aber da ist niemand zu sehen. Eine Weile bleibe ich im Stall ruhig stehen, um zu hören, ob sich nicht doch jemand irgendwo versteckt hat. Egal, wie lange ich auch stehe, da rührt sich nichts. Schnell laufe ich in die Küche zurück. Hier ist auch niemand. Allein das Feuer, das im Herd knistert, ist zu hören. Jetzt laufe ich mit lautem Geschrei in das kleine Zimmer und wecke meinen kleinen Bruder. Schlaftrunken sieht er mich an, er weiß ja nicht, was überhaupt los ist. Ich fasse ihn an den Schultern und schüttele ihn. „Sie sind alle weg und wir sind ganz allein!", schreie ich ihn an. Er verzieht seinen Mund und fängt an zu weinen. Aber nicht, weil wir allein sind, sondern weil er durch mein plötzliches Schreien Angst bekommen hat. Ich weiß mir keinen Rat. Sie haben die beiden Frauen auch mitgenommen. Jetzt ist niemand mehr im Haus. Wir sind ganz allein. Was sollen wir nur tun?

Inzwischen ist die herrlich leuchtende Frühlingssonne zu ihrer vollen Entfaltung gekommen. Sie scheint mit aller Macht durch unser kleines Fenster. Sie wirkt irgendwie beruhigend auf mich. Erst fange ich an, mich anzuziehen. Dann versuche ich das Gleiche auch bei meinem kleinen Bruder. Es fällt mir sehr schwer, ihn richtig anzukleiden. Manchmal lacht er mich richtig an, weil er das alles sehr lustig findet. Während wir ganz emsig mit Ankleiden beschäftigt sind, steht plötzlich meine Mutter im Türrahmen. Wie ist sie nur so schnell vom Dachboden heruntergekommen? Denn so leise geht die Luke vom Dachboden nun mal nicht auf. Bestimmt war unser Krach und Geschrei viel größer, sonst hätten wir sie hören müssen.

Welch ein Trost, dass sie noch da ist. Rasch und mit wenigen Worten kommt sie auf uns zu. Sie freut sich, dass ich meinen kleinen Bruder schon allein anziehen kann. Sie übernimmt meine angefangene Arbeit und schickt mich zum Herd. Ich soll Holz auflegen, sagt sie mir. Ich nehme mehrere Holzstücke, öffne mit einem Lappen das Türchen und lege sie nacheinander auf die glühende Holzkohle. Jetzt beginnt es wieder lustig zu flackern und zu knistern. Nur noch zu dritt sitzen wir am Tisch und trinken die liebliche Ziegenmilch und essen das selbst gebackene Brot. Wie ist es nur möglich, dass die Soldaten noch einmal zurückgekommen sind? Es ist also damit zu rechnen, dass sie auch ein drittes Mal wiederkommen. Aber meine Mutter werden sie doch hier lassen, denn was sollen wir hier alleine? Hoffentlich geschieht es nicht, das ist im Augenblick meine einzige Sorge. Dieses Haus, in dem wir jetzt wohnen dürfen, gehört uns nicht, darum fühlen wir uns noch fremder als zuvor. Aber wenn wir gingen, wäre niemand da, um die Tiere zu füttern. Nein, meint meine Mutter, wir können nicht eher weiterziehen, bis einer gefunden wird, der hier alles versorgt. Ich merke, dass meine Mutter für sich im Stillen beschlossen hat, so lange hier zu bleiben. Ich bin froh, dass sie sich so entschieden hat.

Auch wenn kein Schnee mehr liegt, so ist es draußen doch noch recht kalt. Wie gut, dass wir noch hier bleiben können. Sonst müssten wir wieder in kalten Scheunen und zugigen Dachböden übernachten. Und wir wären wieder den Russen wehrlos ausgeliefert. Wer weiß, was sie jetzt mit den Frauen machen, die sie heute Morgen mitgenommen haben ...? Davor habe ich große Angst.

Die Ziegen meckern schon einen halben Tag. Vielleicht haben sie Hunger, meint meine Mutter, darum geht sie in den kleinen Stall und füttert sie. Sie tränkt sie mit lauwarmem Wasser, das sie aus der Küche holt. Heu wird in jede kleine Futterraufe gesteckt, so viel, dass sie lange zu fressen haben und nicht mehr meckern müssen. Gemolken waren sie schon. Ich muss nun auf meinen kleinen Bruder aufpassen. Hin und wieder sehe ich im Stall nach, ob meine Mutter noch da ist. Denn wenn sie nicht mehr da wäre, wäre das für uns beide das Ende dieser Flucht. Ich habe mir einen Stuhl vors Fenster geschoben und sehe sehnsüchtig nach draußen, ob irgendwo meine Großmutter zu sehen ist. Aber da ist kein Mensch auf der

Straße zu sehen. Ob sie wohl alle mitgenommen haben? Dann wären wir die Einzigen in diesem kleinen Dorf. Ich glaube, dass sich die Übrigen genauso versteckt haben, wie wir es im Augenblick tun.

Es ist ein schöner, sonniger Tag. So blau wie heute war der Himmel schon lange nicht mehr. Vor unserem Haus steht ein buschiger Baum. Da hindurch, zwischen den dünnen und langen Ästen, sehe ich den Himmel wie ein ausgebreitetes, seidig schillerndes Tuch. Still ist es. Nur der Wind bewegt die Zweige, die ständig an unserem Fenster reiben. Dabei quietscht es ganz leise an der Scheibe. Ob wohl unter dem Fenster jemand vorbeigeht? Ich drücke mir meine Nase ganz platt, um nach unten zu sehen. Nein, da ist niemand. Laute Geräusche sind wieder zu hören. Es ist immer dasselbe, diese Stille ist immer nur von kurzer Dauer. Diesmal sind es Panzer. Das Gerassel der Ketten ist deutlich. Sie steuern geradewegs auf unser Haus zu. Sie wollen es doch wohl nicht platt walzen? Sogar die Fensterscheiben klirren heftig. Schnell verstecke ich mich mit meinem kleinen Bruder in der äußersten Ecke. Ganz knapp fahren sie an unserem Haus vorbei. Dabei können sie sogar in unsere Stube sehen, so hoch sind ihre Ausblicke aus ihren Panzern. Aber die Sonne spiegelt sich in unseren Fenstern. Sie sind geblendet, darum können sie uns nicht erkennen. Zum Glück stoppt auch keiner vor unserer Tür. Und wie es scheint, haben sie es eilig. Wir sitzen noch lange in unserer Ecke und warten ab. Meine Mutter hat sich eiligst irgendwo versteckt. Es dauerte lange, bis der letzte Panzer mit seinem ohrenbetäubenden Lärm verschwunden ist. Komisch, wir sehen nur noch russische Soldaten und Fahrzeuge. Wo sind die deutschen Soldaten geblieben? Schon lange habe ich keinen mehr gesehen. Ob sie die auch alle mitgenommen haben?

Draußen ist wieder alles still geworden. Die Panzer haben auf der kleinen Dorfstraße breite und tiefe Furchen zurückgelassen. In den öligen Pfützen, die sich gebildet haben, spiegelt sich noch einmal schillernd die Abendsonne. Es sieht wieder so friedlich aus, als wäre nie ein Krieg gewesen. Aber es ist nur der Augenblick, der alles so erscheinen lässt. Die Gefahr des Todes, das Unberechenbare, ist nur eine Handbreit von uns entfernt. Der Krieg ist noch nicht zu Ende. Oft hört man in der Nacht, wenn auch weiter entfernt, die

Geschosse der Artillerie und Panzer. Endlose Fliegerstaffeln überqueren so manche Nacht unser Dorf. Jedes Mal halte ich mir die Ohren zu und habe riesige Angst, wenn ich sie höre. Wenn sie sehr hoch fliegen, brauche ich keine Angst zu haben, sagt mir meine Mutter. Aber ihr Zureden hilft nicht, die Angst bleibt. Es könnte uns doch eine Bombe treffen, auch wenn sie sehr hoch fliegen. Der Bombenhagel von Danzig, die brennenden Häuser mit den vielen schreienden Menschen bleiben mir unvergesslich. Hoffentlich entdecken die Flieger unser Dorf nicht. Zum Glück liegt ja es ganz versteckt, inmitten einer reich bewaldeten Hügellandschaft. Wir glauben es einfach: So schnell sieht uns hier keiner von oben. Dafür entdecken uns aber umso mehr feindliche Fahrzeuge von den Landstraßen aus, die geradewegs durch unser Dorf führen.

Inzwischen haben wir uns wieder besonnen und uns im Dämmerschein der untergehenden Sonne ruhig an den Tisch gesetzt. Wir trinken heiße Ziegenmilch und essen ein Stück trockenes Brot dazu. Meine Mutter redet kaum mit uns. Ich merke, dass sie auch Angst hat, aber sie sagt es nicht. Jetzt ist die Sonne untergegangen. Es ist im Zimmer dunkel geworden. Elektrisches Licht gibt es schon lange nicht mehr. Wir sitzen im Schein des Herdfeuers zusammen und achten auf jedes Geräusch, das sich unserem Haus nähert. Meine Mutter erzählt uns lustige Geschichten aus ihrer Kindheit: Wie der Lehrer in der ersten Klasse mit ihnen Pferdchen gespielt hat und dabei einmal ein Kind so stark verletzt hat, dass es vorerst nicht zur Schule konnte. Oftmals ist er auch schwankend zur Schule gekommen, hat sich ans Lehrerpult gesetzt und ist anschließend eingeschlafen. Dann haben die Jungen ihm die Schuhe ausgezogen und Tinte auf sein Haar gegossen. Während meine Mutter immer weiter erzählt, geht leise die Türe auf und die zwei älteren Frauen, die am Morgen so plötzlich verschwunden waren, kommen herein. Völlig verwirrt stehen sie im Türrahmen. Eilig geht meine Mutter ihnen entgegen, führt sie zum Tisch und rückt die Stühle für sie zurecht. Erschöpft sinken sie darauf, werfen in ihrer ganzen Ohnmacht ihren Kopf auf den Tisch und fangen heftig zu schluchzen an. Meine Mutter bringt uns beide zu Bett. Wenn die beiden Frauen auch weinen, ich bin jedenfalls froh, dass sie wieder hier sind. Aber wo ist meine Großmutter, will ich noch wissen. Die haben sie weiter mitgenommen, berichten sie uns mit schluchzender Stimme. Also kommt sie nicht mehr zurück. „Wahrscheinlich nicht", sagt meine Mutter. Lange liege ich noch wach. Warum haben sie mir meine Großmutter einfach weggenommen? Warum? Was hat sie verbrochen? Sie war immer für Gerechtigkeit. Für alle hat sie sich eingesetzt, ob es Russen, Polen oder Franzosen waren. Ihr fürsorglicher Einsatz hätte ihr beinahe das Arbeitslager eingebracht. Ist das nun der Dank? Doch wer von den Feinden kann wohl ahnen, wie vorbildlich sie mit den Gefangenen umgegangen ist? Hier geht es auch nicht um Gerechtigkeit, hier geht es um bloße Willkür. Ich kann es nicht verstehen. Nach Sibirien werden sie alle verfrachtet haben, hat man uns gesagt. Meine Güte, das ist das Ende für meine Großmutter! Am liebsten möchte ich hinter dem Lastwagen herlaufen und immer rufen: Gebt mir meine Großmutter wieder, sie hat euch nichts getan! Aber was würde das nützen?

Ich liege noch lange wach, weil das aufgeregte Reden nebenan keine Ende nehmen will. Weil ich am Fußende des großen Bettes liege, kann ich durch das kleine Fenster sehen. Ein dunkelblauer Himmel, übersät mit vielen großen und kleinen Sternen, breitet sich vor meinen Augen aus. Wie friedlich es doch draußen am Sternenhimmel aussieht! Die vielen Sterne, sie ziehen alle so ruhig ihre Bahnen und blinken uns auf ihre Weise freundlich zu.

Ein neuer Tag hat begonnen. Der erste Gedanke ist gleich, dass hoffentlich keiner von den Unsrigen abgeholt worden ist. Schleunigst springe ich aus meinem Bett und sehe nach. Nein, sie sind alle hier. Ein richtiges Glücksgefühl überkommt mich. Laut singen möchte ich, aber mein kleiner Bruder schläft noch. Er hat den Schlaf sehr nötig, sagt meine Mutter oft. Darum will ich mich ganz ruhig verhalten und mich leise freuen. Ich schleiche mich aus dem kleinen Zimmer und ziehe mich in der Küche an. Im Herd knistert schon das Feuer. Schön warm ist es bereits in der Stube. Der alte, verräucherte Wasserkessel summt sein eigenes Liedchen. Es riecht nach frisch gebackenem Brot. Leider schmeckt es nicht so gut, wie es riecht. Das Salz ist fast ausgegangen. Mit dem wenigen, das uns noch zur Verfügung steht, muss sparsam umgegangen werden. Wer sich keinen Vorrat angelegt hat an Salz und Zucker, muss schon erfinderisch werden, um etwas schmackhaft zuzubereiten. Selbst das Viehsalz wird ausprobiert. Das geht auch, aber es hat längst nicht die Würzkraft und schmeckt obendrein, bei einer Überdosis, seifig und bitter. Das Brot schmeckt danach. Weil es nichts anderes gibt, essen wir es trotzdem. Jemand sagte einmal zu uns, als wir das harte, selbst gebackene Brot mit den kleinen eingebackenen Ziegelsteinchen aßen: „Hunger ist der beste Koch!" In der Tat, es ist an dem. Viele Wochen haben wir auf diese Weise unseren Hunger gestillt. Die beiden Frauen haben auch nicht viel, aber was ihnen an Nahrungsmitteln noch zur Verfügung steht, teilen sie täglich mit uns. In ihren Augen kann ich erkennen, dass sie es gerne tun. Sie reden nicht viel. Sie sind einfach still, aber freundlich.

Heute sind sie und meine Mutter im Garten. Ein warmer, sonniger Tag hat sie alle nach draußen gezogen. Ja, es ist Frühling geworden. Der Schnee, die eisigen Stürme, sie alle hat der Frühling verdrängt. An den Zweigen schwellen dicke Knospen zu Blüten und Blättern heran. Aber von den Vögeln, die sonst schon zeitig den Frühlingstag ankündigen, ist nicht ein Einziger zu hören. Eine verstörte Natur erwacht aus ihrem Winterschlaf, aber das erfrischende Vogelgezwitscher bleibt aus. Wie es scheint, kann sich die neu erwachte Kreatur nicht so ganz mitfreuen. Vielleicht wartet sie vorerst ab. Frisch gewaschene Wäsche flattert schon im Wind. Ganz hinten, kurz vor dem Zaun, der eine große Wiese abgrenzt, werden mit einem Holzrechen Beete glatt gerecht und mit einer Schnur gerade gezogen. Es ist ein friedlicher Anblick.

Doch plötzlich lassen die Frauen alles stehen und liegen, laufen hastig dem Hauseingang zu und schließen eiligst die Tür. Weil ich aus dem Fenster sehe, weiß ich nicht, warum sie es so eilig haben. Jetzt vernehme ich auch ein lautes Brummen, das immer näher kommt. Jede Menge Tiefflieger sind am Horizont zu sehen. Wie ein Heuschreckenschwarm tauchen sie am Himmel auf und steuern geradewegs auf unser Dorf zu. Jetzt sind sie schon fast über uns. Wir sitzen zusammengekauert in einer Ecke und warten die Explosionen ab. Aber so plötzlich, wie sie kamen, so schnell sind sie auch wieder weg. Mit den Händen halte ich mir die Ohren zu, um den Knall nicht zu hören. Lange sitze ich noch in dieser Stellung. Es gibt aber keine Einschläge. Mein kleiner Bruder ist von dem lauten Gebrumme wach geworden. Er schreit aus vollem Hals und ruft dabei immer: „Mein Herz geht kaputt, mein Herz geht kaputt!" Ich glaube, jeder zeigt seine Angst auf seine Weise. Er ist schon längst angezogen, aber er schreit noch immer. Er will auch nicht essen. Mit einer Armbewegung hat er sogar sein Brot und die warme Milch vom Tisch geschleudert. Meine Mutter und die beiden Frauen haben alle Mühe, ihn zu beruhigen.

Dabei haben wir überhaupt nicht bemerkt, dass Russen unsere Küche betreten haben. Sie fordern uns zu etwas auf, dabei machen sie hastige Armbewegungen. Wir verstehen sie nicht. Wie sollten wir auch, denn wir verstehen ihre Sprache ja nicht. Nun kommen sie auf meine Mutter zu und fordern sie auf mitzukommen. Sie wehrt sich. Je mehr sie sich wehrt, umso heftiger halten sie sie zu mehreren fest. Jetzt versuchen sie, meine Mutter zur Tür hinauszuziehen. Mein kleiner Bruder und ich schreien so laut wir überhaupt können, wir laufen hinter unserer Mutter her. Wir halten sie sogar am Rock fest. Mit ihren groben Stiefeln treten sie auf uns ein. Dabei fliegen wir mit voller Wucht gegen den Küchentisch. Die Haustür schlägt zu. Wenig später hören wir einen Lkw anfahren und dann sind wir allein.

Die beiden Frauen, bei denen wir schon einige Wochen sind, haben uns auf ihren Schoß genommen. Sie trösten uns so gut sie können. Bis zum Abend haben wir geweint und uns dabei ständig übergeben müssen. Wieder überfällt mich das Gefühl der Einsamkeit. Langsam wird mir bewusst, dass ich tatsächlich mit meinem kleinen Bruder ganz allein bin. Jetzt sind beide, meine Großmutter und meine Mutter, weg. Warum haben sie nur meine Mutter mitgenommen, warum nicht auch uns Kinder? Warum haben sie uns mit ihren Stiefeln getreten? Wir sind doch nur Kinder. Was hätten wir ihnen schon antun können? Und trotzdem haben sie sich wie wilde Tiere benommen und brutal auf wehrlose Kinder mit ihren groben Militärstiefeln eingetreten. Sie scheuten sich auch nicht, den Kindern einfach die Mutter wegzunehmen. Mit Sicherheit werden diese Soldaten als Frauenschänder in die Geschichte ihrer Nation eingehen. Wieder stehen ihre Gräueltaten an unschuldigen Frauen vor mir. Immer noch sehe ich Frauen in ihrem Blut liegen, die sie nach der Vergewaltigung einfach erschlagen haben. Nein, das kann und will ich auch nicht vergessen. Sie sind keine Menschen, sie sind Bestien! Mütter ihren Kindern einfach wegzunehmen ist mehr als grausam.

Mein kleiner Bruder ist vom langen Schreien eingeschlafen. Er liegt angezogen auf dem großen Bett und schläft. Man hat ihn leicht zugedeckt. Ich habe mir den Stuhl wieder an das Fenster gestellt. Die Abendsonne scheint schräg in unser Fenster hinein und lässt durch ihre Strahlen auf einmal alles friedlich erscheinen. Es ist still geworden. Nur die Ziegen im Stall meckern. Sie warten auf ihr Futter. Draußen auf dem aufgestauten Schlamm, der durch die schweren Kettenfahrzeuge entstanden ist, wachsen nun kleine Grashalme. Kleine gelbe Blümchen, die am Morgen so frisch aussahen, haben ihre Blütenkelche schon längst geschlossen. Sie haben sich auf das Dunkel der Nacht eingestellt und warten auf einen neuen Morgen. Von hier aus kann ich fast die ganze Straße übersehen, die weit über einen kleinen Hügel in den Wald führt. Die ganze Zeit sehe ich zum Hügel, von dort aus kommen sonst alle Fahrzeuge zu uns. Vielleicht kommt ja meine Mutter doch noch zurück. Aber wie sollte sie zurückkommen? Wenn die Russen sie in den nächsten Ort mitgenommen haben, braucht sie die ganze Nacht, um wieder hierher zu kommen. In meiner großen Angst beschließe ich, so lange zu warten, bis sie wieder hier ist. Als ich mein Vorhaben den beiden Frauen mitteile, sagt keine ein Wort. Sie denken sich ihr Teil. Vielleicht warten sie ab, bis ich vor Müdigkeit vom Stuhl falle. So sitze ich nun und warte und warte. Die Sonne versinkt langsam hinter den Bergen. Aber sonst verändert sich nichts. Nichts bewegt sich draußen. Jedes kleinste Geräusch lässt aufhorchen. Sogar das Summen einer Fliege wird geprüft, ob es sich nicht doch zu einem Motorengeräusch entwickeln könnte. Vergeblich, es ändert sich nichts. Die beiden Frauen gehen jetzt in den Ziegenstall, um die Tiere zu füttern und zu melken. Unheimlich wird es mir auf einmal, so ganz allein. Hoffentlich passiert nichts Schlimmes, wenn ich hier allein bin.

Jetzt, da ich ganz allein bin, denke ich an mein Zuhause am Nogatdamm. Wie wird es wohl dort aussehen? Ob es da auch schon grün geworden ist, ob die vielen großen und kleine Bäume schon ihr zartes Grün zeigen? Ach ja, die schönen Birken, die mit ihren weißen Stämmen wie standhafte Wächter rechts den Weg säumen. Und die Hecke auf der anderen Seite, an der die Milchkannen vom Milchhändler immer abgestellt wurden. Oft habe ich heimlich von der Magermilch getrunken, obwohl es verboten war. Und der verwunschene Garten mit dem geheimnisvollen Moorweiher. Ich wollte ihn später doch einmal heimlich betreten, jedenfalls habe ich mir das schon lange vorgenommen. Hoffentlich dauert es nicht mehr so lange.

Aber nun haben wir keine Pferde mehr, die uns nach Hause fahren können. Wer weiß, wo die geblieben sind? Und unser lieber Nickoley, der uns so gut gefahren hat, der kommt auch nie wieder. Seine eigenen Landsleute haben ihn erschossen. Ich habe es mit meinen eigenen Augen gesehen, wie er durch einen Schuss lautlos zusammenbrach. Die vielen Kühe, die wir in jener Nacht zurücklassen mussten. Wie haben die gebrüllt! Heute noch hallt es in meinen Ohren wider. Ihr Brüllen war noch lange auf unserem Weg zu hören. Auch unsere Pferde wieherten immer wieder zurück. Man hätte meinen können, sie würden sich richtig verabschieden. Tiere haben manchmal eine Ahnung.

Wie ich in mein Bett gekommen bin, weiß ich nicht. Aber es ist ganz hell in meinem Zimmer. Die Sonne scheint schon lange durch unser Fenster in die kleine Schlafstube. Dieses Mal ist mein kleiner Bruder zuerst aufgestanden. Er ist recht fröhlich, er singt und springt herum, was ich eigentlich von ihm nicht gewohnt bin. Heute hat er auch Grund, fröhlich zu sein. Denn unsere Mutter ist wiedergekommen. Weil zu viele Frauen auf dem Lastwagen waren, haben sie einige herausgesucht und gesagt: „Du und du und du, eins, zwei, drei, vier, fünf, ihr könnt zu euren Kindern gehen!" Meine Mutter weinte wohl sehr heftig auf dem Lastwagen, weil sie um uns Sorge trug. „Meine Kinder", flehte sie, „meine Kinder sind noch ganz klein, sie werden sterben!" Flehentlich hob sie die Hände zu den russischen Soldaten empor. „Frau, geh zu deinen Kindern nach Hause", sagte ein Soldat zu ihr. Sie stieg vom Wagen und kam zurück. Alle anderen wurden in kalte Waggons gesteckt und nach Sibirien verschleppt. Wie war ich froh, dass sie wieder da war. Ich habe doch gewartet und gehofft. Und es war nicht vergeblich! Ein

Festtag ist heute! Einen kurzen Augenblick sind wir alle glücklich. Ob wir wohl je auch unsere Großmutter wieder sehen? Ich wünsche es mir jeden Tag.

Viele Tage vergehen, es hat sich alles wieder beruhigt. Jede geht ihrer gewohnten Arbeit nach. Es gibt in Haus und Garten viel zu tun. Herrlich warm ist es draußen. Mein kleiner Bruder und ich dürfen im Garten spielen. Aber wir passen auf, damit wir uns bei Gefahr gleich verstecken können. Deshalb laufen wir auch beim kleinsten Geräusch voller Angst ins Haus zurück. Die kleinen Ziegenlämmchen haben es uns angetan. Sie sehen in ihren weißen Ziegenfellchen allerliebst aus und meckern ständig. Zu gerne hätte ich eines auf meinen Arm genommen, aber ich darf nicht. Sie könnten mir vom Arm springen und sich dabei ihre kleinen Beinchen brechen. Mein kleiner Bruder liegt im Gras und die kleinen Ziegen hüpfen richtig über ihn. Wenn wir ihnen unsere Finger reichen, dann lutschen sie daran. Sie haben so ein weiches Mäulchen, dass man sich ihr ständiges Lecken gerne gefallen lässt. Wegen dieser Kleinen bekommen wir auch weniger Ziegenmilch zu trinken, denn sie brauchen jetzt viel, damit sie groß und stark werden. Das ist mir nun auch egal.

Drinnen im Haus ist lautes Gerede zu hören. Es wird immer lauter und lauter. Zwei ältere Männer aus dem Dorf verlassen das Haus und eilen ins Dorf zurück, ohne sich umzusehen. Dann höre ich lautes Geschrei, mit lauten Schlägen verbunden. Teller und Tassen fliegen durch den Raum, Fensterscheiben klirren, dazwischen immer wieder lautes Schreien und Weinen. Schnell laufe ich zur Tür, denn ich möchte doch sehen, was passiert ist. Ich sehe, wie meine Mutter ängstlich in einer Ecke steht und sich ihre Arme vors Gesicht hält. Beide Frauen haben einen Stock und schlagen auf alles, was im Raum steht, und kommen dabei immer näher an meine Mutter heran. Überall liegt zerbrochenes Geschirr, vermischt mit Glassplittern. Das reinste Chaos herrscht in der Küche. Ich weiß nicht, was passiert ist. Als mich die Frauen im Türrahmen sehen, schreien sie meine Mutter an und bedrohen sie mit dem Stock. „Alles raus, raus mit euch, ihr sollt sofort unser Haus verlassen", rufen sie. Sie bücken sich nach Gegenständen, die uns gehören, und werfen sie nach uns. „Da, nehmt eure Sachen und verschwindet! Raus, raus, aber sofort!" Ständig wiederholen sie diese Sätze. Schnell räumt meine Mutter alle Sachen zusammen, zieht meinen Bruder, sich und mich an und gemeinsam verlassen wir das Haus.

Da stehen wir nun auf der Straße und wissen noch immer nicht, was wir verbrochen haben. Selbst auf der Straße hören wir ihr Schreien und Weinen. Meine Mutter sieht sich um. Wo soll sie nur hingehen? Ins Dorf weiter hineingehen will sie nicht. Sie ist entschlossen, denselben Weg wieder zurückzugehen, den wir damals gekommen sind. Sie nimmt uns beide an die Hand und geht entschlossen den langen Weg zurück. Zum Glück liegt kein Schnee, im Gegenteil, es ist schön warm und sonnig. „Aber warum haben die beiden Frauen so furchtbar geschrien und uns rausgeworfen", frage ich meine Mutter. „Sie haben heute eine traurige Nachricht erhalten", antwortet sie. Die Männer aus dem Dorf haben ihnen vor einer Stunde mitgeteilt, dass ihre Männer im Krieg gefallen sind. „Eine ganz schreckliche Nachricht für sie", sagt meine Mutter. Ja, das finde ich auch. Warum muss sie das gerade treffen? Sie waren immer so lieb zu uns, haben alles mit uns geteilt. Warum müssen sie so gestraft werden? Warum? Wieder türmen sich quälende Fragen vor mir auf. Mir tut es so leid, dass sie das gerade getroffen hat. Schade finde ich nur, dass sie glauben, wir wären schuld. Es hätte uns ja genauso treffen können. Was wäre nur aus uns geworden, wenn meine Mutter nicht mehr zurückgekommen wäre? Dann stünden wir jetzt auch ganz allein auf der Straße.

Meine Mutter tröstet mich und meint auch, dass sie nichts dafür könnten, wenn sie jetzt so furchtbar schreien und weinen. Ihr Schmerz sei so groß, dass sie den Verlust von zwei lieben Menschen einfach nicht verkraften können. „Bei Tod gibt es nichts mehr zu hoffen", sagt meine Mutter. „Tod ist immer endgültig", fährt sie weiter fort. Dann schweigt sie. Still laufen wir neben ihr her. Ich glaube, sie ist auch traurig. Sie weiß auch nicht, wie es weitergehen soll. Vor allen Dingen haben wir uns nichts zu essen mitgenommen. Und wo wir heute Nacht schlafen werden, wissen wir nicht. Nur vor Krieg und zerstörenden Bomben brauchen wir uns nicht mehr zu fürchten. Die beiden Männer haben vorhin gesagt: „Der Krieg ist vorbei, aber wir haben ihn verloren!"

Der Weg zurück

Endlos ist der Weg durch den Wald. Ausgebrannte Panzer und Kanonen stehen wie Gespenster in den Lichtungen. Gespaltene Bäume, abgebrannte Baumkronen und viele Baumstämme liegen kreuz und quer, teilweise aufgetürmt über den tief ausgefahrenen Waldwegen. Sie sind wirklich schlecht zu gehen, voller Hindernisse. Darum ruhen wir uns öfters aus. Die Stille im Wald ist unheimlich. Nicht ein einziger Vogel singt. Der Wind ist der Einzige, der die Bäume und Sträucher bewegt. Die losen Blechteile an den ausgebrannten Panzern bewegen sich im Wind und hören sich gespenstisch an. Bei jedem Blechgeklapper meine ich Schritte zu hören. Dauernd sehe ich mich um. Aber es ist nichts zu sehen. Der Gedanke, bald wieder zu Hause zu sein, macht mich mutig. Auch wenn ich Herzklopfen habe, die Schuhe drücken, Durst und Hunger unsere ständigen Begleiter sind, so haben wir doch alle ein gemeinsames Ziel. Das macht auch den Schwächsten stark. Darum sage ich meiner Mutter nicht, wo es mir überall wehtut. Ich freue mich eben schon riesig, endlich wieder zu Hause zu sein. Aber es wird wohl eine Weile dauern, bis wir das Ziel erreichen.

Den Durst können wir nun endlich stillen. Aus einem kleinen Rinnsal schöpfen wir kühles, aber reines Wasser. Gefäße haben wir keine, darum benutzen wir unsere Hände. Das ist zwar schwierig, aber es geht. Mein kleiner Bruder hat kein Glück mit dem kühlen Nass. Bis zum Mund ist es für ihn doch ein langer Weg. Ständig läuft ihm das Wasser durch seine kleinen Hände. Wie er sich auch müht, es will ihm einfach nicht gelingen. Um seine Ungeduld nicht noch länger zu strapazieren, hilft meine Mutter ihm. Jetzt geht es uns schon besser. Neu gestärkt gehen wir weiter. Als wir aus der Waldlichtung herauskommen, sehen wir eine andere Gruppe Flüchtlinge, die das gleiche Ziel wie wir haben. Endlich sind wir nicht mehr allein. In dieser Gruppe sind auch große und kleine

Kinder. Sie sind genauso ängstlich wie wir. Da gibt es kein fröhliches Herumtoben. Dicht umringen sie ihre Mütter, sie wollen sie um keinen Preis verlieren. Manche haben richtiges Gepäck mit, andere sogar einen kleinen Handwagen. Wir haben überhaupt nichts mehr, das wir tragen müssen. Unser Gepäck ist in Danzig geblieben. Unser eigenes Leben haben wir gerade so retten können. Die paar Tage werden wir noch aushalten, bis wir wieder zu Hause sind. Dann hat alles ein Ende. Dort brauche ich nicht mehr die kratzigen Kleider zu tragen. Ja, und endlich kann ich wieder in meinem eigenen Bett schlafen und mein kleiner Bruder wird dann auch nicht mehr so viel weinen. Wir werden wieder alle zusammen sein und jeder seiner Arbeit nachgehen. Vielleicht ist ja unsere Großmutter schon da. Sie bäckt uns dann wieder richtiges Brot, aber ohne Ziegelsteinchen. Ach, ich kann es gar nicht mehr abwarten.

Wir machen wieder an einer alten Scheune Rast. Jeder packt sein Brot aus, nur wir haben nichts. Wir haben nichts mitnehmen können. Einige, die um uns herumsitzen, merken, dass wir nichts essen. Von allen Seiten fragt man uns, wo wir herkommen. Meine Mutter erzählt ihnen, was uns heute passiert ist. Einige rücken ganz dicht zu uns heran und teilen mit uns ihr weniges, was sie noch haben. Meine Mutter nimmt es nur zögernd an. Aber sie denkt an uns Kinder. So sitzen wir nun und schauen der untergehenden Sonne zu. Alle beschließen, für heute Nacht in dieser Scheune zu übernachten. Als wir das angelehnte Scheunentor öffnen, kommt uns ein übler Geruch entgegen. Einige aus unserer Gruppe sehen sich die Scheune noch einmal genauer an. Stroh ist genug da. Es ist nicht schwer zu erkennen, dass auch schon andere vor uns in dieser Scheune genächtigt haben. An einer Seite hatten sie ihr Lager ausgebreitet und an der anderen Seite ihre Notdurft verrichtet. Daher auch der üble Geruch, der in der Nase brennt und Tränen in die Augen treibt. Das Tor wird weit geöffnet, aller Dreck, der den Winter über hier eingefroren gelegen hat, wird mit einem Reiserbesen ausgefegt. Ein richtiger Besen sieht zwar anders aus, dieser ist eher eine zurückgebliebene Vogelscheuche. Doch obgleich wir alle in einer bedrückenden Lage sind, kommt eine heitere Stimmung auf. Warum, das weiß ich nicht. Aber ich mache einfach mit. Die Frauen mit ihren Kopftüchern sehen schon recht lustig aus. Besonders lustig sieht eine Frau mit einem Hut aus. Er hat seitlich eine große, lange Feder, die gerade zum Himmel zeigt. Immer, wenn wir diese Frau mit ihrem lustigen Hütchen sehen, müssen wir wieder neu lachen. Doch dann ermahnt uns unsere Mutter, das gehöre sich nicht. Ich glaube, wir sind die Einzigen, die gerade mal ein bisschen lustig sind. Die anderen Kinder sind auffallend still. Sie sind schon lange unterwegs und einfach zu müde. Jeder sucht sich nun im trockenen Stroh ein Plätzchen aus. Wir brauchen kein Gepäck zu verstauen, weil wir keines mehr haben. Nur das, was wir anhaben, ist uns geblieben. Schnell hat meine Mutter für uns eine Strohmulde ausgebreitet. Aber sich darin richtig auszuruhen will nicht gelingen. Das Stroh ist so hart und pikst noch obendrein. Jemand hat Erbarmen mit uns und reicht uns eine Decke. In die wickelt unsere Mutter uns ein und deckt uns mit Stroh zu.

Ob es schon Morgen ist, wissen wir nicht, als wir von lauten Geräuschen aus unserem tiefen Schlaf geweckt werden. Wirklich, wir haben alle trotz ungewohnter Umgebung gut geschlafen. Mit einem Ruck sitzen wir in unserem Stroh auf und starren auf das angelehnte Scheunentor. Hoffentlich überfallen uns die Russen nicht schon wieder, denn sie sind es, die den großen Lärm mit ihren Lkws verursachen. Aber sie ziehen mit Gesang und lautem Gegröle an uns vorbei. Anscheinend sind sie im Siegestaumel, weil sie die Gewinner sind. Die Geräusche sind noch lange zu hören. Endlich verhallt auch das letzte Geräusch der Fahrzeuge, und die Stille kehrt langsam wieder ein. Erst jetzt merke ich, wie heftig mein Herz schlägt. Die ganze Zeit hatte ich die Luft angehalten. So lege ich mich wieder hin und sehe zum Scheunendach hinauf. Draußen wird es hell. Von allen Seiten dringt das Morgenlicht in das Innere der Scheune.

Ein neuer Tag hat wieder begonnen. Hoffentlich ist er nicht so grausam wie der gestrige. Immer noch sehe ich die weinenden Frauen vor mir, die völlig aufgelöst ihr eigenes Geschirr zerschlugen. Sogar Fensterscheiben gingen dabei zu Bruch. Beinah wäre meine Mutter von den herumfliegenden Gegenständen noch getroffen worden. Ich hatte mir den Abschied ganz anders vorgestellt. Es hatte alles so liebevoll angefangen und endete nun in dieser Weise. Wir konnten doch wirklich nichts dafür, dass ihre beiden Männer im Krieg gefallen sind. Aber sie konnten sich in ihrem Schmerz nicht anders ausdrücken. Es hätte andere genauso treffen können, doch dieses Mal wurden wir mit hineingezogen. Mir tun diese Frauen richtig leid, doch wer kann sie wohl in ihrer unsagbar großen Trauer trösten?

In unserer Scheune gibt es Bewegung. Es herrscht Aufbruchsstimmung. Der Reihe nach gehen die Leute nach draußen und klopfen sich das Stroh von den Kleidern. Jeder bekommt ein Stück Brot in die Hand. Obwohl wir kein Brot dabei haben, reicht uns auch jemand ein Stück. Es ist sehr hart, wir haben alle Mühe, etwas davon abzubeißen. Mein kleiner Bruder hat daran lange zu kauen. Aber zum Schluss hat er es doch aufgegessen. Es ist der Hunger, der uns nicht aufgeben lässt, auch das Allerhärteste zu essen. Hauptsache, der Magen beruhigt sich. Wasser trinken wir aus den kleinen Wasserquellen oder den Bächen. Ein alter Mann, der viel Mühe hat, mit uns Schritt zu halten, reicht uns eine Blechtasse. Die binden wir uns um den Bauch, damit wir sie nicht verlieren und bei Bedarf gleich zur Hand haben. Weil es draußen schön warm geworden ist, werden wir auch immer öfter durstig. Tagaus, tagein trinken wir das eiskalte Wasser. Beim Gehen gluckst es in unserem Bauch wie in einem gefüllten Wasserschlauch. Das hört sich recht lustig an. Aber die Freude über diese neue Entdeckung währt nicht lange. Mein kleiner Bruder klagt immer öfter über Bauchschmerzen. Manchmal krümmt er sich vor Schmerzen. Als wir unterwegs eine längere Rast machen, wird ein kleines Feuer unter einem zusammengetragenen Reisighaufen entfacht. Über diese Feuerstelle hängt eine alte Frau einen verräucherten Topf mit Wasser. Es dauert recht lange, bis das Wasser zu kochen anfängt. Alle, die darum herum stehen, werden von dem beißenden Rauch, der sich dicht über uns ausbreitet, eingenebelt. Wir müssen alle tüchtig husten. Endlich steigt der Rauch kerzengerade nach oben. Ein knisterndes Feuer erhellt plötzlich den verräucherten Platz und Wärme breitet sich um uns aus.

Wieder muss ich an die lieben, alten Frauen denken, die uns so viele Wochen in ihrem kleinen Häuschen wohnen ließen. Es ist das knisternde Feuer, das mich jedes Mal an sie erinnert. Den ganzen Tag brannte das Feuer in ihrem Herd und strahlte eine gemütliche Wärme aus. Und dann die warme Ziegenmilch! Wie gerne würde ich jetzt wenigstens eine Tasse davon trinken. Aber es gibt kein Zurück. Wir wollen ja wieder nach Hause.

Einer aus unserer Gruppe sucht Kräuter, um Tee zuzubereiten. Man muss schon lange suchen, weil ja alle Pflänzchen noch so klein sind. Nach einer Weile bekommt jeder etwas von dem hellgrünen Nass. Ich merke richtig, wie wohltuend es in meinem Bauch ist. Bestimmt geht es meinem kleinen Bruder auch so. Denn er sagt danach nichts mehr. So nehme ich an, dass uns allen der Feld-, Wald- und Wiesentee gut getan hat. Immer wieder wird trockenes, altes Brot verteilt. Teilweise ist es schon schimmlig. Uns ist es egal. Hauptsache, es ist etwas zu essen.

Heute machen sich alle Sorgen, wie wir wohl diese Nacht verbringen werden. Denn es ist weit und breit weder ein Schuppen noch ein Dorf zu sehen. Dazu regnet es schon eine ganze Weile. Das Wasser läuft aus meinem Mantel in die Schuhe. Und bei jedem Schritt läuft es aus den Schuhen über. Mein kleiner Bruder wird abwechselnd von verschiedenen Leuten getragen. Unserer Mutter geht es wieder nicht gut. Sie hat große Schmerzen und vielleicht hat sie auch Fieber. Wir sind alle furchtbar ängstlich, aber es beklagt sich keiner. Dann plötzlich hören wir von weitem ein Auto. Ein Lastwagen ist es, mit grölenden Soldaten. Russen sind es wieder, sie feiern mit Wodka ihren Sieg über Deutschland. Als sie sich uns nähern, wollen wir uns verstecken. Aber wo sollen wir hin? Außerdem haben sie uns schon längst entdeckt. Dicht gedrängt stellen wir uns in den Straßengraben, damit sie uns nicht überfahren können. Sie fahren an uns vorbei. Doch plötzlich halten sie an und fahren langsam rückwärts auf uns zu. Ein Soldat steigt vom Lkw, kommt vorsichtig zu uns heran und nötigt uns, auf den Wagen zu steigen. Es dauert lange, bis wir ihn überhaupt verstehen. Denn keiner von uns spricht seine Sprache. Als ich den russischen Soldaten vor uns stehen sehe, fange ich an zu weinen. Eine schreckliche Angst überfällt mich. Die Pelzmütze mit dem roten Stern erinnert mich an andere Soldaten, wie sie Frauen vergewaltigt und anschließend erschlagen haben. Ich erinnere mich auch, wie sie unseren Nickoley erschossen, ja, wie sie uns an den Gartenzaun gezerrt, meine Mutter mit den Stiefeln getreten und schließlich noch meinen kleinen Bruder an den Zaun geworfen haben, als wäre er ein Stück Holz. Und vieles mehr. Wie ein Film läuft alles vor mir ab. Nein, ich will nicht mit ihnen mitfahren. Aber dann beugt sich der Soldat zu mir hinunter und reicht meinem kleinen Bruder und mir ein Zuckerplätzchen. Da merke ich, dass er es gut mit uns meint. Seine Augen sehen nicht böse aus. Nein, er ist ganz freundlich. Inzwischen ist ein zweiter Lkw angekommen. Ein anderer Soldat spricht sogar etwas Deutsch. Sie erklären uns, dass sie uns bis Elbing mitnehmen. Aber wir müssen schon vor der Stadt aussteigen, sagen sie uns. Denn es ist ihnen nicht erlaubt, Flüchtlinge in die Stadt mitzunehmen. Bis Elbing wollen sie uns mitnehmen? Als ich das höre, möchte ich am liebsten Freudensprünge machen. Dann ist es ja bis zu Hause nicht mehr weit!

Durchnässt, wie wir alle sind, steigen wir auf den Lkw. Meinem kleinen Bruder ist es aber doch nicht so ganz geheuer. Er schreit herzzerreißend. Meine Mutter kann sich kaum bewegen, sie hat unsagbare Schmerzen und dennoch versucht sie, ihn zu beruhigen. Aber er windet sich in ihrem Arm wie ein Wurm. Am liebsten würde er noch vom Wagen springen und weglaufen. Doch dann fährt der Wagen an. Der Regen hat sich zu einem Wolkenbruch verwandelt. Es prasselt wie aus vollen Eimern auf uns herab. Da der Wagen offen ist, sehen wir alle wie Wasserratten aus. Der russische Soldat hat mit uns Kindern Erbarmen. Er breitet behutsam eine Zeltplane über uns aus, sie soll uns vor den gewaltigen Regengüssen schützen. Aber mein kleiner Bruder will von dieser Zeltplane nichts wissen. Er schreit laut und heftig, ja wehrt sich mit Händen und Füßen. Er will nichts über seinem Kopf haben. Er schreit und schreit. Ganz plötzlich ist er still, starrt dorthin, wo der russische Soldat mit seiner Pelzmütze und dem roten Stern sitzt, und schnappt wie ein Fisch nach Luft. Ein älterer mitreisender Mann kommt ihm zur Hilfe. Er zieht seine kleinen Arme nach oben und klopft ihm auf den Rücken. Langsam kommt mein kleiner Bruder wieder zu sich. Dann schreit er weiter und ruft immer: „Mein Herz geht kaputt, mein Herz geht kaputt!" Dabei krampft sich sein Körper weiter nach vorne zusammen. Längst hat sich der russische

Soldat auf unserem Wagen weit von uns weggesetzt, um uns nicht zu beunruhigen. Aber er schüttelt ständig seinen Kopf hin und her und bedauert uns. Mein kleiner Bruder ist der Einzige, der so schreit und sich wie in Todesangst gebärdet. Offensichtlich hat der Soldat mit uns Mitleid. Diesmal scheint er es ehrlich zu meinen. Vorsichtig schaue ich doch mal zu ihm hinüber. Er lächelt mir sogar freundlich zu. Das habe ich noch nie erlebt.

Der Regen rinnt gleichmäßig über unsere Zeltplane hinweg und sammelt sich unter uns zu einem kleinen See. Wir sitzen alle im Wasser. Niemand beklagt sich. Wir haben auch keine Wahl. Was sollten wir auch tun? Wären wir nicht mitgefahren, wären wir noch lange nicht so weit gekommen. Außerdem hätten wir für diese Nacht kein Dach über dem Kopf. Und wie hätten wir auch unsere nassen Kleider trocknen können?

Aber bald haben wir unser Ziel erreicht, denke ich mir. Gerade haben wir eine baufällige Holzbrücke, die über die Weichsel führt, überquert. Es geht Richtung Elbing. Die Stunden vergehen nur langsam. Aber das Ziel rückt immer näher. Meine Mutter sieht mich mit schmerzverzerrtem Gesicht an und meint, jetzt seien wir bald zu Hause. Ob sie wohl gehen kann, wenn wir wieder laufen müssen? Dazu noch mein kleiner Bruder, der im Augenblick apathisch auf dem Schoß eines Fremden liegt. Wird er laufen können? Wir werden dann nur noch zu dritt sein. Von Elbing nach Hause sind es noch immer zwölf Kilometer, die wir zu Fuß zurücklegen müssen. Inzwischen ist auch mir richtig kalt geworden. An mir ist nichts mehr trocken. Den anderen geht es genauso. Die Kleider kleben wie nasse Lappen an unseren Körpern. Unser Lastwagen fährt jetzt ganz langsam, denn die Löcher auf der Straße werden immer tiefer und breiter. Jedes Mal, wenn er durch so ein Schlagloch fährt, spritzt uns das Wasser aus den Pfützen unter uns richtig ins Gesicht. Schließlich hält unser Fahrzeug an. Der russische Soldat mit seiner Pelzmütze und dem roten Stern daran läuft an das Ende des Wagens, klettert über die Klappe, springt wieder runter und öffnet uns zum Aussteigen. Wir sind da! Allen ist er behilflich beim Aussteigen, und das können wir auch gebrauchen. Es dauert ziemlich lange, bis wir alle unten sind. Das Wasser läuft uns in kleinen Rinnsalen aus unseren Kleidern in die Schuhe. Bei jedem

Schritt spritzt es förmlich aus den Schuhen. Zum Abschied reicht der freundliche Soldat meinem kleinen Bruder ein Päckchen Kekse. Aber kaum, dass er es ihm reicht, schlägt mein kleiner Bruder es mit einer einzigen Handbewegung von sich fort. Im hohen Bogen fliegt es in den Dreck. Schnell eile ich und hebe das Päckchen auf. Der Soldat streicht mir mit seiner Hand über den Kopf und sagt ein paar Worte zu mir. Leider kann ich sie nicht verstehen.

Der Lastwagen ist schon längst weitergefahren. Noch immer stehen wir wie angewurzelt da und sehen dem hinwegeilenden Fahrzeug nach. Es ist wie ein Traum. Zum ersten Mal begegneten uns freundliche Russen.

Ein rettender Engel

Ehe wir uns versehen, sind die übrigen Begleiter unserer langen Wanderung eilig weitergelaufen. Sie möchten zu gerne am Stadtausgang wieder mitgenommen werden. Der Abschied war kurz, aber herzlich. Nun stehen wir ganz allein und schauen uns um, wo wir uns überhaupt befinden. Es hat sich alles verändert. Ausgebrannte Häuser, einsame Mauern, die dem Bombenhagel noch widerstanden, ein grausames Bild. Überall gähnende Leere. Es sieht wahrhaft gespenstisch aus. Gerade sehen wir noch die Leute, die sich von uns verabschiedet haben, in der nächsten Wegbiegung verschwinden. Sonst ist niemand zu sehen. Wie ausgestorben ist die Stadt, die wir betreten. Eine ganze Weile irren wir herum, um festzustellen, welchen Weg wir einschlagen müssen, um zum Haus meiner Großeltern mütterlicherseits zu kommen, bei denen ich zuletzt vor der Flucht in Ferien war. Zum Glück hat der Regen nachgelassen. Ab und zu kommt sogar die Sonne durch. Endlich, nach langem Suchen haben wir den richtigen Weg gefunden. So nass wir sind, machen wir uns doch zielbewusst und voller Erwartung auf den Weg. Ausgebrannte Panzer und Kanonen säumen auch hier die Straße. Tiefe Erdkrater, die jetzt mit Wasser gefüllt sind, ausgebrannte Pferdewagen, Stahlhelme, die vereinzelt in den versumpften Straßenrändern liegen: Sie alle erwecken in uns den grausigen Eindruck einer verzweifelten Schlacht. Noch sind große Landflächen unter Wasser. Wer weiß, was da alles zum Vorschein kommt, wenn das Wasser langsam versickert. Ich denke an die vielen deutschen Soldaten, die bei meinen Großeltern Quartier bezogen hatten, und an die anderen, die weit und breit, so weit das Auge überhaupt sehen konnte, mit ihren Militärfahrzeugen die Straßen säumten. Wo sind sie alle geblieben?

Eine unheimliche Stille macht sich auf unserem Weg breit. Wieder fällt mir auf, dass nicht ein einziger Vogel zu hören ist, kein

Zwitschern wie sonst an einem feuchtwarmen Frühlingstag wie heute, nichts rührt sich. Meine Mutter hat uns beide an die Hand genommen und geht mit uns den Weg zu ihrem Elternhaus. Bald haben wir es geschafft, meint sie. Nun biegen wir in die lange Einfahrt ein. Eigentlich müssten wir das Haus schon sehen. Wahrscheinlich sind es die Sträucher und die hohen Bäume, die uns den Blick verwehren. Leider müssen wir wieder durch Wasser waten. Es gibt keinen Weg darum herum. Die Hälfte des Weges ist auch hier überflutet, denn die Schleusen der verschiedenen Flüsse sind durch die Kriegseinwirkungen zerstört. Als wir endlich den Garten erreicht haben, durchfährt uns ein großes Entsetzen: Bis auf eine kleine Scheune ist alles abgebrannt bis auf die Grundmauern. Lediglich der große Kachelofen mit seinem langen Schornstein ragt wie ein standhafter Zinnsoldat aus den verkohlten Balken und dem hoch aufgetürmten Schutt hervor. Ein Schaudern nach dem anderen durchzieht unsere Körper. Verzweifelt durchsuchen wir alles. Als wir den Schutt vor einem Kellerfenster wegräumen, staunen wir nicht schlecht. Der Keller ist nicht eingestürzt, aber beim genaueren Hinsehen etwa zur Hälfte mit Wasser gefüllt. Schade, in den Keller können wir leider nicht gehen. Aber dann macht meine Mutter eine Entdeckung. Sie sieht eingewecktes Obst in Gläsern stehen. Zu gerne würde sie damit unseren Hunger stillen. Aber wie sie sich auch anstrengt, das Wasser ist zu hoch und das Kellerfenster zu klein, um in die dunklen Räume zu kommen.

So entschließen wir uns, ganz schnell umzukehren, bevor die Sonne untergeht. Eiligst treten wir den Rückmarsch nach Hause an. Vor der Dunkelheit wollen wir noch ankommen. Denn hier können wir nicht bleiben. Die kleine Scheune steht auch unter Wasser, die hätten wir sonst für eine Nacht bezogen. Mein kleiner Bruder bleibt immer wieder stehen, er kann einfach nicht mehr. Es ist ein mühsamer Weg für uns. Ob wir es bis nach Hause heute noch schaffen, ist mehr als fraglich. Unsere nassen Kleider wollen einfach nicht trocknen. Und so wechseln Wärme und Kälte ständig. Auch Hunger und Durst sind wieder unsere Begleiter. Mit letzter Kraft nimmt meine Mutter meinen kleinen Bruder auf den Arm. Sie muss ihn aber immer wieder absetzen, weil sie sich selber so schwach fühlt. Nur sehr langsam kommen wir vorwärts. Und dann endlich erreichen wir die zerbombte Stadt Elbing wieder. Es dauert lange, bis wir den richtigen Weg nach Hause finden. Es fängt auch schon an, dunkel zu werden. Zehn Kilometer sind es nur noch und dann sind wir zu Hause. Unsere Mutter meint, dass wir die heute nicht mehr schaffen. Auf einmal wird unsere Einsamkeit durch ein Geräusch unterbrochen. Wir bleiben stehen und horchen, von wo dieses Geräusch kommt. Ein Pferdewagen nähert sich uns. Eine Frau sitzt auf einem kleinen Leiterwagen, ziemlich windschief, denn die Räder sehen aus, als wollten sie jeden Augenblick schneller voraus rollen. Vor uns zieht die Frau an der Leine, das Pferd bleibt stehen. Dann fragt sie uns, wo wir hinwollen. Meine Mutter gibt ihr Antwort. Dann steigt sie vom Wagen, setzt uns Kinder hinten drauf und die Frau und unsere Mutter nehmen vorne auf dem quer liegenden Brett Platz. Wieder zieht die Frau an der Pferdeleine und hastig setzen wir uns in Bewegung. Es rüttelt und schüttelt auf dem kleinen Wagen. Aber wir sind so froh, dass wir nicht mehr laufen müssen. Langsam wird es dunkel. Ob wir wohl noch unser Haus wieder finden?

Wir müssen wohl eingeschlafen sein. Plötzlich hält der Pferdewagen. Die Frau zeigt in die Richtung, in die wir weitergehen sollen. Es seien höchstens noch fünf Minuten, dann seien wir dort. Mein kleiner Bruder ist nicht wach zu kriegen. Er schläft tief und fest. So nimmt ihn unsere Mutter auf den Arm und trägt ihn. Die Frau kehrt mit ihrem Wagen wieder um und wir ziehen im Dunkeln unseren Weg mutig weiter. Trotz Dunkelheit kommt mir die Gegend bekannt vor. Wir können nur langsam vorwärts gehen. Denn bei jedem Schritt versinken wir in tiefem Morast. Gut, dass ich Schnürschuhe anhabe, sonst hätte ich sie schon im Schlamm verloren. Endlich stehen wir vor unserem Haus. Welch ein Glück, es steht noch! Wir gehen durch den Garten, geradewegs auf die Haustür zu. Nun versuchen wir, sie zu öffnen. Aber sie ist verschlossen. Ja, richtig, wer sollte sie auch aufgeschlossen haben? Wir haben damals vor unserem schnellen Aufbruch alles abgeschlossen. So gehen wir um das Haus herum, aber ganz vorsichtig, denn es könnten auch Fremde auf unserem Gehöft sein.

Der Hauseingang unseres elterlichen Hauses hat eine große Veranda. Leise, sehr leise gehen wir die Stufen hoch und klopfen vorsichtig an. Nichts tut sich. Wir klopfen wieder. Als sich noch immer nichts tut, rufen wir vorsichtig: „Hallo, ist da jemand?" Meine Mutter legt meinen kleinen Bruder auf die Veranda und sucht an einer bestimmten Stelle nach einem Schlüssel, der dort immer für den Notfall bereit lag. Nein, da war nichts. Wenn der Schlüssel nicht an diesem Platz liegt, dann ist bestimmt jemand im Haus. Also klopft unsere Mutter jetzt richtig heftig. Da rührt sich etwas im Haus. Eine Stimme fragt von innen: „Wer ist da?" „Hier sind Else und die Kinder", ist die Antwort. Dann folgt ein langes Gepolter, als müsste man erst Möbel zurückschieben, um die Tür zu öffnen. Und genau das wird auch gerade getan. Vorsichtig öffnet sich die Tür und – unsere Großmutter, die wir schon verloren glaubten, steht im Schatten eines matten Kerzenschimmers vor uns. Es ist mir fast so, als würde ich träumen. Ein unsagbar großes Glücksgefühl durchströmt meinen ganzen Körper. Meine liebe Großmutter ist wieder da! Dann liegen sich Mutter und Großmutter in den Armen und weinen. Ja, das ist ein freudiges Wiedersehen, das nicht viele erleben dürfen. Unsere Mutter nimmt meinen kleinen Bruder und trägt ihn ins Haus. Er schläft noch immer recht fest, nur dass er sich hin und wieder einmal bewegt, aber die Augen bleiben geschlossen. Er hat wirklich einen guten Schlaf.

Kaum, dass wir den letzten Schritt über die Türschwelle tun, schiebt meine Großmutter schnell einen alten Schrank vor die Tür. Dabei sagt sie: „Jetzt ist keiner mehr vor Räubern und Banditen sicher. Am helllichten Tag überfallen halbwüchsige Polenjungs hilflose Menschen und bedrohen sie mit richtigen Waffen. Oftmals geht es nur um Kleinigkeiten. Dabei erschießen sie alte Menschen kaltblütig. Da wir sehr einsam wohnen, müssen wir uns doppelt schützen. Manchmal treten halbwüchsige Polen- und Tschechenjungs in Polizeiuniform auf und misshandeln und quälen noch ansässige Deutsche in übelster Form." Als meine Großmutter uns das erzählt, bekomme ich erneut große Angst. Hoffentlich finden sie uns nicht!

Die Tür ist nicht mehr abzuschließen. Sie wurde irgendwann mit Gewalt aufgebrochen. Auch hat sie mehrere Einschusslöcher. Als ich mich in diesem matten Kerzenlicht umsehe, stelle ich fest, dass das ganze Haus leer geräumt ist. Meine Großmutter erzählt, dass in unserer Abwesenheit Lkws auf den Hof gefahren sind und alles, was an Möbeln, Bildern, Teppichen und Porzellan wertvoll war, aufgeladen und nach Russland mitgenommen haben. Auch alle Tiere im Stall, ob groß oder klein, wurden mitgenommen. Sogar Stubentüren haben sie ausgehebelt und mitgenommen. „Es wird ihnen kein Glück bringen", sagt sie. Sie hat alle Mühe, für uns ein Bett zusammenzutragen. Es ist einfach nichts Richtiges zu finden. Endlich können wir unsere nassen Kleider ausziehen und uns mit zwar dürftigen, aber doch trockenen Sachen ins Bett legen. Aber vorher wird noch der ganze Dreck von unseren Körpern abgewaschen. Liebevoll reicht mir meine Großmutter eine Pellkartoffel und eine Tasse warmen Tee. Das ist alles, was sie uns anbieten kann.

Zum ersten Mal seit unserem letzten Aufbruch setzt sie sich an unser Bett und betet mit uns. Mir kommt das Gebet sehr lange vor. Sie dankt unserem himmlischen Vater für die große Bewahrung, und dass wir nun wieder alle vereint hier sein können. Dabei weint sie tüchtig. Das Vaterunser ist immer der Schluss ihres Gebetes. Ich weiß nicht, ob mein kleiner Bruder überhaupt dieses innige Dankgebet mitbekommen hat. Er ist einfach zu müde. Wer den ganzen Tag so geschrien hat wie er, der muss müde sein. Morgen wird die Welt schon anders aussehen.

Endlich zu Hause

Wieder hat ein neuer Tag begonnen. Aber jetzt sind wir richtig zu Hause, nicht bei Fremden. Und hier kann uns niemand mehr fortjagen. Das helle Tageslicht hat Mühe, in unsere dunklen Räume zu dringen. Großmutter hat alle Fensterläden geschlossen. Es soll so aussehen, als würde hier niemand wohnen. Außerdem sind fast alle Fensterscheiben zerbrochen. Aber dennoch öffnen wir die große Tür zum Hof einen Spalt weit. Wenigstens die Frühlingswärme soll in unser Haus kommen. Als ich aber nach draußen sehe, scheint es, als würden wir mitten in einem See stehen. So weit das Auge reicht, Wasser, nichts als Wasser. Sogar die Hälfte unseres Hofes steht unter Wasser. Weil von dieser Seite niemand hereinsehen kann, dürfen mein kleiner Bruder und ich auch auf der Veranda spielen. Aber wir dürfen nicht laut sein. Es könnte uns jemand hören.

Vorsichtig, immer an der Wand entlang, schleiche ich mich jetzt auch in den Stall. Ach, wie leer ist alles! Nichts ist mehr da. Dann gehe ich in die erste Scheune. In die nächste kann ich nicht mehr gehen, denn sie steht unter Wasser. Gestank kommt mir entgegen. Das stehende Wasser hat sich in Jauche verwandelt. Plötzlich vernehme ich ein Rascheln. Sehen kann ich zuerst nichts. Aber dann erscheint eine kleine Katze. Sie ist ganz wild, denn als ich sie rufe, läuft sie ängstlich weg. Das ist alles, was an Lebewesen in diesem Stall übrig geblieben ist. Die alte Holzkiste, die für die Pferde immer mit Hafer und Häcksel aufgefüllt wurde, steht leer an ihrem Platz. Ganz kurz habe ich das Gefühl, als würde mich unser Nickoley beobachten, aber nur einen kleinen Augenblick. Nein, Nickoley, unser Knecht, kann gar nicht hier sein. Er ist ja tot, seine eigenen Landsleute haben ihn doch erschossen. Ich habe es selbst mit ansehen müssen. Nein, er kann nicht mehr wiederkommen. Das ist endgültig.

Plötzlich gibt es einen lauten Schlag. Der Wind stößt eine angelehnte Tür auf und gleich wieder zu. Genauso hört es sich an, wenn einer kommt und gleich wieder geht. Ein Schauer nach dem anderen durchfährt mich. Schreien möchte ich. Aber was würde es nützen. Wo ich auch hinsehe, gähnende Leere und Totenstille. Alle Betriebsamkeit ist für immer erloschen. Eilig laufe ich ins Haus zurück, denn hier wird es mir unheimlich. Voller Entsetzen frage ich meine Großmutter, wo denn die vielen Tiere geblieben sind. Nicht einmal ein Huhn ist zu sehen. „Die sind alle abgeholt worden", sagt sie, „auch die Möbel, Wäsche, Geschirr, einfach alles, was man auf einen Wagen laden konnte. Denn es hat niemand mehr geglaubt, dass wir aus Danzig lebend herauskommen würden. Wir sind wirklich die Einzigen aus dieser Gegend, die noch lebend zurückgekommen sind. Viele sind erfroren oder beim Bombenangriff ums Leben gekommen. Ist es nicht ein Wunder vor unseren Augen? Ja, es ist ein Wunder." Der Reihe nach zählt Großmutter die letzten, bewahrenden Erfahrungen auf und schließt dabei eiligst alle Türen und Fenster, so weit sie überhaupt noch zu schließen sind. Die Läden geben uns den einzigen Schutz vor Dieben und Räubern. Innen ist es gar nicht gemütlich. Die Räume sind alle leer. Teilweise fehlen die Zimmertüren. Wo die wohl hingekommen sind? Es hallt wie in einem Saal. Den einzigen Schrank haben wir von innen vor die Tür gestellt, damit keiner so schnell eindringen kann. In der Küche stehen ein Tisch und ein Stuhl. Den fest eingemauerten Küchenherd konnten sie nicht mitnehmen. Auch die Kachelöfen in den verschiedenen Räumen stehen, wie eherne Mahnmale, kühl und einsam da. Ich habe mir das Zuhause ganz anders vorgestellt. Nichts ist mehr wie damals, überall gähnende Leere. Teilweise hängen die Gardinen wie abgerissene Fetzen von den Stangen herunter. Die Räuber schienen es eilig gehabt zu haben. Sie hätten vielleicht doch überrascht werden können. So hat auch hier der Krieg seine Spuren hinterlassen.

Der Nogatdamm hat weiter nachgegeben und große Landflächen sind überflutet. Die Korbweiden ragen mit ihren knorrigen Baumkronen ganz knapp aus dem Wasser. Ab und zu bewegen sich leichte Wellen zu unserm Hof hin. Vorerst geht das Wasser nicht zurück. Die Dämme und Schleusen müssen erst wieder in

Ordnung gebracht werden. Und daran ist im Augenblick nicht zu denken. Nun liegt über unserem Haus der heimliche Schatten des Todes. Es ist nur eine Frage der Zeit, wann er seine eiskalte Hand endgültig ausstrecken wird. Meine Gefühle kommen ganz durcheinander.

Ich schaue durch das einzig offene Fenster. Von hier aus kann ich den ganzen Hof übersehen. Aber er steht ja zur Hälfte unter Wasser. Immer wieder schaukelt der Wind auf dem Wasser kleine und große Holzstücke zu uns herüber. Ein Scheunentor liegt schräg abgerissen im Wasser und wird mit jeder Welle hin und her bewegt. Dabei knarrt es leise, als wollte es uns etwas erzählen. – Da werde ich doch an etwas erinnert, das noch gar nicht so lange her ist. – Genauso knarrte der Wagen, als wir die Flucht mit unseren Pferden und dem Planwagen antraten. – Und zu Fuß und ohne Pferd und Wagen sind wir wiedergekommen. – Und vorgefunden haben wir ein leeres Haus. Alle Lebensmittelvorräte sind von Unbekannten aufgebraucht worden. Das Einzige, war wir in dem hintersten Keller noch gefunden haben, sind ein paar Kartoffeln und ein kleiner Steintopf mit Pflaumenmus. Damit wird sehr sparsam umgegangen. Wer weiß, wie lange wir hier wohl bleiben können? Besorgen können wir uns im Augenblick nichts. Man hört von brutalen Plünderern, die ihr Unwesen rundum treiben. Halbstarke Jugendliche durchforsten leer stehende und einsame Gehöfte. Meistens sind sie bewaffnet und erschießen ohne Vorwarnung hilflose Menschen, die sich ihnen in den Weg stellen. Tage und Wochen leben wir mit dieser Angst. So wird auch am Abend nur, wenn alle Läden geschlossen sind, eine Kerze angezündete. Und dann hören wir immer noch auf jedes kleinste Geräusch. Wieder ist die Angst mein ständiger Begleiter. Ein einziger Gedanke plagt mich Tag und Nacht: Hoffentlich bemerkt uns niemand, denn das wäre wirklich das unwiderrufliche Ende für uns alle.

Ein Hochsommertag in den schönsten Farben, wie sie nicht schöner sein können, breitet sich über unsere trostlose Gegend aus. Die Natur hat ihre eigenen Bestimmungen. Bäume, Sträucher und die Vielzahl der Blumen haben auch in diesem Sommer mit ihrem Anstrich aus der breiten Farbenpalette nicht gespart. Bunte Schmetterlinge gibt es, und sogar das Zwitschern vereinzelter Vögel ist zu vernehmen. Bienen und Hummeln durchstreifen die Blumenkelche. Ihr Summen ist nicht zu überhören. Doch Fliegen und Mücken sind in der Überzahl. Sie werden uns allmählich zur Plage. Ich sitze schon eine ganze Weile am Rand eines großen Erdhaufens. Von hier aus kann ich über die endlose Wasserfläche sehen, die sich um uns ausgebreitet hat. Die ganze Zeit beobachte ich die wilden Enten, die mit ihren Kleinen ganz dicht an unser Haus heranschwimmen. Sowie ich mich bewege, tauchen sie hastig unter und kommen an einer anderen Stelle wieder hoch. Dann kommt mein kleiner Bruder und wirft einen Stein ins Wasser, und die Enten sind verschwunden. Schade, denke ich, er ist ja noch klein und weiß es nicht besser.

Meine Großmutter wagt sich doch, wenn auch sehr vorsichtig, in den fast verwüsteten Vorgarten. Lkws und Panzer scheinen hier durchgefahren zu sein. Die ausgefahrenen Furchen haben sich zu kleinen Bächen entwickelt. Es plätschert und gurgelt überall. Es ist nicht zu übersehen, um dieses Haus herum hat das Wasser die Übermacht. Hoffentlich dringt es nicht ins Haus ein.

Hier und da gibt's doch etwas zu ernten, denn links und rechts des Vorgartens liegt ein Nutzgarten. Die eine Seite steht noch unter Wasser, sie war sowieso aufgeschüttetes Moorland. Da werde wohl auch in Zukunft nichts mehr wachsen, meint meine Großmutter. Auf der anderen Seite hat sie ein paar Kartoffeln gepflanzt. Die werden oft gehackt und gegossen. Dabei helfe ich ihr. Nur zu gerne wäre ich ein einziges Mal auf den Nogatdamm geklettert. Aber die Gefahr, dass man uns sehen könnte, ist zu groß. Meine Mutter lässt sich wenig draußen blicken. Dafür versucht sie, es im Haus für uns alle ein bisschen wohnlich zu machen. Heute ist auch noch Waschtag. Viel ist nicht zu waschen, wir haben ja nur das, was wir anhaben. Aber immer, wenn meine Mutter diesen kleinen Waschtag macht, weint sie.

Sonnenschein und Regen wechseln sich in den nächsten Tagen ab. Überall macht sich stinkendes Wasser breit. Aber weg wollen wir hier nicht mehr. Wir werden warten, bis das Wasser sich wieder zurückzieht. Heute sitzen wir alle zusammen an dem einen Fenster und sehen gemeinsam auf den halb überfluteten Hof. Dabei erzählt uns unsere Großmutter eine Geschichte. Wir sind ganz still. Sie hat die Traubibel in unserem Garten gefunden. Die Räuber hatten sie wohl bei ihrer Plünderung verloren. Daraus hat sie uns früher oft vorgelesen. Ich hab zwar immer zugehört, aber verstanden habe ich nicht viel. Heute liegt sie geschlossen auf dem Tisch und Großmutter hat die Hand darüber gelegt. Sie kann ja viele Geschichten auswendig vortragen. Wir hören ihr gespannt zu.

Erschreckt fahren wir zusammen, wir haben Schritte gehört. Jetzt sind sie ganz deutlich. Dann hören wir auch unseren Namen rufen. Hastig öffnet Großmutter das Fenster und schaut nach draußen. Es ist eine Bekannte, die auf der anderen Seite der Nogat wohnt. Sie hat von unserer Rückkehr gehört und möchte uns Sachen zurückbringen, die sie vor Monaten hier herausgeholt hat. Es hatte ja niemand mehr an unsere Rückkehr geglaubt. Wir staunen nicht schlecht, was alles zum Vorschein kommt. Das meiste aus unserem Haus haben zwar die Russen und Polen abgeholt. Aber das kleine Zimmer, in dem wir jetzt wohnen, und die Küche sind durch die Sachen einigermaßen wohnlich geworden. Sogar Federbetten, Wäsche, Geschirr, Besteck und eine ganze Reihe Kleider für uns sind dabei. Nun haben wir endlich Kleidung zum Wechseln. Auch allerlei zu essen hat die Bekannte uns mitgebracht. Ach, ist das eine Freude! Doch die Bekannte bleibt nicht lange. Eilig läuft sie zu ihrem Pferdewagen zurück. Sie ruft uns noch zu, dass sie bald wiederkomme. Meiner Mutter hat sie noch gesagt, dass sie sich unbedingt freiwillig in der Stadt melden soll. Alle deutschen Frauen werden aufgefordert, sich beim Roten Kreuz zu melden. Sie müssen in der Stadt beim Schuttabräumen helfen oder bei polnischen Bauern auf dem Feld arbeiten. Jeden Morgen würde an einer bestimmten Stelle und immer um die gleiche Uhrzeit ein großer Lastwagen stehen und alle Frauen einsammeln und sie auch wieder gegen Abend an die gleiche Stelle zurückbringen.

Am nächsten Morgen verlässt meine Mutter unser Haus und eilt an die besagte Stelle. Von nun ab sind wir, mein kleiner Bruder und ich, mit unserer Großmutter allein. Jeden zweiten Abend bringt meine Mutter uns ein großes Brot mit. Schon lange haben wir kein richtiges Brot mehr gegessen. Bisher wurde alles nur immer aus Kartoffeln zubereitet. Darum ist das Brot für uns auch eine Köstlichkeit. Ein anderes Mal wieder bringt sie Mehl und Zucker und manchmal auch Fett mit. Es ist nicht viel, aber meine Großmutter weiß aus allem immer etwas Schmackhaftes zu kochen. Oftmals verbreitet sich ein Duft durch die leeren Räume. Aber manchmal ist der Geruch auch besser als der Geschmack. Jedenfalls brauchen wir nun nicht mehr zu hungern oder zu frieren. Aber die Angst, die hat sich in uns allen festgesetzt. Was machen wir, wenn uns so halbstarke Burschen überfallen? Selbst wenn wir um Hilfe riefen, würde uns keiner hören. Wir wären den Banditen doch wehrlos ausgeliefert. Jetzt, da meine Mutter jeden Morgen zu Fuß bis zur Sammelstelle eine Strecke geht, wird man sie schon längst beobachtet haben und wissen, aus welchem Haus sie kommt und ob sie dort ganz alleine ist. Mehrmals am Tage werde ich um die Hausecke geschickt, um zu sehen, ob jemand kommt. Und die Fensterläden bleiben auch weiterhin geschlossen. Außerdem würden durch die zerbrochenen Scheiben Wind und Regen doch nur ihr grenzenloses Spiel in unseren Zimmern fortsetzen. Das Einzige wäre die frische Luft, die uns allen gut tun würde. Aber dafür setzen wir uns auf die Stufen vor unserem Hauseingang. Von hier aus ist jedem der Zugang durch das Wasser verwehrt. Wenigstens von dieser Seite sind wir einigermaßen sicher.

Der Garten vor unserem Haus ist in den letzten Kriegstagen zu einer einzigen Wüstenei geworden. Niedergefahrene Hecken und Sträucher, umgefahrene Bäume sind die Bilanz eines bis zuletzt erbitterten Kampfes. Manche Bäume, die nur zum Teil entwurzelt sind, haben wieder ausgeschlagen. Ja, sie grünen und blühen. Eine romantische Wildnis breitet sich überall aus. Niemand käme beim Vorübergehen auf den Gedanken, dass hier jemand wohnen könnte. Und wenn wir uns auf der Rückseite des Hofes aufhalten, entdeckt uns so schnell auch keiner.

Aber dieses Jahr will gar kein Ende nehmen. Obwohl wir endlich wieder zu Hause sind, fühlen wir uns doch nicht richtig zu Hause. Widersprüchliche Gefühle machen sich in uns allen breit. Das eigentliche Leben hier auf dem einst so schönen Bauernhof fehlt vollkommen. Es ist ja auch alles ausgeräumt worden. Und die vielen Menschen, die sich auf dem Hof tummelten, die wiehernden Pferde, die brüllenden Kühe und die grunzenden Schweine fehlen auch, ebenso wie die Hühner, die immer gackerten, wenn sie ein Ei gelegt hatten. Am Abend wurde immer unser Wachhund ins weite Feld geschickt um die Enten und Gänse zu holen. Von weitem hörte man dann schon ihr Geschnatter. Hier kam unser Hof- und Hütehund endlich voll auf seine Kosten. Wenn eine Ente oder eine Gans den Anschluss verpasst hatte, lief er schnell zurück und holte sie. So manch ein Federvieh hat auf diese Weise eine ganze Menge von seinen Federn lassen müssen. Ach, wie fehlt mir dieses Geschrei und Geschnatter. Es ist eben alles anders geworden. Jetzt sind wir nur noch zu viert und manchmal, so wie jetzt, nur noch zu dritt. Ob sich das hier noch mal ändern wird? Ich glaube nicht.

Heute ist ein langer Regentag. Langsam kommt das Wasser immer näher. Bald hat es die Hälfte unseres Hofes eingenommen. Schweigend sieht meine Großmutter durchs Fenster. Ich sehe ihre besorgten Blicke. Dann setzt sie sich, faltet ihre Hände und betet. Ihr Gebet hört sich wie ein Jammern und Klagen an. Die Türe zu ihrem Zimmer ist nur angelehnt. Vorsichtig schaue ich durch den Türspalt und beobachte sie die ganze Zeit. Aber sie bemerkt mich nicht. Was wird nur werden?

Mein kleiner Bruder bekommt von all den Sorgen nichts mit. Wie sollte er auch. Er ist ja noch klein. Heute hält er wieder seinen Mittagsschlaf. Es ist nichts weiter zu tun. Wir warten auf unsere Mutter. Sie kommt immer vor Einbruch der Dämmerung. Eine Uhr gibt es in unserem ausgeräumten Haus schon lange nicht mehr. Nur meine Mutter hat eine kleine Armbanduhr, die sie immer bei sich trägt. Bei der Arbeit, beim Schuttaufräumen in der Stadt, vergleicht sie mit den anderen die Zeit und stellt ihre bescheidene Uhr immer neu danach ein. So wissen wir dann genau, wie spät es ist. Im Übrigen richtet sich meine Großmutter nach der Sonne. Und wenn keine Sonne scheint, nach dem hellen Licht am Horizont. Erstaunlicherweise stimmt es fast immer.

Heute allerdings bleibt meine Mutter lange weg. Großmutter macht ganz vorsichtig in der Küche in dem großen Herd ein Feuer an. Man soll nicht merken, dass doch jemand in dem Haus wohnt. Aber irgendwie muss man ja das Wasser erwärmen können. Wie gut wird es meiner Mutter tun, wenn sie sich mit warmem Wasser waschen und sich dabei am molligen Ofen erwärmen kann. Mein kleiner Bruder weint. Er hat wohl schlecht geschlafen oder böse geträumt. Nun sitzen wir gemeinsam in der Küche und warten auf unsere Mutter. Dabei erzählt uns unsere Großmutter Geschichten, die sie mir früher einmal aus einem Buch vorgelesen hat. Dazwischen tunkt sie immer harte Brotstücke in warmen Tee und gibt sie meinem kleinen Bruder zu essen.

Langsam wird es draußen ganz dunkel. Wir haben uns keine Kerze angezündet, weil wir sparen wollen. Wie schnell sind die kleinen Kerzen abgebrannt. Zudem könnte uns jemand sehen. Und beides wollen wir doch vermeiden, meint meine Großmutter. Ein schwaches Licht scheint durch die Seiten der Herdtüre durch. Dieses Licht reicht vollkommen aus und verbreitet eine wohlige Atmosphäre. Auch wenn vieles fehlt, wirkt es auf einmal richtig gemütlich. Plötzlich hören wir Schritte. Vorsichtig geht unsere Großmutter zur Tür und lauscht nach draußen. An der leisen Stimme erkennen wir unsere Mutter. Endlich ist sie da. Schnell schiebt meine Großmutter den alten Schrank, den sie von innen vor die Haustür geschoben hat, beiseite. Hastig drängt sich meine Mutter mit ihrem Rucksack durch den schmalen Türspalt in den dunklen Vorraum. Endlich haben wir sie wieder. Aber sie atmet sehr schnell und hat alle Mühe, überhaupt ein Wort zu sagen. Dann erzählt sie uns, dass sie sich eine Weile verstecken musste, weil eine Schar Burschen hinter ihr her waren. Irgendwann haben sie dann doch die Verfolgung aufgegeben und dann ist sie so schnell, wie es nur ging, hierher gelaufen. Eine Weile sitzen wir in der Küche und warten ab, bis sich unsere Mutter wieder beruhigt hat. Dann öffnet sie ihren Rucksack und holt allerlei essbare Dinge hervor. Aus den Trümmern eines Geschäftes hat sie sich heimlich einige Tüten Mehl und Zucker in ihren Rucksack gesteckt. Sogar eine Tüte gemahlenen Malzkaffee hat sie mitgebracht. Alle deutschen Frauen haben dasselbe getan und sich an den verschütteten Nahrungsmitteln aus ehemaligem Geschäften bedient, obwohl es verboten ist. Aber keine hielt sich an die Verbote. Denn als Lohn für ihre schwere Arbeiten in der Stadt bekam jede nur einen kleinen Eimer Kartoffeln und etwas Fett. Wie waren wir froh, dass man ihr die Lebensmittel nicht weggenommen hat. Während sie die vielen Dinge auspackt, erzählt sie uns, dass wir hier nicht mehr bleiben könnten. Denn es kämen immer mehr Polen hierher und die würden alle

Deutschen mit Gewalt aus ihren Häusern vertreiben. Mord und Totschlag seien an der Tagesordnung. Wir hätten nirgendwo einen Beistand zu erwarten. Das ist eine Nachricht, mit der wir nicht gerechnet haben. Jetzt werden wir auch noch aus unserem eigenen Haus verjagt, nachdem sie uns doch schon vorher alles aus dem Haus herausgeholt haben. Wer soll das verstehen?

Früh haben wir uns heute zu Bett gelegt, soweit man überhaupt diese Schlafstelle so bezeichnen kann. Aber dass wir aus unserem eignen Haus heraus müssen, das kann ich überhaupt nicht verstehen. Weit kommen wir auch nicht, denn die Polen lassen keinen Deutschen raus. Der Krieg ist zu Ende, Deutschland wird aufgeteilt. Russland hat Ost- und Westpreußen den Polen geschenkt. Jetzt sind sie fleißig dabei, in unsere Häuser einzuziehen. Und damit sie sich richtig zurechtfinden, müssen ihnen die Deutschen dabei behilflich sein. Deutsche Männer, die zu Kriegsbeginn für den Wehrdienst nicht mehr in Frage kamen, werden jetzt alle in polnisch-tschechische Hungerlager gesperrt und kommen nur als Tote wieder heraus. Hierüber darf weder gejammert noch geklagt werden. Wir haben den Krieg verloren und dürfen keine Ansprüche stellen. Der Hass breitet sich ins Uferlose aus. Jeder Deutsche ist schuld, egal ob es Säuglinge, kleine Kinder, Frauen oder alte Menschen sind. Das und vieles mehr erzählt meine Großmutter in einem fort. Dabei geht sie ständig im Zimmer hin und her, bewegt ihre Arme, als wollte sie es jemandem verständlich machen. Aber da ist niemand außer meine Mutter und mir. Wir sind selbst ratlos. In diesem Augenblick fällt mir mein Vater ein. Genau, der könnte uns jetzt richtig helfen. Aber wo ist er? Das weiß auch niemand. „Vielleicht ist er schon tot", bemerken meine Großmutter und meine Mutter gleichzeitig. Dann haben wir ja niemanden mehr, der uns helfen könnte. Dann sind wir wirklich ganz allein. Mit Gewalt ziehe ich meinen kleinen Bruder ganz dicht an mich und fange laut zu weinen an. Er weiß gar nicht, warum ich weine, denn seine Augen beobachten mich, ob es Spaß oder Ernst ist. In dieser Nacht haben wir alle große Angst. Keiner weiß, wie es weitergehen soll.

Heute wacht meine Mutter mit großen Schmerzen auf. Sie hat überall an den Beinen und Armen dicke Geschwüre. Die Geschwüre sind mit einer harten Kruste überzogen. Aus einigen Wunden kommt unter der harten Kruste eine übel riechende Flüssigkeit, blutiger Eiter. Das Sekret ähnelt einer zähen gelbroten Flüssigkeit. Ach, sie tut mir so leid und wir können ihr nicht helfen. Heute bleibt sie zu Hause. Ein Verband aus weißen Leinenstreifen wird mehrmals am Tag gewechselt. Die abgelegten, schmutzigen Tücher werden in einer Schüssel ausgekocht und draußen an einer Leine zum Trocknen aufgehängt. Lauter Friedensfahnen wehen jetzt auf unserem Hof. Mit anderen Worten, wir haben aufgegeben. Auch am nächsten Tag kann meine Mutter nicht in die Stadt, um dort mit den anderen Frauen zu arbeiten und die Trümmer zu beseitigen. So vergeht ein Tag nach dem anderen. Es will sich keine Besserung einstellen. Wie es scheint, hat sie noch Fieber dazubekommen. Und dann klagt sie wiederholt, dass sie schlecht sehen kann. Manchmal zittert sie so heftig in ihrem Bett, dass wir meinen, sie würde noch herausfallen. Großmutter hat ihr kalte Umschläge über die Augen gelegt und wäscht Arme und Beine vorsichtig mit Kamille ab.

Endlich, nach einigen Tagen geht es ihr etwas besser. Dann erzählt sie uns, was für Arbeiten sie in der Stadt mit den anderen zusammen tatsächlich verrichten muss. Tierkadaver und Menschenleichen, halb verwest, müssen in Massengräber transportiert werden. Anschließend wird viel Ätzkalk darübergestreut und dann erst wird alles mit Erde zugedeckt. Vielen ist der Kalkstaub, je nachdem, wie der Wind steht, unbarmherzig ins Gesicht geweht. Sie ist nicht die Einzige, der es so geht. Aber sie hat keine Wahl, sie muss wieder hin, sonst haben wir bald nichts mehr zu essen.

Während der ganzen Unterhaltung haben wir nicht bemerkt, dass drei große Männer unser Haus betreten haben. Sie lassen sich nicht aufhalten und gehen geradewegs in das Zimmer, wo meine Mutter im Bett liegt. Schon als sie im Türrahmen stehen, halten sie sich auffällig die Nase zu. Es muss schon ganz schön riechen. Wir haben uns wohl schon an den Geruch gewöhnt. Sie geben meiner Mutter zu verstehen, dass sie zur Arbeit kommen muss. Sie zeigt ihnen ihre Arme und Beine. Vor der Haustür bereden sie miteinander, dann kommen sie zurück und erklären ihr in gebrochenem Deutsch, von jetzt an brauche sie nicht mehr in der Stadt zu arbeiten, dafür aber bei einem von ihnen auf seinem Bauernhof. Sie soll seiner Frau, dabei zeigt der dickste Mann auf sich, helfen. Ich kann richtig erkennen, wie erleichtert meine Mutter ist. In der Küche der Polenfrau zur Hand zu gehen, das ist eine enorme Erleichterung. Selbst meine Großmutter ist zufrieden. So geschieht es, dass meine Mutter in den nächsten Tagen mit einem Pferdewagen abgeholt wird. Aber dieses Mal nimmt sie meinen kleinen Bruder mit, weil er so weinte. Aber ich wäre nicht mitgefahren. Niemals hätte ich meine Großmutter allein gelassen.

Komisch ist es nun doch. Plötzlich sind wir beide ganz allein, Großmutter und ich. Eben noch zu viert und ein paar Minuten weiter zu zweit. Dennoch fühle ich mich bei meiner Großmutter geborgen. Von jetzt an machen wir alles zusammen. Keine lässt die andere aus den Augen. Ich mache wirklich alles, was meine Großmutter will. Gehorchen will ich ihr bedingungslos, auch wenn es mir manchmal schwer fällt.

So sitze ich nun auf den Stufen unserer schönen Veranda und sehe auf das weit überflutete Land. Hin und wieder ragt ein Zaunpfahl aus dem Wasser. Da waren die großen abgesteckten Weideflächen für unsere Kühe. Vielleicht ist es ganz gut, dass im Augenblick keine Kühe vorhanden sind, denke ich mir. Denn von was sollten sie sich wohl ernähren, da doch hier alles unter Wasser steht. Ach, es ist alles so traurig. Zum Spielen gibt es auch nichts. Da hat meine Großmutter eine Idee. Sie holt ein Stück Papier, einen Bleistift und schreibt große Buchstaben dem Alphabet nach auf. Jetzt soll ich jeden Buchstaben zehnmal abschreiben. Gleichzeitig lerne ich auch, bis zehn zu zählen. Zuerst ist es recht interessant für mich, aber schon sehr bald erweist es sich für mich doch als ziemlich schwer. Mein Handgelenk, meine Finger, ja mein ganzer rechter Arm tun mir weh. Aber meine Großmutter meint, dass das normal sei. So wechseln Buchstaben- und Zahlenschreiben ab, und das jeden Tag für eine bestimmte Zeit. Manchmal hat Großmutter auch draußen vor der Veranda auf dem Sandboden mit einem Brett eine große Fläche gezogen. Dann reicht sie mir einen kleinen Stein. Ich soll mit dem Stein etwas von dem zeichnen, was ich gerade sehe. Zwischendurch kommt sie immer und lässt sich meine Zeichnerei erklären. In ihren Augen sehe ich ihre Zufriedenheit. Sie hat aus meiner Langweile eine „Sinnweile" gemacht. Jeder Tag vergeht jetzt viel schneller. Denn am Abend kommen immer meine Mutter und mein kleiner Bruder nach Hause. In der Nacht sind wir in unserem leer stehenden Haus dann als kleine Familie vollständig versammelt. Zu essen bringt meine Mutter abends auch etwas mit, manchmal sogar eine kleine Kanne Milch.

Längst ist der Sommer vergangen. Der Wind weht kühler und manchmal auch recht stürmisch. Nach einem nächtlichen Raureif fallen die bunten Blätter und liegen wie gesät auf dem Boden. „Schade", denke ich, „der Sommer war doch recht schön. Hoffentlich müssen wir in diesem Winter nicht so frieren wie in dem vergangenen." Aber bis dahin ist ja noch ein bisschen Zeit.

Heute habe ich nicht gut geschlafen. Lauter böse Träume, die mich öfter aufschreien ließen, verfolgten mich. Halsschmerzen plagen mich schon die ganze Nacht. Ein warmer Tee und ein dicker Schal bringen nur vorübergehend Linderung. Am Morgen laufe ich schnell zum Fenster und sehe meiner Mutter und meinem kleinen Bruder nach, wie sie unser Haus verlassen. Mein kleiner Bruder hustet fortwährend und sie zieht ihn hastig, wie einen kleinen Hund, hinter sich her. Zum Tragen ist er ihr zu groß. Schade, warum ließ sie ihn nicht auch hier? Wir hätten uns schön wärmen können.

Meine Großmutter holt einen großen Steintopf mit frisch gekochter Marmelade. Es ist der einzige Topf, der für den Winter reichen soll. Gerade will sie mir damit eine Schnitte bestreichen, als plötzlich mit einem Ruck die Tür aufgestoßen wird und zwei halbstarke Jungen vor uns stehen. In ihrer Sprache, die wir natürlich nicht verstehen können, wollen sie uns etwas erklären. Dabei zeigen sie immer auf den großen Steintopf. Schließlich begreift meine Großmutter: Sie wollen den Steintopf haben. „Nein", sagt sie und bewegt ihren Kopf wiederholt hin und her. Da verändert sich die Lage, sie werden zusehends aggressiver. Ohne Worte stellt sich Großmutter zwischen den Tisch mit dem Steintopf, in dem die Marmelade ist, und den beiden halbwüchsigen Jungen. Die beiden Burschen ballen ihre Fäuste und wollen meine Großmutter angreifen. Aber sie ist schneller. Sie packt die beiden am Kragen. Dabei würgen sie und ringen nach Luft. Aber meine Großmutter hat kein

Erbarmen. Sie schleudert sie nach draußen und schiebt hastig den Schrank vor die Tür. Ich sehe noch gerade, wie sie sich aufraffen und verschwinden. Ich wusste gar nicht, wie stark meine Großmutter ist. Von nun an hat sie sich einen dicken Stock hinter die Tür gestellt. Jeder ungebetene Gast, der sich frech stellt, bekommt mit diesem Stock eins übergezogen. Beruhigt lege ich mich wieder ins Bett, denn jetzt wird wohl keiner mehr kommen.

Alles nur wegen der Marmelade

Es ist später Nachmittag. Dichte Nebelschwaden steigen aus den großen Wasserflächen und verdecken die ganze Landschaft. Kalt und nass ist es draußen. Heute wird wohl keiner unterwegs sein. Hoffentlich findet meine Mutter mit meinem kleinen Bruder den Weg zu uns. Meine Großmutter ist heute irgendwie anders. Den ganzen Tag schaut sie nach draußen. Es sieht aus, als ob sie jemanden erwarten würde. Doch außer unseren eigenen Leuten wäre wohl niemand zu erwarten. Kaum bin ich eingeschlafen, da werde ich von ihr hastig geweckt. „Schnell, es sind Männer an der Tür, sie wollen rein", gibt sie mir zu verstehen. Da höre ich auch das Klopfen. Erst treten sie gegen die Tür, dann höre ich ohrenbetäubende Schüsse. Das ist ein Alarmzeichen, dass wir fliehen müssen. Eilig ergreift mich meine Großmutter und läuft mit mir durch den hinteren Ausgang ins Freie. So schnell wir können, laufen wir über den Nogatdamm zu den Schutz bringenden Sträuchern am Ufer. Hier verweilen wir eine Zeit, weil Großmutter zum Weiterlaufen im Augenblick keine Luft hat. Sie ermahnt mich auch, nur nichts zu sagen. Dann hören wir sogar das Rattern eines Maschinengewehres. Bestimmt durchsuchen sie jetzt das ganze Haus nach dem einen Steintopf Marmelade. Aber sie werden ihn nicht finden.

Wir beeilen uns und laufen im Schutz der vielen Sträucher entlang der Nogat. Großmutter kennt den Weg und weiß, welche Richtung sie einhalten muss. In der ganzen Eile konnte ich mir nichts überziehen. Ich bin nur leicht bekleidet und barfuß. Darum zieht sie mir ihre dunkle Jacke an. Endlich erreichen wir ein kleines Fischerhäuschen am Rand des Nogatdamms. Auf unser Klopfen wird uns nur zögernd geöffnet. Wieder ist es ein altes Ehepaar, das uns gegenübersteht. Sie erkennen meine Großmutter sofort. Schnell ziehen sie uns in ihre Stube und schließen sofort alle Türen wieder ab. Sie sind sehr besorgt. Denn überall, wo die Polen alte Männer entdecken, werden sie abgeholt und auf Nimmerwiedersehen verschleppt. Wir wissen, was mit ihnen passiert. Sie kommen in Hungerlager und warten dort auf den Tod. Darum sind diese Leute so vorsichtig. Bewusst zeigen sie auf ein Buch mit einem Kreuz. Es ist wohl die Bibel. Das ist für uns ein bekanntes Buch, denn so eins hatten wir auch zu Hause. Daraus wurde oft bei großen Unwettern, bei denen sich alle im Haus einfanden, vorgelesen. „Genau das brauchen wir auch", denke ich. „Vielleicht haben wir dann auch nicht mehr so viel Angst." Meine Großmutter ist ganz erschöpft. Sie scheint am Ende ihrer Kräfte zu sein. Zuerst werde ich mit einer heißen Wärmflasche zusammen in eine wollene Decke gewickelt. Dann bekommen wir jeder einen warmen Tee. Dabei schaue ich mich um. Richtig gemütlich ist es hier, im Gegensatz zu unseren Räumen zu Hause, wo durch die gähnende Leere jeder Satz als Echo zurückkommt. – Meine Mutter darf auf keinen Fall zurück. In dieser brenzligen Lage könnte das ihren Tod bedeuten. So macht sich der alte Mann auf den Weg, vorsichtig, im Schutz des dichten Nebels. Er weiß genau, wo meine Mutter den Weg zu Fuß alleine gehen muss. Dort will er sie abpassen und zu uns führen. Hoffentlich geht sie mit ihm. Denn es kann heute keiner dem anderen trauen. So sitzen wir nun alle und warten gespannt.

Inzwischen ist es restlos dunkel geworden. Wer die Gegend nicht bei Tage kennen gelernt hat, der würde sich hoffnungslos verirren. Die Stunden des Wartens wollen kein Ende nehmen. Hoffentlich geht alles gut. Doch dann reißt mich ein Geräusch jäh aus dem Schlaf. Richtig, mein kleiner Bruder wird weinend die Treppe hochgetragen. Endlich sind sie wieder da. Vorsichtshalber schaue ich doch noch einmal nach. Ja, sie sind beide wieder da. Dann höre ich, welche Mühe sich der alte Mann mit den beiden gemacht hat. Wie vorausgesagt, hörte meine Mutter auf den alten Mann nicht. Je schneller er meine Mutter mit meinem kleinen Bruder erreichen wollte, desto schneller entfernte sie sich von ihm. Sie glaubte nämlich, dass es wieder jemand auf ihren Rucksack abgesehen habe. Dann überkam den alten Mann eine Schwäche, seine Kräfte verließen ihn. Er musste zusehen, wie sie schnurgerade in den Weg zu unserem Haus einbog. Er unternahm einen letzten Versuch und schrie einfach kläglich um Hilfe. Da drehte sich meine Mutter um und eilte hastig zurück zu der Stelle, von der der Ruf kam. Da hörte sie eine Stimme aus dem Dunkel, dass sie keine Angst zu haben brauche, dass ihre Tochter und die Großmutter bei ihnen Schutz gesucht hätten und dass sie auf keinen Fall zurück in ihr Haus dürfe. Nun erzählte der alte Mann, was sich vor Anbruch der Dunkelheit dort ereignet hatte. Da erst ließ meine Mutter sich bewegen, mit ihm zu gehen. Um ein Haar wäre sie in ihr Unglück gelaufen. Aber was soll man dazu sagen?

Die unruhigen und bedrohlichen Zeiten haben uns alle misstrauisch gemacht. Nur, wie geht es nun weiter? Hier bleiben können wir nicht. So viele Leute kann dieses Haus nicht aufnehmen. Zurück können wir auch nicht mehr, denn wir haben keinen Schutz. Mit uns Deutschen kann jeder Pole und Tscheche machen, was er will. Langsam wird immer weniger gesprochen, bis überall nur noch ein leises Zischen zu hören ist. Jetzt sind alle eingeschlafen, nur ich kann einfach nicht mehr schlafen. Immer wieder quälen mich dieselben Gedanken: Wieso können wir nicht in unser eigenes Haus zurück? Und meine Mutter muss auf einem Gutshof arbeiten, der einem Deutschen gehörte, den aber ein Pole jetzt sein Eigen nennt. Der kennt sich nicht einmal mit Ackerbau und Viehzucht aus. Die reinste Katastrophe! In unserer Gegend ist im wahrsten Sinne des Wortes der Knecht zum König geworden.

Die als Flüchtlinge wieder zurückgekommen sind, dürfen auf ihren eigenen Hof nicht mehr zurück. Sie werden gesammelt und in ausgebombte, leer stehende Häuser gezwängt und bei Tage zur Arbeit abgeholt. Ich bin gespannt, wie es weitergehen wird.

Wieder ist ein neuer Tag da. Meine Mutter ist schon längst wieder unterwegs. Diesmal hat sie meinen kleinen Bruder hier gelassen. Sie will den Polen fragen, ob er für uns eine Bleibe weiß. Gegen Mittag steht ein Leiterwagen vor unserer Tür. Meine Mutter kommt mit dem Polen. Er hat für uns ein neues Zuhause gefunden, ganz in seiner Nähe. Ein kurzer, herzlicher Abschied und dann sitzen wir wieder auf dem Wagen, wie damals auf der Flucht. Es dauert gar nicht lange und dann sind wir am Ziel. Zunächst wohnen wir in einer stillgelegten Windmühle. Es ist die Mühle von Zeyer in der Elbinger Niederung. Die Räume sind hell, teilweise groß und sogar mit alten Möbeln ausgestattet. Egal, wie schön alles sein mag, es ist nicht unser Zuhause. Doch wir müssen uns damit abfinden, es gibt kein Zurück! Beim Umschauen hat meine Großmutter eine Entdeckung gemacht. Sie hat eine Kammer mit großartigen Vorräten entdeckt. Unsere Freude ist einfach nicht zu beschreiben. Meine Großmutter weint sogar vor Freude. Aber wir dürfen von dieser Entdeckung niemandem erzählen. Sie bleibt unser Geheimnis. Doch die Gerüche, die oft aus unserer Küche dringen, haben uns wohl selbst verraten.

Weil ich immer etwas Fieber habe, muss ich am Nachmittag für eine Stunde zu Bett. Plötzlich geht die Türe auf und es steht eine Gruppe polnischer und tschechischer Militärpolizisten in unserem Zimmer. Sie fordern uns in ihrer Sprache zu etwas auf, das wir nicht verstehen. Dabei gucken sie ganz wild um sich und fuchteln mit ihren Armen in der Luft herum. Schließlich sehen sie sich selbst überall um. Ein Glück, dass sie die Speisekammer nicht entdecken. Dann ziehen sie ihre Säbel und fahren damit überall unter Betten und Schränken hindurch. Dabei werden sie fündig. Ein dünnes, schwarzes Kleid, das meine Großmutter ganz schnell zusammengerollt und unter dem Nachttisch versteckt hat, wird von der Miliz entdeckt. Händeringend bittet sie, es ihr doch zurückzugeben. Sie stehen wie Riesen vor ihr und brechen in höhnisches Gelächter aus. Ich sitze im Bett und habe mich bis über meine Nasenspitze zugedeckt. Vor Angst zittere ich am ganzen Körper. Ich kann sie genau beobachten. Jetzt überlegen sie nämlich, wo sie noch suchen sollen. Dann springen sie plötzlich an mein Bett und ziehen mir die Bettdecke weg, rollen sie ein und wollen sie mitnehmen. Nun hat sich meine Großmutter nicht mehr in der Gewalt. Sie springt ihnen entgegen und versucht, ihnen die Zudecke zu entreißen. Doch einer der Polizisten ist schneller. Mit geballter Wut nimmt er seinen Säbel und schlägt meiner Großmutter damit auf den Handrücken. Der Aufschlag ist so heftig, dass das Blut wie eine Fontäne bis zur Zimmerdecke spritzt. Das ganze Zimmer hat sich von einem Augenblick auf den anderen in ein bedrohliches Schlachtfeld verwandelt. Als meine Großmutter vor ihnen zusammensinkt, lassen sie ihre spärliche Beute liegen und verschwinden so hastig, wie sie gekommen sind. Sie liegt eine ganze Weile so da. Das Blut quillt immer noch aus ihrer Wunde. Ganz leise sagt sie mir, ich solle ihr ein Handtuch bringen. Vorsichtig setzt sie sich auf und wickelt ganz fest dieses große Tuch um ihre Hand. Sie kann nicht aufstehen, sie wird wieder ohnmächtig. Ich möchte ihr so gerne helfen, aber ich weiß nicht wie. Am liebsten möchte ich meine Mutter holen, doch ich weiß nicht genau, wo sie arbeitet. Jedenfalls will ich es versuchen, sie zu finden. Es sind hier auch nicht viele Häuser, darum dürfte es nicht allzu schwer sein. Aber kaum bin ich draußen, da stehen auch schon einige Polenjungs draußen und rufen mir zu: „Du bist ein deutsches Schwein, du musst geschlachtet werden!" Dann werfen sie mit Steinen nach mir. Aber ich laufe so schnell, dass sie mich nicht treffen. Zum Glück laufen sie mir nicht nach. Dann bleibe ich vor einem Haus stehen, weil ich meine, dass hier meine Mutter sein könnte. Aber man kann nirgends hineinsehen, weil eine hohe Hecke und ein großes Tor die Sicht versperren. Mit aller Kraft schiebe ich das Tor auf und kann genau zum Hauseingang sehen. Ja, hier ist es, hier arbeitet meine Mutter. Mein kleiner Bruder spielt mit einem anderen Kind vor der Haustür. Und da ist auch schon meine Mutter vor der Tür. Sie hat mich kommen sehen. Nun kann ich ihr berichten, was passiert ist. Eiligst packt sie ihre Sachen zusammen, nimmt meinen kleinen Bruder und läuft mit mir nach Hause. Die ganze Nacht muss meine Mutter die verletzte Hand unserer Großmutter immer wieder neu verbinden. Großmutter hat große Schmerzen. Erst gegen Morgen wird sie ruhiger.

Heute bleibt meine Mutter zu Hause. Sie kann unsere Großmutter nicht allein lassen. Auch am folgenden Tag kann sie nicht fort. So bleibt sie sogar einige Tage bei uns. Doch dann steht auch schon der polnische Bauer vor unserer Tür und fordert meine Mutter sehr energisch auf mitzukommen. Da zeigt sie ihm die Hand unserer Großmutter. Zum ersten Mal sehe ich in ein erschrockenes Gesicht. Meine Mutter muss nun doch mitfahren, aber einige Stunden später ist der Bauer wieder vor unserer Tür und gibt eine ganze Tüte Verbandszeug bei uns ab. Großmutter weiß nicht, was sie dazu sagen soll. Er ist also doch ein Mensch, der Mitleid hat.

So vergeht eine ganze Zeit. Die Russen nebenan in einer stillgelegten Molkerei feiern noch immer mit Wodka ihren Sieg über Deutschland. Sie feiern Tag und Nacht. Alle Kinder, die sie draußen sehen, werden hereingeholt und sogar mit Keksen beschenkt. Ich gehöre auch dazu. Manchmal setzen sie uns auf den Tisch und führen uns ihre russischen Tänze vor. Ich möchte gerne raus, aber ich kann nicht. Sie halten uns wie Fliegen gefangen. Sie riechen nicht nur furchtbar, sie haben auch noch Läuse. Sogar auf ihren Jacken kann man sie genau sehen, wie sie langsam und schwerfällig herumkrabbeln.

Zu Hause erzähle ich dann, was ich alles bei den Russen gesehen habe. Voller Entsetzen werde ich sofort untersucht, ob ich nicht Läuse mitgebracht habe. Und in der Tat, eine ganze Reihe werden auf meinem Kopf entdeckt. Jetzt gibt es viel zu tun. Sofort wird mein Kopf gewaschen. Aber die Läuse sind hartnäckig. Fortwährend muss ich mich am Kopf kratzen, teilweise kratze ich mir sogar wunde Stellen. Und die wollen auf einmal nicht mehr zuheilen. Im Gegenteil, sie werden größer und fangen an zu eitern. Wahrscheinlich ist es dieselbe Hauterkrankung, die meine Mutter hat. Denn ihre Geschwüre sind immer noch nicht ganz abgeheilt.

Jetzt wird jede Idee für meine Heilung ausprobiert. Obwohl draußen der Frost schon bei Nacht einsetzt und gegen Morgen alles mit Raureif überzogen ist, sucht meine Großmutter unter trockenem Laub nach Heilkräutern. Ich kann mich vor Jucken und gleichzeitigem Brennen nicht mehr halten. Meine Haare sind von dem stinkendem Eiter total verklebt. Sie sind einfach nicht mehr zu kämmen. Die Läuse tun ein Übriges. Sie sitzen nämlich unter der Eiterkruste und vermehren sich in unvorstellbarer Weise. Als sich meine Mutter meinen Kopf genau ansieht, fängt sie zu weinen an. Das tut sie immer, wenn sie richtig verzweifelt ist. Da hat meine Großmutter eine Idee. Sie nimmt die Schere und schneidet mir alle Haare ab. Ganz kann sie sie nicht abschneiden, weil der Schorf auf den Geschwüren ziemlich dick ist. Aber jetzt kann man wenigstens den Läusen zu Leibe rücken. Und die sind nur mit einem einzigen Mittel totzukriegen, und zwar mit Petroleum. Also wird ein großer Lappen damit getränkt, schön auf meinen Kopf gedrückt und anschließend alles dicht verbunden, sodass keine Laus fliehen kann. Aber für meinen kleinen Kopf muss das wohl auch zu viel gewesen sein, denn ich kann mich an die Stunden danach nicht mehr erinnern. Der Schmerz war einfach zu groß. Es war eine Radikalkur. Sie hätte auch böse ausgehen können. Denn jetzt kann man das rohe Fleisch auf meinem Kopf sehen. Nicht nur die Läuse sind jetzt radikal beseitigt, sondern auch aller Schorf hängt an dem feuchten Petroleumtuch. Ein entsetzlicher Anblick. Aber hier war keine andere Hilfe möglich. Immer wenn die Herbstsonne sich besonders hell sehen lässt, setze ich mich mit meinem kahlen Kopf nach draußen und lasse mich von den letzten, warmen Strahlen bescheinen. Und das tut gut!

Der verwundete Handrücken unserer Großmutter will einfach nicht heilen. Rohe Fleischmassen dringen durch die offene Wunde. Die Hand ist blaurot geschwollen und die Finger sind doppelt so dick wie sonst. Sie bräuchte Salbe und eigentlich müsste die breite Schnittwunde auf dem Handrücken auch geklammert werden. Sie hört von einem Arzt, der ganz in unserer Nähe wohnt. Den sucht sie nach einigen Überlegungen auf. Aber der verweigert ihr seine Hilfe, und das nur, weil sie Deutsche ist. Ja, nun wissen wir es ganz genau, wir sind Gehasste in unserem eigenen Land. Einige Tage später, als die Schmerzen wieder unerträglich werden, sucht sie eine Apotheke auf. Die hat erst kürzlich aufgemacht. Bei strömenden Regen scheut Großmutter sich nicht, zehn Kilometer zu Fuß dorthin zu gehen. Zuerst ist die Tür verschlossen. Auch als sie anhaltend klopft, öffnet ihr niemand. Völlig durchnässt bleibt sie vor der Tür stehen und wartet. Endlich, nach langer Zeit geht ein Fenster gerade neben der Tür auf und eine Frauenstimme fragt in polnischer Sprache etwas. Verständlicherweise kann Großmutter die Sprache nicht verstehen. Sie versucht ihr Anliegen zu erklären. Dabei zeigt sie auf ihre verbundene Hand. Zuerst entsteht eine lange Pause. Ob die Frau überlegt? Schließlich beugt sie sich aus dem Fenster und schreit Großmutter in gebrochenem Deutsch wortwörtlich an: „Wir haben für Deutsche nichts!" Ehe meine Großmutter noch was sagen kann, wird das Fenster lautstark zugeschlagen. Ja, nun muss sie wieder mit ihren nassen Kleidern den langen Heimweg antreten. Was ist nur geschehen, dass ihr niemand helfen will? Diesmal hat sie den kalten Wind im Rücken, der sie regelrecht nach Hause schiebt. Sie erzählt uns das alles in einem weinerlichen Ton, dabei zieht sie langsam ihre nassen Kleider aus. Meine Mutter trocknet sie mit einem

Handtuch ab und reicht ihr trockene Sachen. Immer muss ich sie anschauen, wie sie nachdenklich mit gefalteten Händen vor dem warmen Ofen sitzt.

Am Morgen hält ein großer Lastwagen vor unserer Tür. Wer wird das wohl sein? Wie auf Kommando sehen wir alle zum Fenster hinaus. Eine dicke Frau, sehr bunt gekleidet mit langen schwarzen Haaren, langen Ohrringen und goldenen Armreifen, betritt mit ihrem Mann zusammen unsere Wohnung und sie erklären uns, dass dieses Haus ihr Haus ist und wir sofort raus müssen. Wir können ihre Sprache diesmal besser verstehen. Ihr Mann steht neben ihr. Klein und schmächtig erscheint er im Vergleich zu ihr. Seine schwarzen Haare sind lang und gerade zurückgekämmt. Sie sehen aus, als ob sie vorher in einen Schmalztopf getaucht worden wären, so glänzen sie. Bei allem, was sie sagt, nickt er nur. „Aber wo sollen wir denn hin?" fragen wir. Sie zuckt mit den Schultern. Wie es scheint, ist es ihr egal. Dann verschafft sie sich mit ihren Ellenbogen Platz, geht allen voraus, reißt die Türen mit Gewalt auf, sodass sie wieder mit aller Wucht zurückschlagen. Aber wir rühren uns nicht. Wir bleiben auch. Jetzt fangen die beiden an, ihre Habseligkeiten hineinzutragen. Sie nehmen wirklich alles in Besitz. Was auf dem Tisch steht, wird einfach mit einer schnellen Armbewegung vom Tisch geschoben. Verstreut liegen überall Scherben herum. Die stören sie nicht, sie laufen einfach weiter drüber und zertreten sie dabei immer mehr. Im Schlafzimmer machen sie es ähnlich. Unsere Zudecken werden mit Gewalt in eine Ecke geworfen und dann machen sie sich mit ihren Kissen in unseren Betten breit. Schließlich räumen sie unsere kleine Habe, die uns eigentlich auch nicht mehr gehört, in eine Ecke. Dabei schreien sie uns unentwegt an: „Raus mit euch, ihr deutschen Schweine!" Wir würden ja auch gehen, wenn wir nur wüssten wohin. Wir können doch nicht draußen im Freien bleiben, denn dafür ist es jetzt schon zu kalt. Also ziehen wir uns in eine Ecke zurück und warten ab, was nun geschehen soll. Inzwischen ist meine Mutter zu dem Bauern gelaufen, bei dem sie arbeitet. Er soll uns sagen, was wir machen sollen. Bald steht er mit einer großen Liste vor uns. Auf dieser Liste stehen die Namen aller Leute, die hier wohnen dürfen. „Ja, richtig, diese Leute dürfen hier wohnen und Sie", dabei zeigt er auf uns, „Sie müssen leider raus." – "Wohin?" – "Da unten, in das kleine Haus", sagt er und zeigt mit dem Finger darauf. Wieder umziehen. Langsam bekommen wir Übung. Eiligst packen wir alles zusammen und ziehen in das ganz kleine Haus. Es sieht gar nicht schlecht aus. Es ist die alte Hufschmiede unterhalb der Mühle. Vom Berg aus habe ich sie schon immer bewundert. Sie liegt so ganz unter großen Bäumen versteckt, als sollten sie sie beschützen.

Wenn man zur Tür hineinkommt, ist gleich die Küche zu sehen. Rechts und links sind zwei kleine Stübchen. Links wohnen schon Leute, und rechts dürfen wir einziehen. Es stehen auch schon ein paar Sachen drin. Wenn wir noch etwas brauchen, sollen wir uns melden. Jetzt haben wir es bald besser als zuvor. Wenn auch alles sehr klein ist, aber es ist alles viel gemütlicher. Bald haben wir uns mit unserer wenigen Habe recht gemütlich eingerichtet. Auf einmal klopft es an unsere Tür. Meine Großmutter öffnet und ist sprachlos. Der kleine Mann aus der Mühle, mit seinen fettigen, glänzenden Haaren, steht vor der Tür. Er reicht uns einen großen Karton und geht ohne Worte wieder. Schweigend stellt Großmutter den Karton auf den Tisch und öffnet ihn. Zuallererst liegt ein großes, dickes Weißbrot vor uns. Anschließend kommen die vielen Vorräte aus der Speisekammer zum Vorschein. Jetzt wissen wir's: Wir tun ihm Leid! Später stellt er uns öfters bei Dunkelheit heimlich einen Karton mit Lebensmitteln vor die Tür. Manchmal schaut er uns an, wenn er uns etwas bringt, und zischt durch die Zähne. Dabei legt er den Zeigefinger auf den Mund. Das heißt wohl so viel wie, dass wir nichts sagen sollen. Ach, wie dankbar sind wir diesem fremden Mann. Wie ein Engel kommt er uns vor.

Ein heftiges Schneetreiben hat eingesetzt. Der Winter hat wieder seinen Einzug gehalten. Vor unserer Haustür hat sich der Schnee hoch aufgetürmt. Nebenan hören wir deutlich das Schreien eines Babys. Es ist heute Nacht geboren worden. Aber es lebt nicht lange. Einige Tage später müssen sie es beerdigen. Sie hatten keine Milch, die sie ihm geben konnten. Die Mutter ist so schwach, dass sie viele Wochen im Bett bleiben muss. Eine alte Frau pflegt sie Tag und Nacht. Und als es der kranken Frau wieder besser geht, muss sie die alte Frau zu Grabe tragen. Die war allerdings eine merkwürdige alte

Frau. Man sagte über sie, dass sie ein seltenes Geheimnis mit sich trug. Bei Lebzeiten fürchteten wir uns vor ihr. Ihr langes Haar war zu einem dünnen Knoten zusammengedreht. Aber die restlichen hingen ihr dennoch ins Gesicht wie wilde Strähnen. Die lange, große Nase und das spitze, vorgeschobene Kinn, ihre gebeugte Haltung und ihr schleifender Gang: Ja, sie erinnerte mich wirklich an die Hexe von „Hänsel und Gretel". Nun ist sie tot oder nicht? Viele Wochen hören wir über uns auf dem Dachboden ihre schleifenden Schritte. Jedenfalls behauptet meine Großmutter, dass sie das sei. Sie habe etwas Böses getan und nun fände sie keine Ruhe. Vielleicht ist es auch der Wind, der durch die Dachziegel weht, denke ich für mich.

Mein kleiner Bruder und ich haben uns draußen einen Schneemann gebaut. Sieht gar nicht mal schlecht aus. Lange können wir uns draußen nicht aufhalten, denn wir haben keine richtige Winterkleidung. Und meine Haare wachsen auch nur sehr langsam. Überraschenderweise sind sie jetzt nicht mehr hellblond, sondern richtig dunkel. Aber was macht das schon? Wenigstens erkennt man nicht mehr so schnell, ob ich Deutsche bin oder Polin.

Mein kleiner Bruder und ich sitzen jetzt viel am Fenster und schauen zu, wie die vielen Schneeflocken sich draußen auf unserem Fensterbrett auftürmen und zu schönen weißen Kissen werden. Sogar auf den Ästen und Sträuchern bleibt der Schnee liegen. Draußen ist alles still und weiß geworden. Kein Mensch ist zu sehen. Jeder versucht, seine Wohnung irgendwie warmzukriegen. Hier hält keiner eine Tür oder ein Fenster auch nur einen Spalt breit offen. Jeder ist bedacht, mit seinem Brennholz durch den Winter zu kommen. An unserem kleinen Haus, in dem wir jetzt wohnen dürfen, ist ein kleiner Stall angebaut. In diesem Stall haben wir reichlich Brennholz entdeckt. Doch wir haben uns zu früh gefreut.

Eines Tages stehen zwei Polenfrauen, die gemeinsam einen großen Korb tragen, vor unserer Tür. Sie stoßen die kleine Haustür mit dem Fuß auf und rufen uns in ihrem gebrochenen Deutsch zu: „Diese Holz nix euch, wir hollen, ja!" Dabei zeigen sie mit ihrer Hand auf den Stall. Meine Großmutter läuft ihr nach und fragt sie, wo wir unser Holz denn holen dürfen. Sie bleiben plötzlich stehen und schreien sie an, schimpfen in ihrer Sprache und bespucken sie dabei. Meine Großmutter ist entsetzt, wischt sich mit der verbundenen Hand den Schleim aus dem Gesicht und kommt langsam wieder zurück. Eine ganze Weile hören wir sie noch lachen, bis sie hinter der nächsten Wegbiegung verschwunden sind. Wieder einmal ist es ihnen gelungen, eine alte, deutsche Frau zu verunsichern.

Jeden Morgen geht nun unsere Großmutter und sammelt Holz. Sie holt es von Straßenrändern und ausgebombten Häusern. Für sie ist es eine mühsame Arbeit. Wenn sie dann endlich zu Hause ist, geht ihr Atem so schwer, dass sie kaum Luft bekommt. Oft pfeift es aus ihrem Mund so, als hätte sie eine Trillerpfeife verschluckt. Meine Mutter muss nun noch einige Zeit länger arbeiten. Dafür bekommt sie ein kleines Bündel Holz dazu. Immer deutlicher müssen wir feststellen, dass wir in unserem eigenen Land Fremdlinge geworden sind. Und es wird uns auch fast jeden Tag neu eingeschärft.

Einmal spielten mein kleiner Bruder und ich ein bisschen weiter vom Haus entfernt. Von weitem sahen wir einige Leute auf uns zukommen. Als sie fast vor uns standen, scheuchten sie uns wie Hühner von der Straße. Dabei klatschten sie in die Hände und bewegten hastig die Arme nach vorne. Manchmal heben auch die polnischen Kinder Steine auf und bewerfen uns damit. Ein andermal lauern sie schon lange hinter Sträuchern und Zäunen und warten nur darauf, uns zu verhauen. Sehr oft gelingt es ihnen auch. Einige halten uns fest und die anderen treten mit ihren Schuhen auf uns ein. Manchmal müssen wir für eine Weile im Haus bleiben, weil wir vor lauter Schmerzen einfach nicht auf den Beinen stehen können und auch das Gesicht ganz dick verschwollen ist. Was sollen wir tun? Meine Großmutter und meine Mutter haben Angst, etwas zu sagen. Sie könnten uns wieder aus dem Haus jagen. Das machen sie mit allen Deutschen, die sich beschweren. So ziehen wir es vor, lieber im Haus zu bleiben. Wir verlassen das Haus nur in Begleitung unserer Großmutter. Meine Mutter ist ja jeden Morgen bei der polnischen Bäuerin und verpflichtet, ihr zu helfen. Sie hat uns versprochen, auch dort nichts zu sagen. Hier kann man niemandem trauen. Manchmal sind sie sogar am Tag freundlich, aber in der Nacht verwandeln sie sich in Räuber und Mörder.

Aber eines hat sich meine Mutter vorgenommen. Sie möchte den Polen, bei dem sie arbeitet, bitten, ihr doch die wenigen Sachen, die vielleicht noch in unserem eigenen Haus liegen, zu holen. Er allein weiß, wie man dort hinkommt. Ob er es vielleicht tut?

Eisige Stürme wehen über unser Häuschen. Die Fenster haben wir mit alten Lappen abgedichtet. Der kleine Ofen muss für beide Räume Wärme verbreiten. Aber es fehlt uns an Brennholz. Mit dem, was wir haben, wird sparsam umgegangen. Bei dieser eisigen Kälte kann meine Großmutter nicht hinausgehen und Holz sammeln. Ihr Husten wird immer schlimmer, dazu hat sie starke Schmerzen auf der Brust. Aber sie lässt sich nichts anmerken. Sie hat sich in Decken gewickelt, sitzt still am Ofen und blickt immer in Richtung Fenster. Sie scheint uns gar nicht richtig wahrzunehmen. Jedenfalls sieht es so aus. Sie sieht müde aus. Aber ins Bett kann sie sich nicht legen, weil sie ja auf uns Kinder aufpassen muss.

Mit den Mahlzeiten wird es auch immer weniger. Es ist nichts mehr da, was wir kochen könnten. Die letzten Vorräte aus dem vorigen Haus sind restlos aufgebraucht. Jetzt haben wir nur das, was uns unsere Mutter jeden Abend von ihrer Arbeitsstelle mitbringt. Und das reicht nur für eine Mahlzeit für uns vier. Manchmal reicht's auch noch knapp für den nächsten Tag. Aber das kommt selten vor. So langsam gewöhnen wir uns an eine Mahlzeit pro Tag. Wie es scheint, macht es mir nichts aus. Aber mein kleiner Bruder weint jetzt noch öfter und schläft oft vor Schwäche länger am Tag. Zu gerne würde meine Großmutter einmal in die Mühle gehen, wo vor kurzem die Polen eingezogen sind. Vielleicht würden sie ihr etwas geben. Nicht für sie, nein, nur für meinen kleinen Bruder, der schon so schwach ist. Sie traut sich nicht, denn es könnte für uns lebensgefährlich werden. Die Spuren im Schnee würden uns verraten. Die Absprache galt für alle Polen, keinem Deutschen zu helfen. Nur wenn man bei ihnen arbeitet, bekommt man eine Kleinigkeit zu essen. Das, was meine Mutter zusätzlich an Nahrungsmitteln mitbringt, hat sie sich heimlich eingesteckt. Es sind die Essensreste, die sie eigentlich den Schweinen geben sollte. Zum Glück wird sie nicht kontrolliert. Vielleicht wissen sie es auch längst und haben trotzdem nichts gesagt.

Die winterliche Sonne erhellt heute besonders den spärlich beheizten Raum, in dem wir uns den Tag über aufhalten, und erwärmt ihn noch zusätzlich. Ein großer Topf mit Wasser wird auf dem Herd erhitzt, denn mein kleiner Bruder und ich sollen heute tüchtig gewaschen werden. Zuerst kommt mein kleiner Bruder an die Reihe. Er zittert wie Espenlaub. Seine kleinen Zähne klappern wie wild aufeinander. Immer wenn etwas Neues auf ihn zukommt, hat er Angst. Aber es hilft nichts, er sitzt nun in der großen Schüssel mit warmem Wasser und wird tüchtig mit Kernseife abgewaschen. Die Kernseife ist für alles gut. Sie ist das einzige Reinigungsmittel, das wir besitzen. Damit wird nicht nur die Wäsche gewaschen, sogar Wunden werden damit ausgewaschen. Die Wunde, die meine Großmutter noch immer an ihrer linken Hand hat, badet sie täglich in warmem Kernseifenwasser. Es reinigt sie und lindert die Schmerzen.

Mit Schrecken stellt meine Großmutter bei meinem kleinen Bruder fest, wie mager und welk seine Haut geworden ist. Seine Kniegelenke sind dicker als seine Oberschenkel. Auch die Schultergelenke sind auffallend dick. Schweigend trocknet sie ihn ab und legt ihn zu Bett. Sie kann es nicht verstehen, was aus dem kleinen Jungen, der immer so mollig war, geworden ist. Bei mir stellt sie dann überall kleine Knoten in den Arm- und Kniebeugen fest. Sogar unter den Armen und unter dem Brustkorb treten sie auffallend hervor. Aber Schmerzen habe ich keine. Dennoch sehe ich das Entsetzen in den Augen meiner Großmutter. Nun liegen wir beide, mein kleiner Bruder und ich, im Bett und wärmen uns gegenseitig. Wir bleiben so lange unter der Zudecke, bis unsere gewaschenen Kleider wieder trocken sind. Ständig geht unsere Großmutter hin und her. Sie macht sich Sorgen, das kann man sehen. Sie betet und weint richtig laut. Wenn jemand draußen vorbeigegangen wäre, hätte er dieses Jammern auch vor dem Haus mitbekommen. Aber da war ja niemand. Wir sind richtig hoch eingeschneit. Wenn wir die Haustür aufmachen würden, käme uns der ganze Schnee ins Haus gerutscht. Draußen ist keine einzige Schneespur zu sehen. Die einzige Spur jeden Morgen und Abend ist die unserer Mutter. Doch bis sie nach Hause kommt, dauert es noch eine ganze Weile. Wir haben Hunger und wissen nicht, was wir essen können. Im

Schrank steht noch eine große Tüte Weizen. Einen Teil der Weizenkörner weicht unsere Großmutter in lauwarmem Wasser ein und den anderen Teil mahlt sie in einer alten Kaffeemühle zu Mehl. Ich beobachte sie, wie sie die Kaffeemühle zwischen ihre Knie klemmt und mit aller Kraft den kleinen Schwengel dreht. Es dauert lange, bis die kleine Schublade mit dem Geschroteten voll ist. Nun schüttet sie die gequollenen Weizenkörner in einen Topf mit Wasser und lässt sie dort lange kochen. Erst als die Körner weich werden, schüttet sie auch das übrige gemahlene Schrot hinzu und lässt alles noch eine Weile kochen, bis der Brei fertig ist. Etwas Salz kommt noch dazu. Als mein kleiner Bruder den ersten Löffel zum Mund führt, verzieht er doch ein bisschen sein schmales Gesicht. Seine kleinen Augen sehen auf einmal richtig groß aus mit dunklen Schatten darunter. Wenn er den Mund aufmacht, stehen plötzlich seine kleinen Zähne richtig groß vor. Ja, jetzt sehe ich es auch, dass er sehr schmal und blass geworden ist. Aber dann isst er seinen Brei voller Begierde. Es ist der übergroße Hunger, der ihn dazu zwingt. Nun sitzen wir drei voller Zufriedenheit und essen weiter unseren neuen Brei. Er schmeckt wirklich gut. Und unsere Großmutter ist voller Freude, dass er uns tatsächlich schmeckt. Jetzt sind wir zum ersten Mal richtig satt und zufrieden. Wir fangen nämlich an herumzutoben und haben gar keine Lust mehr, im Bett zu bleiben. Aber unsere Kleider werden heute nicht mehr trocken, darum müssen wir leider doch im Bett bleiben. Unsere Großmutter setzt sich zu uns und gibt uns Antworten auf Fragen, die wir immer wieder neu stellen. Sie wird dabei gar nicht müde. Und schließlich, weil es schon dunkel geworden ist, sollen wir auch langsam ans Einschlafen denken. Unsere Großmutter betet mit uns, wie sie es in alter Weise immer tut: „Müde bin ich, geh zur Ruh, schließe meine Augen zu. Vater, lass die Augen dein über meinem Bette sein." Ich frage meine Großmutter, ob ich das Auge des himmlischen Vaters auch sehen kann. „Nein", sagt sie, „sehen kannst du es nicht, aber spüren kannst du es, wie er uns bewacht hat, wenn es lebensbedrohlich wurde." Und dann zählt sie uns viele Ereignisse aus der vergangenen Zeit auf, bei denen wir sichtbar bewahrt wurden. Da muss ich ihr Recht geben. Wir haben jede Menge Hilfe erlebt, wo keine zu erhoffen war. Ja, das stimmt wirklich, ich kann mich noch erinnern ... Auch heute haben wir zu essen gehabt und sind satt geworden.

Wir haben diesmal unsere Mutter nicht nach Hause kommen hören, so tief haben wir diese Nacht geschlafen. Der helle Morgen mit seiner winterlichen Sonne scheint schon längst in unsere ärmliche Stube. Die Türe zu unserem kleinen Schlafzimmer steht weit offen, damit es nicht zu kalt ist. Aber das kleine Fenster taut nicht auf, es ist mit dicken Eisblumen zugefroren. Ich höre leises Rascheln. Meine Mutter bereitet sich wieder auf den winterlichen Weg vor. Jeden Tag muss sie zur Arbeit. Bei jedem Wind und Wetter. Wenn sie am Morgen in das Haus des polnischen Bauern kommt, schlafen noch alle. Sie muss Feuer machen, den Tisch decken. Die Frau des Polen bekommt ihr Essen ans Bett gebracht. Dann muss unsere Mutter im Stall die Schweine füttern, Kühe melken und die Hühner herauslassen. Es ist viel Arbeit für sie. Heute möchte ich ihr so vieles erzählen, aber sie hat keine Zeit. Sie bleibt nur hier, wenn sie sich krank fühlt. Aber dann schläft sie den ganzen Tag. So geht es schon viele Wochen und Monate. Hoffentlich hält sie diese Belastung noch lange durch. Denn wenn sie überhaupt nicht mehr arbeiten würde, dann hätten wir alle nichts mehr zu essen. Und sie käme dann zur Strafe in ein Lager. Wer da einmal hineinkommt, kommt nicht mehr lebend heraus. Ach, es ist alles schrecklich. Es muss wohl alles so weitergehen.

Das Holz für den Ofen reicht einfach nicht aus. Weil alles verschneit ist, kann man auch kein Holz suchen. Heute nimmt meine Großmutter allen Mut zusammen und will sich im Holzstall nebenan, trotz Verbot, einen Korb Holz holen. Bei der großen Menge fällt es doch überhaupt nicht auf, wenn da einige Körbe fehlen. Außerdem ist es ja noch dunkel, wer sieht das schon? Als sie mit großem Herzklopfen vor der Tür steht und sie öffnen will, ist die Türe mit Brettern vernagelt. Die bekommt so schnell keiner auf. Durch den Türspalt erkennt man auch genau, dass niemand etwas von dem Holz geholt hat. Sie haben die Tür nur versperrt, damit wir Deutschen nichts davon nehmen können. Keiner holt es und wir dürfen es auch nicht nehmen. Wir könnten es so nötig gebrauchen, aber wir müssen weiterfrieren.

Mein Bruder und ich müssen noch immer im Bett bleiben. Unsere Kleider sind noch nicht trocken. Den Weizenkornbrei hat unsere Großmutter heute mit Milch verdünnt, das ist unser Frühstück. Da klopft es auf einmal an unserer Tür. Ein großer Mann steht mit einer Axt im Türrahmen und fragt uns, wo denn der Holzstall sei. Meine Großmutter geht auf ihn zu und zeigt nach draußen auf den Stall. Jetzt erkennt sie den Polen, bei dem unsere Mutter arbeitet. Mit schnellen Schritten geht er auf den Stall zu und schlägt mit wuchtigen Hieben auf die Tür ein. Die Tür fliegt mit einem Schlag auf. „So", sagt der Pole, „das Holz gehört Ihnen ganz allein. Sie sollen mit den Kindern nicht frieren. Wenn sie Ärger bekommen, melden sie sich sofort bei mir." Das alles sagt er in einem gebrochenen Deutsch zu uns, aber wir können es gut verstehen. Ehe sich meine Großmutter noch bedanken kann, ist er auch schon wieder fort. Dann dreht er sich noch einmal um und ruft uns zu: „Morgen, ich komme wieder, dann wir sehen weiter!" Ab heute haben wir eine warme Stube. Und keiner darf uns das Holz streitig machen.

Nun sitzen wir in der warmen Stube am Fenster und warten auf den Polen. Warum will er noch einmal wiederkommen? Wir können seinen Besuch gar nicht abwarten. „Hoffentlich hat die ganze Holzgeschichte nicht doch einen Haken", sagt meine Großmutter. Endlich sehen wir ihn kommen. Zwei Pferde ziehen einen Bretterwagen und auf dem Wagen sitzt der Pole. Diesmal ist er ganz dick angezogen, sogar über seine Pferde hat er eine Decke gespannt. Genau vor unserer Haustür hält er. Er steigt ab, klopft sich die Schuhe ab und kommt einfach ins Haus. Jetzt erklärt er unserer Großmutter, was er vorhat. Er will heute in unser eigenes Haus, das wir so fluchtartig im Spätherbst verlassen mussten. Unsere wenigen, aber sehr wichtigen Habseligkeiten, die wir zurücklassen mussten, will er uns alle herausholen, wenn es irgend geht. Aber ganz alleine ist das sehr gefährlich. Darum will er oben in die alte Mühle gehen und den Mann fragen, ob er auch mitfährt. Daraufhin stapft er zielstrebig durch den Schnee, schnurstracks zur alten Mühle. Es dauert auch gar nicht lange, und sie kommen zu zweit wieder heraus. Sie haben etwas in eine Decke eingewickelt. Vor unserer Tür wickeln sie es kurz auf und schnell wieder zu. Aber wir erkennen, dass es ein Gewehr ist. Und nun sehen wir die beiden im Trab weiterfahren. Zuvor aber hat Großmutter ihm doch noch erzählt, wo sie den Steintopf mit der Marmelade versteckt hat.

Jetzt ist alles wieder still. So schnell, wie sie gekommen sind, sind sie auch wieder verschwunden. Wir sind alle sprachlos, dass die beiden Polen diesen Weg für uns machen wollen. Das könnte auch für sie lebensgefährlich werden. Es gehört viel Mut dazu, in dieser unsicheren Zeit ein abgelegenes Grundstück aufzusuchen.

Fast den ganzen Tag ist unsere Großmutter guter Dinge. „Wenn ihnen das gelingt, haben wir wieder Kleider und Wäsche zum Wechseln. Jedenfalls das, was uns damals die Leute von der anderen Seite des Flusses wiedergebracht haben", sagt unsere Großmutter. Ach, wie wäre das schön, wenn sie uns die Sachen bringen würden!

Wir haben heute unsere gewaschenen Kleider wieder angezogen. Weil unsere Stube jetzt wärmer ist, trocknet alles auch besser. Wir könnten heute auch raus und uns im Schnee austoben. Aber es ist besser, wenn wir im Haus bleiben. Deutsche Kinder sind den Polen ein Dorn im Auge. Aber wie wir nun feststellen, nicht allen. Es gibt auch andere, wie zum Beispiel diese zwei Polen.

Es ist jetzt meine Aufgabe, das Holz aus dem Stall ins Haus zu tragen. Ich kann zwar nicht viel tragen, aber das macht nichts. Ich habe ja noch junge Beine, meint meine Großmutter. Jedes Mal, wenn ein Holzscheit in den Ofen gelegt wird, setzen mein kleiner Bruder und ich uns davor und sehen zu, wie das Feuer so lange an dem Holzstück herumzüngelt, bis es langsam zusammenfällt. Wenn es dann allmählich verbrennt, verbreitet sich eine wohlige Wärme. Unsere Mutter ist heute früher nach Hause gekommen als sonst. Wir sind alle gespannt, was die Banditen in unserem Haus noch übrig gelassen haben, und warten auf die beiden Polen. Da werden wirklich Minuten zu Stunden. Bei jedem Geräusch laufen wir zum Fenster und sehen nach draußen, ob es schon der Wagen ist. Aber nein, wir haben uns getäuscht. Langsam wird es dunkel. Hoffentlich ist nichts passiert und hoffentlich werden sie von den Räubern nicht verfolgt. Nicht auszudenken, was dann noch alles geschehen könnte! Doch dann hören wir Pferdegewieher und das Geräusch eines Fuhrwerks. Kein Zweifel, sie sind es. Fast gleichzeitig laufen

Mutter und Großmutter zur Türe und wir eiligst hinter ihnen her. Der Wagen hält genau vor unserer Tür und beide Männer steigen herunter. Im Halbdunkeln sehen wir, dass der Wagen ganz schön beladen ist. Die beiden Männer stehen vor meiner Großmutter und lachen sie an. „Na, ist das nix? Guck, was wir haben da mitgebracht!", sagt der eine Mann und der andere nickt mit dem Kopf dazu. Dann wird alles abgeladen: Wäsche, Kleider, Bettdecken, ja sogar einige Möbel und die Bibel, die Großmutter damals im Garten gefunden hat, sind dabei. „Ganze Haus kaputt, alles mit Wasser voll. Stinkt", sagt der eine Mann und hält sich dabei die Nase zu. Sie stellen alles hastig in unserer Wohnung ab, und eh wir uns umsehen, sind sie schon wieder weg. Nicht einmal Dankeschön konnten wir sagen. „Aber das müssen wir noch nachholen", sagt meine Großmutter und meine Mutter bewegt ihren Kopf stumm dazu.

Ein wunderbarer Abend ist heute. Friede und Glück durchziehen uns alle, ja, sie durchfluten den ganzen Raum. Selbst mein kleiner Bruder fängt plötzlich an zu singen. Das hat er schon lange nicht mehr getan. Auf einmal bleibt meine Mutter vor unserer Großmutter stehen und fragt sie: „Weißt du auch, was morgen für ein Tag ist?" „Nein", sagt meine Großmutter. Da sagt meine Mutter gerührt: „Morgen ist Heiligabend."

Dieser Abend ist ein ganz besonderer. Bei Kerzenlicht werden alle Sachen ausgebreitet, damit sie trocknen. Ach, wie sind wir alle zufrieden! Wir haben eine warme Stube, Kleider zum Wechseln, Zudecke für die Betten und sogar ein paar Möbel aus unserem eigenen Haus. Und seit langem sitzen wir endlich wieder zusammen am Tisch und nehmen unsere bescheidene Abendmahlzeit ein. Großmutter hat aus dem gequollenen Weizenbrei eine Art Pfannkuchen gebacken. Meine Mutter hat heute eine kleine Flasche Rapsöl von ihrer Arbeitsstelle mitgebracht. Das ist ein Geschenk an uns, weil morgen Weihnachten ist. Wir streuen über die Pfannkuchen ein bisschen braunen Zucker und trinken einen warmen Tee dazu. Es riecht nicht nur gut, es schmeckt sogar auch ganz gut. Wir sitzen alle zufrieden an unserem kleinen Tisch und schauen uns an. Unsere Großmutter sieht uns allen der Reihe nach ins Gesicht und sagt dann mit leiser Stimme: „Kinder, heute gehen wir nicht eher ins Bett, bis wir Gott unserem Herrn ein Dankgebet gesprochen haben.

Dr. Martin Luther hat es uns auch so empfohlen. Denn wir haben allen Grund dazu." Meine Mutter rutscht auf ihrem Stuhl hin und her. Ich glaube, ihr ist es nicht recht. Großmutter sieht unsere Mutter ziemlich lange an und dann sagt sie in einem halblauten Ton zu ihr: „Du bleibst heute sitzen!" Dann faltet sie ihre Hände und beginnt zu beten. Sie dankt Gott für das Holz, für die Sachen, die uns gebracht wurden, und auch für das gute Essen. Dann betet sie mit uns das Vaterunser. Sie betet es sogar zweimal mit uns, damit wir es lernen. Sie erklärt es uns auch. Und anschließend belehrt sie uns: „Es hat mir mal jemand über dieses Gebet folgendes gesagt: ‚Gottes Herz werde gerührt, wenn wir ihn Vater nennen. Und wer da erkennt, dass er einen Vater im Himmel habe, gesteht, dass er hier auf Erden ein Waise ist. Darum fühlt er auch, dass er fern vom Vaterhaus einsam in der Fremde lebt. Es ist, als ob man sagte: ‚Ach, mein Vater! Du bist im Himmel und ich, dein armes Kind, bin hier auf Erden, fern von dir, umringt von Gefahren, Not und Kummer.' Ich glaube, es stammt von Luther." So sagt sie.

Ich hoffte, dass unsere Mutter ihr irgendetwas entgegnen würde, aber es kommt nichts. Ich glaube, Mutter hat es nicht verstanden oder, was noch richtiger ist, sie hat einfach nicht zugehört. Und das hat sie oft getan. Aber ich hörte nun zum ersten Mal das Wort „Vater". Richtig! „Wo ist überhaupt unser Vater, mein Papa?" frage ich nun. Das will ich jetzt mal wissen. Da horcht meine Mutter auf einmal wieder auf. „Keiner weiß, wo euer Papa geblieben ist. Wir wissen nicht einmal, ob er überhaupt noch lebt. So lange wir hier in diesem besetzten Land wohnen, werden wir auch nichts erfahren." Das alles sagt uns unsere Mutter in einer monotonen Weise so, als ob es da nichts mehr zu hoffen gäbe. „Nein, nein!", ruft unsere Großmutter dazwischen. „Ich weiß es ganz genau, er ist am Leben!"

Weihnachten 1945

Heute schlafen wir alle recht lange. Unsere Großmutter ist schon auf dem Dachboden gewesen und hat in einem Karton alten Weihnachtsschmuck gefunden. Den breitet sie gerade aus und sucht das Beste heraus. Sogar Engelshaar ist dabei. Ein paar Kerzenhalter mit halb abgebrannten Kerzen findet sie auch noch dabei. Jetzt fehlt uns nur noch das Tannenbäumchen. Das findet sie am Nachmittag hinter der alten Schmiede. Da stehen sogar mehrere. Wie die wohl hierhin gekommen sind? Bestimmt hat der Wind den Samen hierhin getragen oder die emsigen Vögel. Es wird wohl noch eine Weile dauern, bis sie als Weihnachtsbäume in die Stube kommen. Denn jetzt sind sie noch sehr klein. Aber so ein ganz kleiner, zierlicher Baum ist genau richtig für uns. Großmutter sucht sich den größten aus und steckt ihn in einen Blumentopf, den sie vorher mit Sand gefüllt hat. Nun bringt sie ihn und stellt ihn behutsam in unseren kleinen Raum. Eifrig beginnen wir nun alle zusammen, den kleinen, grünen Tannenbaum zu schmücken. Immer mehr erstrahlt er im weihnachtlichen Glanz. Und zum Schluss verbreitet sich im ganzen Zimmer eine weihnachtliche Stimmung. Ach, was für ein schönes Zimmer haben wir heute! Eine kleine, friedvolle Weihnachtsstube.

Ich freue mich besonders auf den Abend. Keine Geburtstagsfeier, kein sonstiges Fest ist so etwas Besonderes wie gerade der Heiligabend. Den ganzen Tag spiele ich mit meinem kleinen Bruder. Ich versuche, mich mit ihm im Kreis zu drehen. Alles Mögliche erfinde ich an diesem Tag, denn dieser Tag soll ganz besonders schnell vorbeigehen, damit wir abends feiern können. Aber mein kleiner Bruder ist einfach zu schwach. Er kann nicht so hüpfen wie ich. Kaum ist er ein bisschen herumgesprungen, muss er wieder ausruhen. Darum setzt sich jeder von uns auf einen Stuhl und wir malen auf einer ausgebreiteten Papiertüte mit einem alten Bleistift.

Sehr bald stellt sich aber heraus, dass es kein Bleistift ist. Mein kleiner Bruder hat von diesem Stift einen ganz blauen Mund bekommen. Nun, das kommt davon, wenn man immer alles in den Mund nimmt. Wenn wir auf feuchtem Papier malen, ist alles blau. Und weil es ein alter Dokumentenstift ist, geht diese Verfärbung auch nicht so schnell wieder weg.

Endlich ist es so weit. Draußen ist es schon dunkel. Wenn es bei uns auch nicht nach Plätzchen und anderen weihnachtlichen Dingen riecht, so haben wir wenigstens einen friedlichen Weihnachtsraum. Harte Brotscheiben, in Rapsöl aufgebacken, tun es auch. Wir hätten sie nicht einmal, wenn unsere Mutter sie nicht heimlich eingepackt und uns mitgebracht hätte. Tee gibt es fast jeden Abend und etwas Zucker ist auch da.

Am Morgen haben wir die harten Brotscheiben in heißer Milch eingeweicht zum Frühstück. Und zum Mittagessen haben wir dicke Kartoffelschalen, die eigentlich für die Schweine bestimmt waren, gekocht und mit etwas Salz gegessen. Einfach ohne zu fragen etwas mitzunehmen, wird hart bestraft. Aber dennoch, unsere Mutter hat es getan. Der Hunger ist doch stärker als das Gewissen! Die Kartoffeln, die sie fast jeden Tag als Lohn mitbekommt, reichen kaum für einen Tag aus.

Ob heute Abend auch wohl etwas für uns unter dem Weihnachtsbaum liegen wird? Schnell haben wir alles weggeräumt, noch einige Holzstücke in den Ofen gelegt und die Ofentür offen gelassen, damit der Schein des züngelnden Feuers unseren kleinen Weihnachtsraum erhellen kann. Im Halbkreis sitzen wir zusammen, in der Mitte der kleine Weihnachtsbaum. Jetzt nimmt unsere Großmutter einen langen, dünnen Holzspan und zündet die halb abgebrannten Kerzen in ihren silbrig scheinenden Kerzenhaltern an. Wie verzaubert sitzen wir alle und staunen das Bäumchen an. Die kleinen silbernen Kugeln leuchten und glitzern auf einmal in allen Farben. Und das Engelshaar, das hier und da so sanft übergelegt ist, umspannt das Bäumchen mit einem besonderen Schein. „In der himmlischen Weihnachtsstube kann es bestimmt nicht schöner sein als hier bei uns", rufe ich in unseren Kreis und spanne dabei meine Arme aus, als hätte ich Flügel. Plötzlich steht unsere Mutter auf und holt eine kleine Überraschung. Sie reicht jedem von uns einen wunderschönen dunkelroten Apfel. So einen hatte ich noch nie gesehen. Wie wunderschön er doch ist! Dazu der herrliche Duft. Ich muss beide Hände nehmen, um ihn richtig fassen zu können. Immer und immer wieder bewundere ich ihn. Den werde ich so schnell nicht aufessen. Fest halte ich ihn auch noch, als wir anschließend gemeinsam das alte Weihnachtslied singen: „O du fröhliche, o du selige, Gnaden bringende Weihnachtszeit! Welt ging verloren, Christ ist geboren: Freue, freue dich, o Christenheit!" Großmutter erzählt uns die Geschichte von der Geburt Jesu im Stall zu Bethlehem, von den Hirten auf dem Feld, von den Weisen aus dem Morgenland und dem bösen König Herodes, und zuletzt von der Flucht des Christkindes nach Ägypten.

Mein kleiner Bruder sitzt auf dem Schoß unserer Mutter und ist voller Zufriedenheit eingeschlafen. Er hält seinen roten Apfel noch immer fest in den Händen. Ich würde gerne noch weiter zuhören, aber es ist doch schon spät und das Holz im Ofen ist schon längst verbrannt. Auch das schöne Weihnachtsbäumchen hat seinen Schein verloren. Die kleinen Kerzen haben sich selbstlos in ihrem eigenen Feuer verzehrt. Also ist es Zeit, zu Bett zu gehen. Mit gefalteten Händen betet Großmutter mit uns noch ganz leise den Vers: „Müde bin ich, geh zur Ruh, schließe meine Augen zu. Vater, lass die Augen dein über meinem Bette sein!" Noch eine ganze Weile denke ich an den schönen, friedlichen Weihnachtsabend. Der Mond hat seine silberweißen Strahlen sacht über unsere Betten ausgebreitet. Und am Fenster hat der Wind den weichen Pulverschnee wie eine weiße Decke ans Fenster gedrückt.

Die Wintertage sind weiter kalt. Der eisige Wind malt die schönsten Eisblumen an unsere kleinen Fenster. Mein kleiner Bruder und ich versuchen mit unserem warmen Hauch – dabei pressen wir unseren Mund ganz dicht an die Scheibe – ein wenig Sicht nach draußen zu bekommen. Als wir es endlich geschafft haben, gibt es da nichts anderes als tief verschneite Gärten und beschädigte, einsame Häuser zu sehen. Sie erscheinen unter dieser Schneedecke viel schöner und so sauber. Die meisten Häuser, zerbombt wie sie sind, stehen leer. Nur aus vereinzelten Häusern ziehen schmale Rauchwolken aus den Kaminen zum nebligen Himmel empor. Jeder muss mit seinem Brennholz sparsam umgehen, wir auch, denn wir wissen nicht, wie lange wir noch in diesem Land bleiben müssen. Und als Deutsche bekommen wir keine Holzzuteilung.

Großmutter hat wieder altes Papier zusammengesucht. Mit einem Messer wird der Tintenstift neu angespitzt und wieder beginnen für mich die mühevollen Schreibübungen. Einen Radiergummi gibt es nicht. Er würde auch nichts nützen, weil man einen Tintenstift nicht ausradieren kann. Gerechnet wird mit Knöpfen. Großmutter bekommt jeden Tag ein graues Haar mehr, denn es ist wirklich eine große Anstrengung für sie. Dennoch hat sie nie die Beherrschung verloren. Manchmal sagt sie auch: „So, jetzt hören wir auf. Morgen machen wir weiter!" Den Satz höre ich gern. Aber leider kommt er nicht oft. Mein kleiner Bruder sitzt meistens vor dem Herd und spielt mit den Holzscheiten. Dabei macht er oft so einen Krach, dass ich mich nicht bei meinen Schreibübungen konzentrieren kann. Trotzdem ist es mir lieber, als wenn er weint. Leider passiert das nur zu oft.

Das Jahr 1946

Schon lange geht unsere Mutter wieder Tag für Tag zu ihrer gewohnten Arbeitsstelle. Das neue Jahr hat längst seinen Einzug gehalten. Die ersten Frühlingsboten zeigen sich. Der Schnee muss langsam der warmen Frühlingssonne weichen. Selbst die kleinsten Bäche treten über die Ufer und tränken die ersten zarten Frühlingsblumen, die noch zögernd am Ufer ihre pastellfarbenen Blütenkelche der Sonne entgegenstrecken. Die Weiden sind über und über voll silbriger Weidenkätzchen. Kleine Vögel hängen an den dünnen Ästen der Weidenbäume und suchen nach Insekten. Zwischendurch zwitschern sie ihre alten, bekannten Weisen. Ich glaube, jetzt ist die Natur für die armen, heimatlosen Menschen da. Sie holt sie von den Sorgen des Alltags ab. Wie es aussieht, kann sie das auch sehr gut. Vorausgesetzt, wir haben uns auf sie eingestellt. Und das fällt vielen schwer. Die Sorgen um das tägliche Allerlei sind jetzt viel größer als früher. Aber ich habe mich hinter unserem Haus an den kleinen Bach gesetzt und lausche den vielen Geräuschen. Ein Ast wird im Wasser vom Wind hin und her bewegt. Dabei entstehen große und kleine Kreise. Aber der Himmel, der sich darin spiegelt, kann nicht verwischt werden.

Unsere Großmutter ist heute von den Nachbarsleuten gegenüber aufgefordert worden, bei ihnen in der Küche zu arbeiten. Gar nicht weit, nur den kleinen Berg hinauf. Man kann die alte Mühle, in der meine Großmutter arbeiten soll, von hier aus gut sehen. Ich kann mich überhaupt nicht freuen, denn mein kleiner Bruder und ich sind dann den ganzen Tag allein. Wer schützt uns, wenn uns die Polenkinder bedrohen? Wir können uns gar nicht weit von unserer Haustür entfernen, denn sogleich fliegen Steine durch die Luft oder ein großer Hund rennt auf uns zu. Die bunten Fensterscheiben in unserer Haustür sind durch die bösartigen Übergriffe der Polenkinder auch schon zu Bruch gegangen. Beschweren können wir uns nicht. Wir sind ja Deutsche und die haben sich nicht zu beschweren! Der Hass, angeschürt von den Erwachsenen, würde alles nur verschlimmern. Das Einzige, was mich zufriedener stimmt, ist, dass wir etwas mehr zu essen haben, wenn Großmutter bei den Nachbarn arbeitet. Hunger ist doch größer als alle Angst. Der vergangene Winter war sehr schlimm für uns. So manch einen Abend sind wir hungrig ins Bett gegangen. Es war einfach nichts Essbares mehr da. Zur Beruhigung des Magens haben wir oft abgekochtes Wasser mit etwas Salz darin getrunken.

Jetzt steht alles in voller Blüte. Der Frühling zeigt sich in den schönsten Farben. Nach einem warmen Regen verbreitet sich überall ein feiner Duft. Und wenn dann noch der wunderbare Regenbogen am Himmel erscheint, so erinnert er uns an die Zusagen Gottes. „Sieh mal", sagt meine Großmutter, „wir sind nicht allein, Gott hat es uns versprochen: ‚Solange die Erde steht, soll nicht aufhören Saat und Ernte, Frost und Hitze, Sommer und Winter, Tag und Nacht.' Deshalb hat er uns den Regenbogen am Himmel aufgestellt." Mein kleiner Bruder und ich schauen aus dem Fenster. Wir dürfen nicht raus. Dafür sieht unsere Großmutter ab und zu bei uns nach dem Rechten. Sie gibt uns auch Anweisungen, wie wir uns verhalten sollen, wenn uns jemand besuchen will. Also, wir dürfen niemanden hereinlassen. Wie in dem Märchen: „Der Wolf und die sieben Geißlein".

Am Abend sind wir wieder alle zusammen. Unsere Mutter wundert sich, dass die großen Ackerflächen nicht gepflügt werden. Die Stoppelfelder vom vergangenen Jahr werden einfach mit einer Egge aufgekratzt und anschließend wird das Saatgut darauf gesät. Daraus kann nichts werden. Aber von den Deutschen nimmt man keine Lehre an. Es ist uns auch egal. Hier tragen wir keine Verantwortung mehr. Nur wenn keine Ernte folgt, wird im Winter der Hunger noch größer. Aber wie es scheint, zehren die Polen noch immer von den Vorräten der Deutschen. Wenn nun aber diese Vorräte zu Ende gehen, wie soll es dann weitergehen? Großmutter und unsere Mutter reden zum ersten Mal über eine mögliche Ausreise aus diesem Land, unserer Heimat Westpreußen. Aber ohne Papiere darf keiner das Land verlassen. Und Ausreisepapiere gibt es für Deutsche nicht. Man hat beschlossen, dass sie hier bleiben und noch mehr arbeiten sollen. Wer kann noch mehr arbeiten und bekommt niemals satt zu essen?

Unsere Großmutter muss bei dem Polen in der alten Mühle backen und kochen. Das ist eine gute Arbeit für sie. Wenigstens hat sie dort auch ihr Essen. Es ist ihr strengstens untersagt, irgendetwas Essbares aus dem Haus mitzunehmen. Aber sie tut es doch. Ganz heimlich verbirgt sie für uns Kinder Mittagessen, Brot und Kuchen unter ihrer Schürze. Eigentlich waren diese Reste für den Abfalleimer bestimmt. Mein kleiner Bruder und ich sitzen heute schon eine Weile am Tisch und warten auf das Essen. Sie muss es für uns noch einmal aufkochen. Das Feuer im Herd will nicht richtig brennen. Deshalb gibt es zuerst dichten Qualm. Er zieht durch alle Ritzen. Wir müssen die Fenster aufmachen. Dicke Rauchschwaden dringen nun durch das offene Fenster. Plötzlich klopft es an die Haustüre. Der Pole, bei dem meine Großmutter in der Küche arbeitet, steht vor der Türe. Eilig versteckt sie die Essensreste hinter einem kleinen Türchen, das mit einer Tapete überklebt ist. Er wollte nur mal nachsehen, ob es bei uns brennt. Er klopft an das Ofenrohr und schon brennt es im Herd lichterloh. Dann fragt er meine Großmutter, was sie uns denn kochen will. Sie zuckt mit den Schultern. Ich stehe im Türrahmen und beobachte den kleinen Mann. Seine Schildkappe, die wie ein gefalteter Lederlappen aussieht, hat er sich in den Nacken gedrückt. Jetzt kann man genau in sein Gesicht sehen. Er hat richtig lustige Augen. Die langen, dunklen Haare fallen leicht auseinander und ein roter Rand an seiner Stirn wird sichtbar. Es ist wohl die Druckstelle seiner Schildmütze. Dann kratzt er sich am Hinterkopf, dabei schiebt er die Mütze nach vorne ins Gesicht. Als ich ihn so beobachte, muss ich laut lachen. Nun schaut er zu mir hin, kommt auf mich zu und streicht mir übers Haar. Eiligst geht er zur Tür und läuft schnurstracks zur alten Mühle, die inzwischen auch sein Haus geworden ist. Großmutter ist skeptisch geworden. „Wer weiß, vielleicht kommt er noch mal zurück!", sagt sie. Vorerst gibt es kein Essen, denn wir wollen nicht überrascht werden. Es könnte für uns alle böse Folgen haben. Schon manch einer ist wegen Nahrungsmitteln, die er unter Trümmern gefunden hat, auf Nimmerwiedersehen abgeholt und eingesperrt worden. Wie würde man erst unsere Großmutter behandeln wegen dieser Essensreste, die sie für uns heimlich entwendet hat? Das ist einwandfreier Diebstahl! Also sitzen wir nun alle da und warten ab. Unsere Großmutter sitzt mit uns am Tisch. Sie sieht müde aus. Ihre beiden Arme hat sie auf den Tisch gelegt. Heute hat sie besonders große Schmerzen auf ihrem wunden Handrücken. Sie beginnt langsam, die Tücher, mit denen sie den Handrücken verbunden hat, abzuwickeln. Je näher sie der Wunde kommt, desto schmerzhafter wird es für sie. Es ist alles hart und festgeklebt. Mit einem Ruck zieht sie den letzten Verband ab. Das muss doch wehtun! Alles rohes Fleisch! Richtige Wülste haben sich um die klaffende Wunde aufgetürmt. Gemeinsam schauen wir sie uns an, als plötzlich unser Nachbar, der gerade hier war, eintritt und uns ein riesiges Paket mitten auf den Tisch stellt. Wir sehen ihn alle schweigend an, uns fehlen die Worte. Aber draußen hören wir seine Frau furchtbar schimpfen. Mit erhobenen Fäusten steht sie vor unserem Haus und bedroht uns. Ihre ohnehin rundliche Figur, die breiten Schultern und überaus wulstigen Hüften lassen sie noch einmal so groß erscheinen. Die langen schwarzen Haare liegen wie aufgekämmte Schafwolle auf ihren Schultern. Gewaltige, lange Ohrringe glitzern bei jeder Bewegung hervor und erscheinen bei den letzten Strahlen der Abendsonne besonders auffällig. Ihre heruntergerutschten Socken sind nicht zu übersehen. Auch der lange Rock und die knapp gebundene Schürze lassen sie nicht gerade ordentlich erscheinen. Aber sie hat die Macht, über unser Schicksal zu bestimmen. Deshalb kommt in uns eine gemischte Stimmung auf. Vor uns steht einer, der uns beschenkt, und draußen möchte es jemand verhindern. Da schaut unser Nachbar uns an und legt den Zeigefinger auf den Mund. Jetzt geht er ein paar Schritte zurück, nimmt seine Mütze in beide Hände und drückt sie an die Brust. Er macht eine kleine Verbeugung und geht eiligst zur Tür hinaus.

Wir sitzen eine ganze Weile stumm da, denn keiner von uns hat damit gerechnet. Vorsichtig und langsam fangen wir an, alles auszupacken. Wir freuen uns. Sogar Konservendosen mit Gemüse und Wurst kommen zum Vorschein. Einige Brote und Kuchen, die unsere Großmutter bei ihnen gebacken hat, hat er uns auch mitgebracht. Eine Seite fetten Speck und Schweineschmalz und sogar

Trockenobst sind dabei. Mehl, Zucker und Eier liegen obenauf. Wer hat so ein Geschenk in der schlechten Zeit je bekommen? Wir! Als wir alles ausgepackt haben und die vielen Köstlichkeiten bewundern, fängt Großmutter an zu weinen. Das ist zu viel für ihre müde Seele. Es sind Freudentränen. Dann schaut sie mich an und sagt: „Sieh mal, Gott lässt uns nicht allein. Schon wieder hat er einen Menschen beauftragt, uns zu helfen!"

An diesem Abend sitzen wir noch lange zusammen. Das heimlich mitgebrachte Mittagessen ist schon längst aufgegessen. Unsere Mutter macht heute auch ein ganz zufriedenes Gesicht. Großmutter hat eine große Kanne Tee gekocht. Blüten von irgendeinem Baum sollen es sein. Davon trinken wir den ganzen Abend. Er schmeckt gut.

Über die Güte dieses Mannes habe ich oft nachgedacht. Was hat ihn nur bewogen, uns so zu beschenken, obwohl seine Frau so wütend war? Wir haben es nie erfahren.

Nun hat auch der Sommer seinen vollen Einzug gehalten. Wie wir feststellen, sind wir als Deutsche doch nicht ganz allein. Größere Kinder, die Deutsch sprechen, spielen ganz in unserer Nähe. Wir dürfen uns in ihre Spielgemeinschaft einreihen. Von jetzt an sind wir als Kinder nicht mehr allein. Weil wir jünger sind, genießen wir auch einen gewissen Schutz. Endlich haben wir Gemeinschaft mit Kindern, vor denen wir uns nicht zu fürchten brauchen. Aber die Freude soll nicht lange dauern. Urplötzlich steht ein Beauftragter der polnischen Kreisverwaltung vor uns und fordert uns in gutem Deutsch auf, unverzüglich die polnische Schule zu besuchen. Sonst komme die Polizei und liefere uns zwangsweise ein. Wie der Blitz sind alle Kinder verschwunden. Mein kleiner Bruder und ich stehen ganz alleine da. Schnell laufen wir nach Hause, schließen alle Türen und warten auf unsere Mutter und Großmutter. Endlich kommen sie, wie abgesprochen, gemeinsam zur Tür herein. Aufgeregt erzählen wir ihnen den Vorfall. Die Schule hier in Polen zu besuchen kommt nicht in Frage. Wir sind Deutsche und wollen nur in eine deutsche Schule. „Wenn es die nicht gibt, werde ich euch selbst unterrichten", sagt unsere Großmutter und unsere Mutter nickt dazu. Also, sie sind sich einig. Am nächsten Tag will meine Mutter zu dem Kreisvorsitzenden, der für Schulfragen zuständig ist, und mit ihm alles besprechen. Hoffentlich lässt sich unsere Mutter nicht überreden. Das wäre ja schrecklich, da würden wir nur noch beschimpft und bespuckt werden. Und die Sprache verstehen wir ja auch nicht. Noch ein zusätzliches Problem für uns. Wieder schleicht sich so eine komische Angst ein. Zum ersten Mal bete ich ganz still in meinem Bett: „Bitte, lieber Gott, lass nicht zu, dass ich in die polnische Schule gehen muss. Ich habe so eine Angst davor!"

Aber dann kommt alles ganz anders. Meine Mutter muss unterschreiben, dass sie Ausreisepapiere beantragen möchte. Wenn sie das unterschreibt, brauchen wir nicht zur Schule, werden ausgewiesen und können mit dem nächsten Transport fort. Vielleicht schon nächstes Jahr, meint der Vorsitzende. Natürlich unterschreibt meine Mutter das Papier und kommt mit dieser Botschaft überglücklich nach Hause.

Langsam nistet sich der Gedanke ein, dass wir nun für immer unsere liebe Heimat verlassen müssen. Und ich habe doch im Stillen immer noch gehofft, dass wir irgendwann in unser eigenes Haus zurückkehren können. Die Hoffnung muss ich nun wohl für immer aufgeben. Ach, warum musste das alles geschehen? In der Tat, dafür gibt es im Augenblick keine Erklärung, die mich zufrieden stellen kann.

Eines Tages kommt meine Mutter ganz aufgeregt nach Hause und berichtet, dass ganze Sperlingsschwärme über die fast reifen Weizenfelder herfallen und großen Schaden anrichten. So ist man nun auf den Gedanken gekommen, dass deutsche Kinder, die die Schule nicht besuchen, auf die Felder gehen und die Vogelschwärme aufscheuchen sollen. Und das in der Zeit, in der die anderen Kinder in der Schule sind.

Von nun an streiche ich jeden Tag ohne meinen kleinen Bruder für fünf bis sechs Stunden durch die Felder und scheuche die gefräßigen Vögel auf. Dabei fuchtle ich energisch mit einem Stock in der Luft herum und zische wie eine Schlange. Ich will doch alles richtig machen, deshalb nehme ich meine Arbeit sehr ernst. Öfters kommt ein Bauer vorbei und guckt nach, ob ich es auch richtig mache. Sehr oft fürchte ich mich auch vor den großen Kindern. Sie könnten mich hier überraschen und verhauen und keiner würde etwas merken. So kommt es, dass ich, wenn ich Stimmen höre, mich im hohen Gras verstecke. Gestern lief ganz dicht an mir ein großer Hund vorbei. Er hat mich nicht einmal bemerkt. Fast eine Woche kann ich meine Arbeit durchhalten. Dann lassen die Kräfte nach. Die Mahlzeiten fehlen mir. Wasser trinke ich immer aus den kleinen Bächen. Sie sind glasklar und schön kühl. Erfrischend für einen heißen Sommer wie diesen. Oft bin ich müde und lege mich einfach mitten ins Ährenfeld und schlafe ein. Hier kann mich bestimmt niemand finden. Einmal bin ich wieder tief eingeschlafen, als mich plötzlich jemand sachte anrührt. Es ist meine Mutter, die mich schon eine ganze Weile auf dem großen Feld gesucht hat. Und nun hat sie mich endlich gefunden. Aber sie ist ganz erschrocken, dass sie mich hier schlafend findet. Sie zieht mich hoch, nimmt mich an der Hand und geht mit mir nach Hause. Mein Feldhüterdasein hat ein jähes Ende gefunden. „Kinder können diese Arbeit auf Dauer nicht verrichten, das ist eine Arbeit für große Leute!", sagt meine Mutter. „Es soll sich auch keiner unterstehen, dich noch einmal zu irgendeiner Arbeit zu zwingen. Das bestimme ich allein!" Und damit ist dieses Kapitel für immer abgeschlossen. Es ist ja auch schon später Nachmittag.

Unsere Mutter hat einen Kochtopf voll Pellkartoffeln abgekocht. Davon stopfe ich so viel wie möglich in mich hinein und trinke noch eine große Tasse von dem lieblichen Tee. Ich bin sehr müde. Wenn meine Mutter mich nicht festhielte, würde ich noch vor Müdigkeit unter den Tisch fallen. Ich wache erst gegen Mittag des anderen Tages auf. So tief und ausdauernd habe ich schon lange nicht mehr geschlafen. Wie froh bin ich, dass ich nicht mehr aufs Feld muss. Eigentlich hatte ich jeden Tag Angst, wenn ich allein auf das einsame Feld ging, ich wollte es nur nicht zeigen. Glücklicherweise regnet es nun schon eine ganze Weile. Da braucht man keine Vögel zu verscheuchen. Sie suchen selber Schutz in Bäumen und Sträuchern.

Ein herrlicher Apfelduft durchzieht unser kleines Haus. Großmutter hat von den ersten Sommeräpfeln einen duftenden Apfelkuchen gebacken. „Morgen ist Sonntag. Den möchten wir dieses Mal mit einer Andacht beginnen", sagt sie. „Den Apfelkuchen essen wir Sonntagnachmittag. Aber wenn ihr wollt, könnt ihr jetzt auch schon ein Stück essen." Unsere Mutter bejaht Großmutters Vorhaben mit einer kleinen Kopfbewegung. Sie hat endlich nachgegeben. Jetzt ist es bei uns richtig friedlich geworden, obwohl sie sich sonst nie gestritten haben. Ob es die Hoffnung der baldigen Ausreise aus der besetzten Heimat Westpreußen ist?

Mein kleiner Bruder wird immer kränklicher. Er hustet viel und beim Schlafen röchelt er stark. Jeden Abend wird um seine Brust ein warmer, feuchter Wickel gemacht. Gegen den warmen Tee vor dem Einschlafen wehrt er sich jedes Mal. Doch es hilft nichts, er muss es sich gefallen lassen, sonst gibt es noch eine Lungenentzündung. Und das ist viel schlimmer. Großmutter und unsere Mutter wechseln sich jetzt in der Nacht ab, um meinem kleinen Bruder bei seinen heftigen Hustenanfällen beizustehen. Wie oft werde ich, ohne dass sie es wollen, geweckt und muss zusehen, wie sie ihn im Zimmer herumtragen.

Als ich ihn so matt und blass liegen sehe, bekomme ich auf einmal große Angst, dass er sterben könnte. Mein ganzer Körper fängt an zu zittern. Auf keinen Fall soll er sterben. Dann hätte ich auch niemanden mehr, mit dem ich spielen könnte. Ich wäre wirklich ganz allein. Es ist auch niemand da, der ihm helfen könnte. Für Deutsche gibt es ja keine Hilfe! Da fällt mir das Andachtsbuch von Dr. Martin Luther ein, aus dem immer bei Unwetter, Feuer oder Krankheit vorgelesen wurde. Daraus hörte ich einmal, dass allein Gott helfen kann. So bete ich: „Bitte, lieber Gott, lass meinen kleinen Bruder nicht sterben!" Dann lege ich mich wieder in mein Bett zurück und versuchte weiterzuschlafen.

Die ersten Sonnenstrahlen, die schräg durch unser Fenster leuchten, lassen das ganze Zimmer in einem goldenen Licht erstrahlen. Ein kleiner Vogel sitzt draußen am Fenster und zwitschert seine fröhliche Weise in den neuen Morgen. Doch drinnen ist alles so still, dass ich schon glaube, ich sei ganz allein. Vorsichtig sehe ich zu meinem kleinen Bruder hinüber. Ob er wohl noch lebt? Doch er liegt friedlich da und schläft ganz tief, so, als wäre nichts gewesen. „Er soll auch schlafen, denn so schläft er sich gesund", meint Großmutter immer. Das kann nur gut für ihn sein. Ich freue mich jedenfalls, dass er in dieser Nacht nicht gestorben ist und dass es ihm schon besser geht. O, ich habe für ihn gebetet, aber es bleibt mein

Geheimnis. Ich werde es niemandem erzählen. Jedenfalls weiß ich nun, dass Gott mein Gebet erhört hat. Daran werde ich auch in Zukunft denken.

Kaum, dass es meinem kleinen Bruder besser geht, wird unsere Mutter krank. Es ist wieder das alte Leiden. Sie bekommt einen Schüttelfrost nach dem anderen. Das ganze Bett wackelt. Dazu hat sie auch große Schmerzen. Großmutter hat Backsteine auf dem Herd erwärmt und legt sie in Tüchern eingewickelt in das Bett unserer Mutter. Von allen Seiten wird sie richtig warm eingepackt. Aber sie stöhnt vor Schmerzen und friert weiter. Sie muss viel Tee trinken, obwohl sie nach jedem Schluck eine richtige Abneigung verspürt. Doch unsere Großmutter meint, dass schlimm schlimm vertreiben müsse.

Viele, viele Tage sind nun schon vergangen, die unsere Mutter im Bett verbringen musste. Sie darf auch heute noch nicht aufstehen. Weil Großmutter nun auch nicht zur Arbeit gehen kann, fehlt es uns wieder an Nahrungsmitteln. „Wer nicht arbeitet, bekommt auch kein Essen!", so lautet immer die Antwort, wenn unsere Großmutter vorsichtig um einen Essensvorschub bittet. Auch bei Kindern wird keine Ausnahme gemacht. Tagelang gibt es nur noch Kartoffeln und schwarzen Kaffee, Kaffee aus selbst gebrannter Gerste, in einer kleinen Kaffeemühle gemahlen. Aus dem Schubfach zieht Großmutter den gemahlenen Kaffee heraus, schüttet einige Löffel in kochendes Wasser, lässt sie einmal aufkochen und fertig ist der Kaffee. Er bleibt immer eine Weile stehen, damit sich das Geschrotete absetzt, dann erst kann man ihn trinken.

Zu gerne möchten wir uns die reifen Früchte aus den verlassenen Gärten holen, doch es ist uns verboten. Die Polen holen sie aber auch nicht. Die Vögel fallen oft schon am frühen Morgen über die Früchte her, sodass für uns nichts mehr übrig bleibt.

Trotzdem wird vieles, das jetzt blüht und reift, heimlich geerntet und getrocknet. Alles für den bevorstehenden Winter. „Wenn es auch noch ein bisschen dauert, aber man soll zeitig damit anfangen", meint meine Großmutter.

Ein schöner Spätsommertag ist heute. Großmutter sitzt mit uns beiden, mit meinem kleinen Bruder und mir, vor der kleinen, grün gestrichenen Haustür auf einer rostigen Bank. Die bunten Fensterscheiben, die einst die Haustür schmückten, sind seit dem Steinwurf der Halbstarken nicht wieder in Ordnung gebracht worden. Was kümmert es uns? Allzu lange werden wir sowieso nicht mehr hier bleiben, das steht fest. Großmutter holt aus ihrer Schürzentasche getrocknete Apfelringe und reicht sie uns. So genießen wir beides, die getrockneten Apfelringe und die warmen Sonnenstrahlen. Still ist es hier, sehr still. Keiner von uns dreien spricht ein Wort. Ob es der Hunger ist, der uns so müde macht?

Großmutters Gesicht ist blass und schmal geworden. Ihre Falten sehen im Sonnenlicht wie Narben aus, die gerade verheilt sind. Auch ihre Haare, die sie am Mittelscheitel geteilt und zu einem Knoten gebunden hat, sind auffallend dünn und deutlich grauer geworden. Immer und immer wieder muss ich sie anschauen. Ihre Hände hat sie in den Schoß gelegt und sinnt still vor sich hin. Der eine Handrücken mit der noch immer nicht verheilten Wunde schmerzt heute besonders. Ein dicker Verband soll helfen. Worüber wird sie wohl nachdenken? Mehrmals in der Nacht muss sie aufstehen. Erst hatte sie Angst um meinen kleinen Bruder, jetzt um unsere Mutter. Dazu kommt die große Ungewissheit, wie es weitergehen soll. Das sind die Sorgen, die sie täglich plagen.

Die Stare haben sich in einem großen Baum vor unserer Tür versammelt und singen uns die schönsten Weisen. Überhaupt ist es ein schöner Sommernachmittag. Auf den Feldern ist Erntezeit. Die gebundenen Garben werden pyramidenförmig in langen Reihen aufgestellt. Hin und wieder kommt ein Erntewagen an unserem Haus vorbei. Manchmal spucken sie vor uns aus und bedrohen uns mit erhobenen Fäusten. Sehr oft schauen sie in eine andere Richtung, wenn sie uns erblicken.

„Die Sonne sticht heute", sagt unsere Großmutter. Ihre Blicke gehen zum Himmel. Es sieht aus, als suchte sie etwas Bestimmtes. Sie zeigt auf die schwarzgelben Wolken, die langsam am Horizont immer näher kommen. Und dann ist auch schon ein leises Donnergrollen zu hören. „Ein Gewitter bahnt sich an. Ich wusste es", ergänzt unsere Großmutter leise dazu. Als die ersten Regentropfen uns erreichen, gehen wir ins Haus zurück. Schade, dass es regnet. Zu gerne wäre ich noch draußen geblieben.

Langsam geht es unserer Mutter auch besser. Sie kann schon wieder aufstehen. Aber sie ist noch sehr schwach. Großmutter führt sie vom Bett zum nächsten Stuhl. Das wird am Tage sehr oft wiederholt. Weiter kann unsere Mutter noch nicht gehen. Unsere Mahlzeiten werden auch immer weniger. Wie soll sie da noch zu Kräften kommen?

Mein kleiner Bruder und ich sehen dem Regen zu, wie er an unser Fenster prasselt. Ein starker Wind schüttelt die Bäume hin und her. Dazwischen zucken Blitze und darauf folgen Donnerschläge, die sich anhören, als wäre soeben eine Bombe explodiert. Bei jedem Donnergrollen zucken wir vor Schreck zusammen. Hoffentlich schlägt bei uns nicht der Blitz ein. So manch ein Haus ist auf diese Weise abgebrannt. Als das Gewitter und der Regen endlich nachlassen, hat unsere Großmutter eine Idee. Sie will mich zu einem polnischen Bauern führen, von dem sie gehört hat. Seine Frau soll zu Kindern freundlich sein. Vielleicht bekommen wir dort etwas Milch.

Wenn der Knecht zum König wird

Gemeinsam machen wir uns mit der kleinen, zerbeulten Milchkanne aus Aluminium auf den Weg. Nach dem starken Regenguss sieht alles so frisch aus. Wie es scheint, sind wir die Einzigen auf der Straße. Der starke Gewitterregen hat wohl alle ins Haus gedrängt und nun brauchen sie wieder Mut, um nach draußen zu kommen. Überall tropft es noch von den Bäumen. Die Stare haben ihren Gesang wieder aufgenommen. Sogar Störche stolzieren mit ihren langen roten Beinen erhaben über die nahe gelegenen Wiesen und suchen nach Futter. Ich muss mit meinen Holzschuhen aufpassen, dass ich nicht durch die tiefen Wasserpfützen, die sich nach dem kräftigen Regen überall gebildet haben, laufe. Endlich stehen wir vor dem Haus des polnischen Bauern. Es ist kaum zu sehen, weil hohe Tannen das ganze Grundstück wie eine grüne Mauer einfrieden. Lediglich die roten Dachziegel schimmern durch die Tannen. Das Grundstück liegt auf einem kleinen Hügel. Meine Großmutter zeigt auf ein Gartentor, da soll ich durchgehen und dann links geradewegs zum Stall laufen. „Jetzt wird gerade gemolken", sagt sie. „Und wenn du die Bäuerin siehst, kannst du ihr ja sagen, dass dein kleiner Bruder sehr schwach ist und deine Mutter sehr krank war. Und dann sagst du: ‚Bitte, können sie uns nicht etwas Milch geben?' Hast du mich verstanden, mein Kind?" Ich nicke und laufe schnurstracks auf das Haus zu. Kaum habe ich das Gartentor geöffnet, fängt ein Hund an zu bellen. Zögernd bleibe ich eine Weile stehen. Zuerst bin ich überrascht, was für ein schönes weißes Haus vor mir steht. Ein breiter, wuchtiger Treppenaufgang ziert den Hauseingang. Rechts steht ein großer Baum, der viel Schatten spendet. Ein alter Tisch steht darunter, mit wackligen Stühlen, auf die man sich vorsichtig setzen muss, um nicht gleich mit ihnen umzufallen. Überall liegen Papierfetzen von alten Zeitungen und jede Menge Strohhalme herum, die der Wind überall hingeweht hat. Hier sieht es wirklich nach Arbeit aus. Aber dann kommt eine Frau eilig auf mich zu und fragt mich, was ich denn wolle. Ihre rundlichen Arme stützt sie auf ihrer breiten Hüfte ab. Richtig lustig sieht sie aus. Das Kopftuch hat sie sich mehrmals um den Kopf gewickelt und zum Schluss über der Kopfmitte zu einer Schleife gebunden. Eine Männerhose hat sie an, die ihr aber viel zu groß ist. Damit sie auch hält, hat sie die Hose mit einer dicken Paketkordel um ihre Taille fest zusammengebunden. Die Bluse ist außergewöhnlich. Mit ihren vielen bunten Flicken bedeckt sie nur ganz knapp ihren Oberkörper. Aber ihre großen, runden braunen Augen sehen mich freundlich an. Langsam schwindet meine Angst. Sie spricht kein gutes Deutsch, als sie mich fragt, wer ich bin und wie ich heiße. Aber dennoch kann ich sie verstehen. Vor Aufregung weiß ich nicht mehr, was ich sagen sollte. Was war es nur? Ich habe auf einmal alles vergessen. So reiche ich ihr stumm, mit ausgestreckten Armen, meine Milchkanne. Zögernd nimmt sie die kleine Kanne, geht zu dem Milcheimer, der nicht weit von ihr steht, und schüttet die noch warme Milch hinein. Dann verschließt sie die Kanne wieder mit dem zerbeulten Deckel. Sie hat mich auch ohne Worte verstanden. Ich bedanke mich mit einem Knicks und laufe rasch dem Gartentor zu. Meine Großmutter wird staunen, dass ich eine ganze Kanne Milch bekommen habe. Aber so weit kommt es leider nicht. Der polnische Bauer hat mich entdeckt und tritt mir überraschend in den Weg. Er will sehen, was ich in der Kanne habe. Mit einem Ruck reißt er sie mir aus der Hand, öffnet den Deckel und schaut mich kritisch an. Dann fängt er an zu grinsen. Nun muss ich zusehen, wie er einen Teil der Milch einfach über den Rasen ausschüttet. Dann schließt er den Deckel wieder, schaut mich wütend an und sagt: „So, das reicht für euch!" Er klatscht in die Hände, bewegt die Arme immer hin und her, als wäre ich ein Huhn, das man verscheuchen müsste. Meine Großmutter nimmt mich an der Wegbiegung wieder in Empfang. Ich brauche ihr mein Erlebnis nicht zu erzählen, sie hat alles mit angesehen. „Wenigstens haben wir etwas. Wir werden die Milch mit Wasser verdünnen", sagte sie. Sie ist stolz auf mich. Aber was ich für Angst hatte, das habe ich ihr nicht erzählt. Einige Zeit später muss ich wieder dort Milch holen. Auch dieses Mal gehe ich voller Angst an den Häusern vorbei. Denn wenn Kinder mich entdecken, werfen sie mit Steinen nach mir. Manchmal laufen sie mir auch nach und schubsen mich. Zum Glück sind am Spätnachmittag kaum Kinder zu sehen.

Ich bin ganz außer Atem, als ich mit schnellen Schritten durchs Gartentor eile. Wie überrascht bin ich, als ich die Bäuerin da stehen sehe. Es sieht so aus, als hätte sie schon lange auf mich gewartet. Schnell geht sie mit mir bis zur Stalltür, wo noch der volle Eimer mit der frischen Milch steht. Wieder schüttet sie mir die noch warme Milch in die zerbeulte Kanne, voll bis an den obersten Rand. Ich weiß nicht, ob ich mich überhaupt bedankt habe. Wie eine Staffelläuferin renne ich mit meiner Kanne voll Milch auf das Tor zu. Ich will ganz schnell wieder zu Hause sein. Aber als ich draußen bin, tritt mir wieder derselbe Mann in den Weg. Und genau wie vor ein paar Tagen schüttet er wieder die gute Milch auf den Rasen. Anschließend reicht er mir die Kanne mit der restlichen Milch und beschimpft mich. Ich verstehe ihn nicht, aber ich muss weinen. Warum ist der Mann nur so wütend auf mich? Ich habe ihm doch nichts getan. Nein, nein, ich kann es nicht verstehen.

Nur langsam, mit zögernden Schritten entferne ich mich und begebe mich auf den Weg nach Hause. Plötzlich höre ich hinter mir lautes Rufen. Vorsichtig drehe ich mich um. Meine Großmutter kann es nicht sein. Sie hat mich diesmal allein losgeschickt. Es ist die Bäuerin, sie winkt mir zu. Es sieht aus, als sollte ich warten. So bleibe ich stehen und warte. Vermutlich nimmt sie mir nun noch alles ab. Aber dann entdecke ich, dass sie unter ihrer Bluse etwas versteckt hält. Als sie dann vor mir steht, nimmt sie meine Kanne und füllt sie wieder auf. Dabei hat sie nicht ein Wort gesagt. Aber ihre großen braunen Augen haben mehr gesagt, als viele Worte. Und so plötzlich, wie sie gekommen ist, ist sie auch wieder verschwunden. Wie bin ich glücklich, dass ich dieses Mal mit einer vollen Kanne Milch nach Hause komme. Als ich endlich vor der Türe bin, ist es schon fast dunkel. Die Natur ist schwarzweiß geworden. Nur am Horizont erstrahlt der Himmel in den schönsten Farben. Darum habe ich mir Zeit gelassen. Ich wollte einfach mal sehen, wie lange es dauert, bis die Sonne untergeht. In dem Augenblick habe ich nicht einmal daran gedacht, dass mich jemand überfallen könnte. Wo es doch oft vorkommt, dass deutsche Kinder von polnischen Jugendlichen gejagt, geschlagen oder manchmal auch Hunde auf sie gehetzt werden. So habe ich das ja auch oft erfahren. Aber heute habe ich nicht daran gedacht. Es ist ein besonderer Tag für mich. Zu Hause haben alle auf mich gewartet. „Es hat ja heute so lange gedauert", sagt meine Großmutter. Es ist immer der gleiche Satz, wenn ich etwas verspätet ins Haus trete. Erst will ich nichts sagen. Aber dann fällt mir die Geschichte mit der Milch wieder ein. Gespannt hören sich meine Mutter und Großmutter mein Erlebnis an. Gesagt haben sie nichts, auch später nicht. Jeder hat seine Arbeit verrichtet und wir, mein kleiner Bruder und ich, mussten nach dem mageren Abendbrot bald ins Bett.

Unsere Mutter ist heute schon früh an ihre Arbeitsstelle gegangen. Seit langem haben wir weder Brot noch Kartoffeln. Andere Nahrungsmittel gibt es für uns nicht. Wir sind froh, dass wir überhaupt noch etwas bekommen. Darum muss sie wieder bei dem Bauer arbeiten, auch wenn es ihr noch sehr schwer fällt. Großmutter macht sich Sorgen: „Hoffentlich hält sie das durch! Sie ist noch so schwach." Auch Großmutter geht wieder stundenweise in die alte Mühle und hilft dort in der Küche. Da fällt für uns Kinder manchmal ein Stück Weißbrot oder ein kleiner Beutel Haferflocken ab. Mehl bringt sie immer als Lohn für ihre Arbeit mit. In der Zeit, wenn Großmutter für ein paar Stunden arbeiten muss, dürfen wir das Haus nicht verlassen. Das wäre für uns lebensgefährlich. Wir werden immer eingeschlossen, damit wir nicht in Versuchung kommen und doch hinausgehen. So sitzen wir die ganze Zeit am Fenster und warten, bis Großmutter oder unsere Mutter nach Hause kommt. Manchmal schläft mein kleiner Bruder einfach auf dem rauen Holzfußboden ein. Als einmal jemand an unsere Haustüre klopft, will mein Herz vor Schreck stehen bleiben. Automatisch halte ich die Luft an und verstecke mich unter dem Fenster. Gespannt blicke ich auf den Türgriff, der sich ständig bewegt. Was mache ich nur, wenn plötzlich die Türe auffliegt und polnische oder tschechische Polizisten vor mir stehen? Womöglich schlagen sie noch mit dem Säbel auf uns ein. Oder, was noch schlimmer ist, sie nehmen uns einfach mit. Eine ganze Weile sitze ich schon da und starre unentwegt auf die Türe. Wie gut, dass mein kleiner Bruder eingeschlafen ist, sonst hätte er schon Schreikrämpfe bekommen. Doch dann springt plötzlich mit einem Ruck die Stubentür auf und wer kommt herein? Unsere Großmutter! Sie war es, die den Türgriff ständig hin und her bewegte. Sie hat auch nach uns gerufen, aber vor lauter Angst habe ich nichts gehört.

Wieder sind viele Wochen vergangen. Die Felder sind alle abgeerntet, der Sommer nimmt langsam Abschied. Wenn der Herbst auch noch nicht richtig da ist, so fürchten wir uns doch schon vor dem kaltem Winter. Uns Kindern werden die Kleider langsam zu klein. Kaufen können wir keine. Für Deutsche gibt es nichts. Unsere Großmutter und unsere Mutter sind fast täglich damit beschäftigt, alle Säume aus Mänteln, Jacken, Röcken und Hosen, auch wenn sie noch so schmal sind, auszulassen. Manchmal wird auch ein Stück Stoff zwischen den Säumen eingenäht. Wir müssen uns wieder auf die kalten Tage und Wochen vorbereiten. Aber gemütlich ist es in diesen Augenblicken immer. Viele interessante Geschichten erzählt uns unsere Großmutter bei der mühevollen Handarbeit. Da muss sogar unsere Mutter oft lachen. Komisch, gerade bei dieser heiteren Stimmung bekomme ich ein sehnsüchtiges Verlangen, wieder in unser richtiges Haus zu ziehen. Wenn es geht, möchte ich sofort wieder zurück.

„Die Zeiten haben sich geändert, es gibt kein Zurück. Wir können nicht einmal hier bleiben. Alle Deutschen müssen ihr Land verlassen, das ihnen einmal gehörte. Auch unser Land hat durch den Krieg den Besitzer gewechselt. Wir müssen raus, das steht fest", sagt unsere Großmutter in einem Atemzug und zieht dabei mit Gewalt die Nadel durch den Stoff. Anschließend legt sie ihre Hände in den Schoß und blickt nachdenklich zum Fenster hin. „Aber wohin, das weiß auch keiner", ergänzt sie. Ich flehe meine Großmutter an, nicht mehr zu sagen, dass wir weg müssen. Wir wollen doch hier bleiben. Sie holt ihre alte Bibel, die sie damals, als wir zurückkamen, noch als einziges Überbleibsel in unserem Vorgarten gefunden hat. Alles hatten Unbekannte aus unserem Haus ausgeräumt. Nichts war mehr da. Nur die Bibel hatten sie in ihrer Eile wohl verloren oder auch bewusst zurückgeworfen. Das ist nun Omas Schatzkästlein, aus dem sie uns oft vorliest. Heute legt sie nur ihre Hände darauf und sagt laut vor sich hin: „Befehl du deine Wege und was dein Herze kränkt der allertreusten Pflege des, der den Himmel lenkt. Der Wolken, Luft und Winden gibt Wege, Lauf und Bahn, der wird auch Wege finden, da dein Fuß gehen kann. – Diese Erfahrung hat ein Paul Gerhard auch gemacht, denn er hat dieses Lied gedichtet, als er große Sorgen hatte." Und sie fügt hinzu: „Nun sind wir dran. Es wird keiner verschont."

Meine Mutter sieht mich nachdenklich an, drückt mir wieder die kleine Milchkanne in die Hand und sagt leise zu mir: „Geh, versuch's noch einmal, ob du nicht für uns etwas Milch bekommst." Meine kleinen Pflichten haben mich wieder eingeholt. So manches hätte ich sehr gerne getan, aber der Weg zu dem Milchbauern fällt mir sehr schwer. Er ist immer gehässig zu mir. Wenn sadistische Blicke töten könnten, dann wäre ich schon längst tot. Darum zögere ich auch ein Weile. Doch als ich die Blicke meines kleinen Bruders und die meiner schwachen Mutter sehe, gebe ich nach und laufe so schnell ich kann, um auch schnell wieder zurück zu sein. Als ich aber wie gewohnt den kleinen Hügel hinauf will, hat man unten einen Zaun errichtet, der mir den Zugang versperrt. Vermutlich sind tagsüber Kühe auf der Weide dahinter. Der Zaun hält mich nicht auf, ich krieche einfach darunter durch. Obwohl ich schon lange nicht mehr dort gewesen bin, scheint mich die Bäuerin doch erwartet zu haben. Ohne Worte reiche ich ihr die Milchkanne. Zügig gießt sie mir die Milch hinein und dann bewegt sie ihre Arme, was heißen soll: „Lauf schnell nach Hause!" Ich bedanke mich mit einem Knicks und laufe so schnell, wie ich gekommen bin, wieder zurück. Kaum dass ich die Gartentüre geschlossen habe, stehen draußen plötzlich eine ganze Reihe großer und kleiner Bullen auf der Weide. Die waren vorhin noch nicht da. Zuerst sehen sie mich nicht. Vorsichtig versuche ich, an ihnen vorbeizukommen. Die Hälfte der Wiese habe ich schon überquert, als plötzlich ein gewaltiges Gebrüll beginnt und alle Bullen gerade auf mich zustürmen. Mit großem Geschrei renne ich den Berg hinunter. Dabei verliere ich meine Schuhe und natürlich auch die Milchkanne mit der frischen Milch. Nur ganz knapp erreiche ich den Zaun und krabbele hastig unten durch. Die Bullen haben ihren Lauf kurz vor dem Zaun noch rechtzeitig abgebremst. Aber sie brüllen weiter, schnaufen und kratzen mit ihren Vorderläufen an dem Zaun herum. Der einzige Schutz vor den wütenden Bullen ist der Stacheldraht zwischen uns. Schnell stehe ich auf und dann sehe ich den Bauern, vor dem ich mich so sehr gefürchtete habe, vor dem Gartentor stehen und höre ihn laut lachen. Ich stehe noch eine Weile und warte. Ob er mir vielleicht meine Schuhe und die Milchkanne bringen würde? Aber weit gefehlt. Er wirft mit Stöcken und Steinen nach mir. Und so gehe ich weinend nach Hause. Großmutter ist mir schon auf halbem Wege entgegengekommen. Sie ahnte nichts Gutes. Wieder einmal hat sie Recht behalten. Von jetzt an brauche ich keine Milch mehr zu holen. Dieser Schrecken verfolgt mich selbst in meinen Träumen. In mir beginnen Misstrauen und sogar Hass zu keimen, der in meinem Herzen tiefe Wurzeln schlägt. Wie sehr ich mich auch mühe, anders zu denken, ich komme nicht mehr dagegen an. Der Schock sitzt tief. Übrigens, die Milchkanne und die Schuhe haben wir nie mehr wieder gesehen. Großmutter und unsere Mutter sind traurig, dass uns so viel Hass begegnet. Warum noch immer die Verfolgung? Hat der Krieg nicht schon genug Unheil angerichtet? Und er ist doch schon über ein Jahr vorbei. Noch lange unterhalten sich unsere Mutter und Großmutter, auch dann noch, als mein kleiner Bruder und ich schon längst im Bett sind, über die große Ungerechtigkeit und über den zügellosen Hass, den man uns Deutschen entgegenbringt. Dann höre ich noch, dass jeder Pole mit den Deutschen machen kann, was er will. Es gibt für Deutsche unter Polen keine Gesetze, die sie schützen. Wir werden wie Freiwild behandelt. Was uns auch passiert, keiner wird sich darum kümmern. Jetzt beginne ich alles mit anderen Augen zu sehen. Hier traue ich niemanden mehr.

Wie gewohnt gehen Großmutter und unsere Mutter an ihre Arbeitsstelle. Das gestern Erlebte wollen sie keinem erzählen, das würde für uns noch mehr Nahrungsentzug bedeuten. Wir Kinder kommen auch nicht in Versuchung, jemandem davon etwas zu erzählen, weil wir tagsüber eingeschlossen werden.

Der Herbst mit seinen Stürmen hat wieder Einzug gehalten. Der Raureif überzieht die bunten Blätter wie mit einer Zuckerglasur und in der Sonne schimmern sie wie Diamanten. Spinnweben haben sich überall großzügig ausgebreitet. Wie Glasperlen schimmern die

Tautropfen daran. Wehmütig schaue ich nach draußen. Wie gerne würde ich mit anderen Kindern spielen. Aber das darf alles nicht sein. Die Schwalben sind schon längst nach Süden gezogen. Das laute Gezwitscher und die endlosen Gesänge fehlen uns. Auch die Störche mit ihren langen roten Beinen und dem langen roten Schnabel sind ihnen gefolgt. Wie friedlich haben sie oft bei ihren Jungen auf dem Nestrand gestanden und mit ihren roten Schnäbeln um die Wette geklappert. Es ist stiller geworden. Die einzigen Sänger sind die Stare, die es noch am längsten aushalten. Bei jedem Sonnenstrahl treffen sie sich in Büschen und Sträuchern, ganz versteckt unter Blättern, und musizieren auf ihre Weise. Vielleicht haben sie beschlossen, den Winter noch etwas aufzuhalten.

Großmutter ist heute etwas früher nach Hause gekommen. Es hat sich Besuch angemeldet. Zwei polnische Männer treten in unser Haus und erklären uns, dass im Frühjahr ein Transport nach Westdeutschland geht und, wer mit will, sich auf einem Bogen Papier eintragen muss, den sie mitgebracht haben. Anschließend kommt jemand vorbei und unterschreibt für uns. Aber mein kleiner Bruder darf nicht mit, erklären sie uns. Das ist von oben beschlossen. Großmutter steht kerzengerade vor den beiden Männern und erwidert ihnen entschlossen, indem sie ihnen den Bogen Papier reicht: „Dann bleiben wir auch hier!" Darauf öffnet sie die Tür und sagt energisch: „Bitte gehen Sie, sofort!" Und sie gehen wirklich, aber nicht weit. Sie kommen wieder zurück und sagen in einem fast unterdrückten Ton, dass sich vielleicht doch noch etwas machen ließe. Sie lassen das Papier auf dem Tisch liegen und verlassen unser Haus. Großmutter schaut sich die Formulare an und bemerkt, dass ja schon alles ausgefüllt ist. Aber der Name meines kleinen Bruders ist wirklich nicht eingetragen.

Jetzt wissen wir es endgültig: Wir müssen unsere schöne Heimat verlassen. So langsam kann ich mich auch mit dem Gedanken anfreunden. Denn was ich in den vergangenen Wochen und Monaten alles erlebt habe, hat mich überzeugt: Wir sind die Ungeliebten und ewig Gehassten in einem besetzten Deutschland! Welcher Mensch kann solche Schikane auf die Dauer aushalten? Den ganzen Tag keine Erlaubnis, mit anderen Kindern zu spielen. Ich möchte endlich eine richtige Schule besuchen, wie andere Kinder auch. Hier ist es nicht möglich und meiner Großmutter fällt es auch immer schwerer, mich zu unterrichten. Auch wenn wir blieben, würde sich für uns nichts ändern. Wir sind Fremdlinge in unserem eigenen Land. Das ist die Wirklichkeit! „Die Zeiten haben sich geändert. Dieses Land gehört jetzt den Polen. Wenn wir Deutsche bleiben wollen, müssen wir raus. Und wenn wir bleiben, werden wir Polen. Wollt ihr das?" fragt unsere Großmutter. Dabei schaut sie einen nach dem anderen lange an. Nein, das will niemand. „Ohne meinen kleinen Bruder fahren wir aber nicht", versuche ich meiner Großmutter zu erklären. Auf keinen Fall werde das geschehen, versucht sie mich zu beruhigen. Unsere Mutter nimmt die Nachricht von dem geplanten Transport nach Deutschland eher gelassen. Sie verlässt sich ganz auf unsere Großmutter. Sie ist einfach zu schwach, sich mit all den Neuigkeiten richtig auseinander zu setzen.

Unser gemeinsames Abendessen, das ohnehin immer spärlich ausfällt, verläuft schweigend. Jeder will auf seine Weise diese Neuigkeit verkraften. Darum gehen wir auch alle früh zu Bett. Ich kann aber einfach nicht einschlafen, und als ich Licht im anderen Zimmer sehe, weiß ich, dass unsere Großmutter noch wach ist. Leise schleiche ich mich zu ihr und setze mich auf ihren Schoß. „Wir können uns freuen, dass wir raus dürfen", sagt sie ganz leise im Flüsterton. „Viele sind noch in Russland, die dürfen nicht raus. In großen Lagern werden sie gefangen gehalten, müssen schwere Arbeiten verrichten und haben kaum etwas zu essen. Die meisten sterben dort. Ja, wir können uns wirklich freuen! Vielleicht lebt ja dein Vater noch und wir sehen ihn wieder. Wäre das nicht schön?" Großmutter redet so freundlich und auch einleuchtend zu mir, dass ich mich mit dem Gedanken, von hier wegzuziehen, immer mehr anfreunde. Was sollte uns hier auch noch halten? In unser eigenes Haus dürfen wir sowieso nicht mehr zurück und leiden können uns die Polen auch nicht. Selbst bei wirklich ernsten Krankheiten darf uns nicht einmal ein Arzt helfen. Die Apotheke gibt für Deutsche auch keine Medikamente aus. Lebensmittel werden lieber an Schweine verfüttert, als uns Deutschen davon etwas abzugeben. Und dann die vielen täglichen Schikanen, die wir über uns ergehen lassen müssen. Ja, jetzt bin ich froh, dass wir gehen dürfen. Hoffentlich halten wir den Winter noch durch, denke ich mir und schleiche leise in mein Bett zurück.

Als ich wieder aufwache, ist alles noch still. Mein kleiner Bruder, der oft schon zeitig überall herumspringt, scheint auch noch zu schlafen. Vorsichtig setze ich mich in meinem Bett auf und rufe nach ihm. Aber es kommt keine Antwort. Panik überkommt mich. „Jetzt bin ich allein", durchfährt es mich. Dieser Gedanke ist für mich wie ein Alptraum. Nein, niemals möchte ich allein sein. Aber wenn doch, was mache ich dann? Wie von einer anderen Macht getrieben, stürze ich aus meinem Bett und fange höllisch an zu schreien. Aber da höre ich auch schon die Stimme meiner Großmutter. Sie ist diesmal nicht in der Küche, sie liegt noch in ihrem Bett und kann sich nicht bewegen. Wenn sie sich bewegt, muss sie sich übergeben. Und das hat sie schon mehrmals an diesem Morgen getan. Dazu hat sie einen blutigen Durchfall. Wegen der starken Schmerzen ist ihr Kopf schon glühend rot. Vor lauter Schreck kann ich kein Wort sprechen. „Aber Großmutter, was hast du denn?" frage ich sie ganz leise. Jetzt bewegt sie den Kopf vorsichtig hin und her. Sie ist so schwach. Ihr Mund ist ganz trocken und ihr Atem geht sehr schnell. Bestimmt hat sie Fieber, denn das hat man meistens, wenn man so einen heißen Kopf hat.

Aber wie kann ich ihr helfen? Meine Mutter und mein kleiner Bruder haben heute das Haus ganz früh verlassen. Großmutter hat ihr versichert, dass sie sich schon allein helfen kann. Denn ich bin ja auch noch hier. Und eine muss ja arbeiten gehen, sonst haben wir nichts zu essen. Schnell ziehe ich mich an und mache in dem Herd, der im Flur steht, Feuer an. Es dauert wirklich lange, bis die kleinen Holzspäne Feuer fangen und endlich ein richtiges, loderndes Feuer im Herd entsteht. Nun setze ich einen Topf mit Wasser auf. Auf Großmutters Anweisung soll ich ihr einen bestimmten Tee aufgießen. Es sind getrocknete Blüten und Blätter, die sie im Sommer gesammelt hatte. Ja, jetzt kommen sie uns zugute. Zwischendurch schaue ich immer wieder nach ihr. Sie liegt so still da, dass es bald so aussieht, als sei ihr alles egal. Denn jedes Mal, wenn ich sie anspreche – aber wirklich ganz vorsichtig –, dann erschrickt sie. Voller Aufregung bin ich. Ich möchte ihr doch so gerne helfen. Endlich kocht das Wasser. Um überhaupt an den Herd heranzukommen, muss ich mir einen Fußschemel nehmen und auf ihn steigen. Hoffentlich rutscht er mir nicht unter den Füßen weg. Das wäre schlimm. Mit großer Anstrengung gelingt es mir, den Topf mit dem kochenden Wasser vom Herd zu rücken. Ganz am Rande des Herdes ist mit Backsteinen ein Abstellrand gemauert. Hier kann man alles abstellen, was nicht mehr kochen soll. Da steht auch die große Kanne, in der ich den Tee überbrühen soll. Noch einmal muss ich von dem Fußschemel absteigen und den Topf weiterschieben. Meine Arme sind doch noch ein bisschen kurz. Endlich habe ich es geschafft. Aber ich muss mit beiden Händen den Stieltopf anfassen, um das Wasser in die Kanne zu schütten. Und es glückt mir wirklich! Wie schnell hätte ich abrutschen können.

Wir haben nun Tee für den ganzen Tag. Davon kann ich aber nichts trinken, denn er schmeckt entsetzlich bitter. Aber Großmutter tut er gut. Sie trinkt ihn bald stündlich, den ganzen Tag über. Bei jedem Schluck verzieht sie das Gesicht. Demnach schmeckt er ihr auch nicht. „Schlimm muss schlimm vertreiben!" Das hatte sie vor langer Zeit einmal gesagt. Jetzt ist sie selbst dran und muss den bitteren Trank zu sich nehmen. Er ist auch das Einzige, was ihr vielleicht noch helfen kann. Ich halte ihre Hand ganz fest, dann spürt sie den Schmerz in ihrem Bauch nicht so sehr. Ihre Hände sind auffallend warm und sehr feucht. Mit der anderen Hand versuche ich, sie zu beruhigen, indem ich ihr ganz sacht über ihre feuchte Stirn und Haare streiche. Dann schläft sie langsam ein. Vorsichtig ziehe ich meine Hände zurück und mit leisen Schritten, ganz sachte und auf Zehenspitzen, wende ich mich dem gegenüberliegenden Fenster zu.

Draußen tobt der erste Herbststurm und rüttelt an unseren brüchigen Fensterscheiben. Für einen Moment kleben die nassen Blätter an den Scheiben und versperren mir die Sicht nach draußen. Hoffentlich kommen meine Mutter und mein kleiner Bruder bald nach Hause. Großmutter darf jetzt auf keinen Fall gestört werden. Sie muss sich erst gesundschlafen.

Es ist kalt in unserer Stube. Der Sturm dringt durch alle Ritzen. Zu gerne würde ich in dem kleinen Stubenofen Feuer anzünden. Aber es ist sehr schwierig, weil der Rauch statt durch den Schornstein zuerst einmal mit voller Kraft in die Stube zieht. Davon würde Großmutter bestimmt wieder wach werden. So hole ich mir die einzige Decke, lege sie auf den Stuhl, den ich ans Fenster gestellt habe, und wickle mich rundherum damit ein. Jetzt kann ich dem lustigen Treiben bei Sturm und Regen da draußen richtig zusehen. Leider sind die Fenster undicht und das Regenwasser läuft unentwegt auf die Fensterbank, dann an der Wand entlang und versickert schlussendlich zwischen den morschen Dielenbrettern unter meinem Stuhl. Das Einzige, was nicht durch die Scheiben dringt, sind die vielen großen und kleinen Blätter, die der Wind ständig durch die Luft wirbelt und an unsere Fensterscheiben presst. Ein lustiges Spiel. Wie gut, dass wir nicht draußen sein müssen. Bei dem Gedanken läuft mir ein Schauer nach dem anderen über den Rücken. Meine kleine Lappenpuppe, die mir Großmutter genäht hat, halte ich eingewickelt in bunte Tücher in meinem Arm. Sie ist mein liebstes Spielzeug, mit niemandem würde ich es tauschen wollen.

Ich muss wohl eingeschlafen sein, denn ein Schrecken durchfährt mich, als eine Hand mich sacht berührt. Meine Mutter ist mit meinem kleinen Bruder nach Hause gekommen. Als das Feuer in unserem Stubenofen brennt, werden wir, meine Großmutter und ich, richtig wach. Eine große Suppenschüssel, gefüllt mit Milchsuppe und kleinen Mehlklößchen, steht dampfend auf dem Tisch. Nur Großmutter muss sich mit einer Wassersuppe aus Mehl und kleinen Weißbrotstückchen zufrieden geben. Denn richtige Milch darf der kranke Magen nicht bekommen. Großmutter ist mit allem zufrieden. Und wie es scheint, geht es ihr auch schon etwas besser.

Ein frischer Herbstwind, der Regen und Sonnenstrahlen im Wechsel bringt, verrät, dass sich die warmen Tage nun endlich verabschiedet haben. Jeden Morgen weht er immer mehr farbige, zusammengerollte Blätter vor unsere Tür. Aufs Neue ist der Herbst da. Dieses Mal ist die Zeit viel schneller vergangen. Ein beängstigendes und sorgenvolles Jahr geht zu Ende. Doch trotz so großer Hoffnungslosigkeit gibt es einen ganz kleinen Lichtblick: Im nächsten Frühjahr dürfen wir dieses Land verlassen. Dann sind wir wieder mit den eigenen Landsleuten zusammen. Dann gibt es keine widersinnigen Verbote mehr und niemand wird uns bedrohen.

Eine fremde Kultur hat sich in unserer Heimat breit gemacht und für uns ist nun kein Platz mehr. Aber Wehmut kommt auch auf. Wir würden gerne hier bleiben. Alles, was zerstört ist, würden wir wieder aufbauen. Ja, das würden wir tun! Die vielen Bausteine und die großen Sandhaufen, die uns die Lastkähne noch vor unserer Flucht gebracht hatten, liegen immer noch an derselben Stelle. Aber wer würde sich überhaupt noch trauen, dort hinzugehen, da wir doch hastig, im Schutz des Herbstnebels, unser eigenes Haus verlassen mussten. Getötet hätten sie uns, wenn sie uns bei ihrem Überfall gefunden hätten. Nur wie durch ein Wunder blieben wir verschont. Sie haben uns damals weder sehen noch hören können. Es gibt für uns einfach keinen anderen Ausweg, wie wir uns auch immer drehen und wenden. Das polnische Gesetz ist gegen uns!

Meine Mutter hat heute mit meinem kleinen Bruder schon sehr früh das Haus verlassen. Meine arme Großmutter ist noch immer krank. Sie ist so schwach, dass sie das Bett vorerst nicht verlassen kann. Meine Mutter hatte, bevor sie ging, im großen Herd Feuer angemacht. Ich soll für Großmutter eine Mehlsuppe kochen. Voller Tatendrang und nach den Anweisungen meiner Großmutter versuche ich, die Suppe zu kochen. Zuerst stelle ich einen kleinen, weißen Blechtopf, halb gefüllt mit Wasser, auf den Herd. Dann kommen einige Löffel Mehl hinein. Dabei muss tüchtig gerührt werden. Aber es will einfach nicht kochen. Da fällt mir ein, wie es unsere Mutter immer machte, wenn es schnell kochen sollte. Mit einem kleinen Eisenhaken hob sie einen Ring nach dem anderen von der Herdplatte ab, sodass der Kochtopf genau in die Feuerstelle paßte. Dann kochte es immer sehr schnell. Das werde ich auch tun. Eilig, aber nicht mit dem Eisenhaken, sondern mit einem Holzspan, hebe ich die einzelnen Ringe von der Feuerstelle ab. Zuerst geht es noch ganz gut.

Aber dann passiert es: Der letzte Ring rutscht von dem Holzspan genau auf meinen Zeigefinger und schmort sich förmlich bis auf den Knochen des Zeigefingers durch. Zuerst ist von Schmerzen nichts zu spüren. Es ist nur der Schock, der mich so laut schreien lässt. Den glühenden Ring habe ich vor Schreck zu Boden fallen lassen. Er zerbricht in viele kleine Stücke. Voller Entsetzen renne ich zu meiner Großmutter. Sie hat sich schon im Bett aufgesetzt. Am liebsten würde sie zu mir eilen, sie schafft es aber nicht. Als ich ihr meinen angebrannten Finger zeigen will, fällt sie ohnmächtig zurück. Schließlich hebt sie doch eine Hand und redet ganz leise zu mir. Sie zeigt auf ein Gefäß, in dem das Mehl ist. Dahinein soll ich meinen

Finger tauchen. Das tue ich auch. Aber dann beginnt ein fürchterliches Brennen an meinem Finger. Es wird immer schlimmer und steigert sich zu einem entsetzlichen Schmerz. Aber ich will meiner Großmutter nicht zeigen, wie schmerzhaft alles ist, weil ich ihr doch versprochen habe, die Mehlsuppe zu kochen. Schnell gehe ich wieder zurück und stelle den Topf über die offene Feuerstelle. Jetzt dauert es nicht mehr lange. Rasch fängt das Mehlsüppchen an zu kochen. Es kocht zu schnell, darum muss ich es wieder herausheben und zur Seite stellen. Einige Male muss ich diesen Vorgang wiederholen. Als das Mehlsüppchen anfängt, dicklich zu werden, schütte ich es in eine Schüssel und bringe es meiner Großmutter ans Bett. Sie ist so gerührt. Ja, sie ist von meiner kleinen Tat so ergriffen, dass sie weint. Und das alles, weil ich ihr dieses warme Süppchen gekocht habe. Nein, das sollte sie lieber nicht tun. Ich setze mich zu ihr ans Bett und leiste ihr Gesellschaft. Sehr, sehr langsam trinkt sie die Suppe aus der kleinen Schüssel. Mehlklümpchen, die nicht verrührt wurden, schwimmen auf der Oberfläche. Das ist mir leider passiert. Aber Großmutter sagt nichts dazu, sie freut sich nur. Meinen schmerzenden Zeigefinger habe ich in den Rock meines Kleides eingewickelt. Aber der Schmerz geht nicht zurück. Im Gegenteil, er steigert sich und wird immer schlimmer. Schließlich wird es mir sogar übel.

Ich muss wohl ohnmächtig geworden sein. Denn jetzt merke ich, dass Großmutter versucht, mich zu verbinden. Aber sie ist zu schwach. Sie kann mich nicht hochheben. Darum deckt sie mich mit Decken zu und spricht mit leiser Stimme auf mich ein. Das ist alles, was sie für mich tun kann. Jetzt liegen zwei Kranke in einer Stube und warten auf Hilfe. Schließlich kann ich mich doch wieder erheben. Im Zimmer laufe ich vor lauter Schmerzen hin und her. Hoffentlich kommt meine Mutter bald wieder.

Das Feuer ist längst ausgegangen, darum wird es auch zusehends kälter. Vorerst will ich mit dem Feuer nichts mehr zu tun haben. Denn diese schmerzhafte Erfahrung werde ich so schnell nicht vergessen. Den ganzen Tag verspüre ich eigenartigerweise auch keinen Hunger. Der Schmerz ist noch immer überaus groß und lässt keine anderen Gefühle aufkommen.

Endlich, am Spätnachmittag, kommen meine Mutter und mein kleiner Bruder wieder nach Hause. Unsere Mutter ist entsetzt, wie es in unserem Zimmer aussieht. Das reinste Chaos. Als würden Wilde hier wohnen, meint sie. Vielleicht hat sie Recht. Doch dann wird sie auf einmal still, als sie meinen angebrannten Finger sieht. „Wie konnte das nur geschehen?" fragt sie. Nun wird erst einmal der kranke Zeigefinger richtig verbunden. Anschließend muss ich den verbundenen Finger hochhalten. Eine warme Tasse Tee und ein Stück trockenes Weißbrot gibt es für jeden. Großmutter isst zum ersten Mal auch mit und es schadet ihr auch nichts.

Das Feuer knistert im Ofen und eine gemütliche Wärme hat sich in unserer kleinen Stube ausgebreitet. Es ist schon spät. Mein kleiner Bruder ist neben mir im Bett schon längst eingeschlafen. Nur ich kann noch nicht schlafen. In meinem Zeigefinger klopft und schmerzt es immer noch. Der Verband fühlt sich sogar richtig nass an. Aber ich traue mich nicht, nach meiner Mutter zu rufen. Mein kleiner Bruder könnte wach werden.

Es ist eine kurze Nacht. Für einige Zeit ist die Müdigkeit doch stärker als der Schmerz. Aber dann beginnen die starken Schmerzen doch wieder von neuem, und das fast genauso stark wie am Tag zuvor. Meine Mutter macht sich wieder für die Arbeit fertig. Meinen kleinen Bruder nimmt sie auch wieder mit. Vorher hat sie mich aber noch angezogen und meinen Zeigefinger frisch verbunden. Jetzt kann man richtig das rohe Fleisch sehen und die ganze Hand ist blaurot geschwollen. Eigentlich brauchen wir hierfür einen Arzt. Aber für Deutsche gibt es ja keine medizinische Hilfe.

Als meine Mutter mit meinem kleinen Bruder wieder fort ist, versucht meine Großmutter zum ersten Mal, wieder aufzustehen. Sie braucht sehr lange, um sich erst einmal zu waschen und dann anzuziehen. Zwischendurch muss sie sich immer wieder ausruhen. Endlich hat sie es geschafft. Ein müdes Lächeln zieht über ihren Mund, als wir beide am Tisch sitzen. Sie nimmt meine unversehrte Hand und berührt sie sacht so, als wollte sie danke sagen oder vielleicht auch nur Mut machen. Ich warte noch immer auf ein Wort von ihr, aber es kommt keines. Doch ihre Augen schauen mich liebevoll an. Ich verstehe sie auch ohne Worte. Dafür kenne ich sie zu gut.

Ja, was machen wir nun? Wer kocht uns heute einen Tee oder eine Suppe? Aber Großmutter schafft es wirklich. Wenn auch alles ein bisschen länger dauert, aber heute gibt es warmen Tee und eine Hafersuppe.

Der Herbst hat wieder seine bunte Farbenpracht über Felder und Wiesen ausgebreitet. Und die Sonne scheint heute ziemlich hell durch unsere kleinen Fenster. Vielleicht sind es die letzten warmen Sonnenstrahlen, auf die dann ein langer, kalter Winter folgt. Das restliche Holz in dem kleinen Stall nebenan wird gerade noch für diesen Winter reichen. Sollten wir vielleicht noch einen Winter bleiben müssen, dann müssten wir schon zeitig mit dem Holzsammeln beginnen. Aber wer würde uns dazu die Erlaubnis geben? Fragen über Fragen und keine richtige Antwort. Um das tägliche Brot müssen wir uns schon jeden Tag sorgen. Denn nur selten können wir uns richtig satt essen. Mein kleiner Bruder wacht manchmal in der Nacht mit Bauchschmerzen auf. Und dann dauert es ziemlich lange, bis er sich wieder beruhigt. Leider kann ich dann auch nicht mehr einschlafen, weil er sich in unserem Bett vor Schmerzen herumwälzt und sich krümmt wie ein Wurm. Ein warmer Ziegelstein hilft meistens. Aber wenn der Ofen kalt ist, muss man erst wieder Feuer machen. Und das dauert sehr lange. Zudem müssen wir Holz sparen, weil wir ja nicht wissen, wann wir mit der Ausreise rechnen dürfen.

Großmutter hat sich wieder in ihr Bett gelegt und ich habe mir einen Stuhl vor das Fenster gestellt und sehe nach draußen. Es wäre doch besser, wenn mein kleiner Bruder wieder daheim bliebe. Wir könnten zusammen spielen und uns etwas erzählen. Meine ganze Hand tut mir jetzt weh, manchmal auch der ganze Arm. Aber ich will meiner Großmutter von meinen Schmerzen nichts sagen. Noch kann ich es ja aushalten. Denn Großmutter braucht unbedingt Ruhe, sie soll ja wieder gesund werden.

Weihnachten 1946

Wieder ein kalter Winter. Schneestürme und Eisregen wechseln einander ab. Der eisige Wind pfeift durch alle Ritzen, sodass es in unserer Stube überhaupt nicht richtig warm wird. Alles, was man an Decken und alten Kleidungsstücken entbehren kann, wird an Fenster und Türen gehängt. Trotzdem weht es tüchtig hinein. Wenigstens ist uns nicht so kalt wie vor zwei Jahren auf der Flucht in unserem Planwagen, der von den Pferden gezogen wurde. Wie viele Menschen und Tiere sind dort am Wegesrand halb verschneit, zu Eisklumpen erfroren zurückgeblieben. Das werde ich nie vergessen. Jetzt haben wir wenigstens ein Dach über dem Kopf und brauchen nicht Angst zu haben, dass wir erfrieren. Wenn uns auch oft der Hunger plagt, bis jetzt haben wir es wenigstens geschafft. Nur noch bis zum Frühjahr, das werden wir auch noch aushalten.

Diesmal ist Weihnachten nicht so schön wie im vergangenen Jahr. Es fehlen die roten Äpfel und auch der kleine Weihnachtsbaum. Großmutter hat keinen finden können. Im vorigen Jahr standen noch einige an der Stelle, wo wir uns den größten ausgesucht hatten. Aber in diesem Jahr waren dort keine mehr zu finden. Großmutter hat anderes Grün gesucht und zu einem großen Strauß zusammengebunden. Den hat sie auf den Tisch gestellt und mit dem restlichen Weihnachtsschmuck vom vergangenen Jahr geschmückt. Nur Kerzen für die Kerzenhalter waren keine mehr da. Dafür hat sie zwei große Kerzen, die wir als Zimmerlicht zugeteilt bekamen, auf den Tisch gestellt. Doch trotz aller Mühe kommt keine richtige Weihnachtsfreude auf. Mein kleiner Bruder und ich haben uns vor den Ofen gesetzt. Die Ofentür ist eine Handbreit offen. Wir schauen zu, wie das Feuer mit seinen tausend Zungen das Holz verzehrt und dabei eine wohlige Wärme abgibt. Unsere Großmutter und unsere Mutter sitzen am Tisch. Sie sind traurig und es sieht so aus, als ob sie weinen. Nur zeigen sie es uns nicht.

Die getrockneten Apfelringe, die in einem Teller auf dem Tisch standen, haben wir alle aufgegessen. Niemand will uns heute eine Geschichte erzählen. Nicht einmal ein Lied wird gesungen. Großmutter hat ihre Krankheit noch nicht richtig überwunden. Sie sieht schwach und blass aus. Ihre silbrigen Haare, die sonst zu einem Knoten zusammengesteckt sind, wirken heute ganz unordentlich. Es fehlt ihr die Kraft zu den einfachsten Tätigkeiten. Auch unsere Mutter ist schmal geworden. So hat sie noch nie ausgesehen. Hoffentlich wird sie nicht wieder krank. Jetzt darf keiner krank werden, denn sonst können wir nicht ausreisen.

Der Winter will dieses Mal kein Ende nehmen. Das Brennholz wird auch immer weniger und es sieht bald so aus, als wollte es nicht ganz reichen. Darum wird sehr sparsam mit dem Holz umgegangen. Damit wir nicht ständig frieren müssen, halten mein kleiner Bruder und ich uns die meiste Zeit im Bett auf. Da ist es wenigstens schön warm. Aber immer geht das auch nicht. Bewegung ist auch wichtig, meint unsere Mutter. Die Wintersonne scheint heute hell und freundlich in unsere schwach beheizte Stube. Die dichte Schneedecke leuchtet mit ihren tausend Glitzersteinchen besonders hell in unsere Stube. Doch so sehr sich die Sonne auch müht, mit ihren warmen Strahlen die eiskalte Luft zu erwärmen, sie hat doch keine Chance. Es rührt sich nichts. Die Eiszapfen hängen starr an unserem Fenster herunter. Nicht ein einziger Wassertropfen ist sichtbar. Sogar in unserer kleinen Stube glitzern die Wände von Raureif, den man wie Puderzucker abkratzen kann. Zu gerne würden wir in unserem Ofen mehr Holz auflegen, aber wir müssen ja sparen, damit es noch bis zum Frühjahr reicht.

Damit wir auch mal draußen herumlaufen können und keine Angst vor den polnischen Kindern haben müssen, beschließt unsere Großmutter, mit uns jeden Tag ein bisschen spazieren zu gehen. Wir gehen nicht weit. Hin und wieder muss sie stehen bleiben, weil sie einfach keine Luft bekommt. Mein kleiner Bruder und ich laufen dann voraus und Großmutter freut sich, dass wir das Laufen noch nicht verlernt haben. Der Schnee ist hart und fest. Bei jedem Schritt gibt es laute Geräusche. Es ist so kalt, dass wir uns tüchtig bewegen müssen, sonst werden wir noch zu Eisklumpen. Allzu lange können wir uns draußen nicht aufhalten, weil uns die Schuhe drücken, denn sie sind uns längst zu klein geworden. Mein kleiner Bruder fällt oft über seine eigenen Füße. Das muss wohl mit den allzu kleinen Schuhen zu tun haben. Auch meine Füße schmerzen schnell beim Gehen, deshalb bin ich froh, wenn ich die Schuhe schnell wieder ausziehen kann.

Heute gibt es Pellkartoffeln und warmen Kräutertee. Die erste warme Mahlzeit an diesem Tag. Und wahrscheinlich für heute auch die letzte. Leider muss auch mit den Nahrungsmitteln sparsam umgegangen werden. Darum bleibt von den Kartoffeln auch nichts übrig, nicht einmal eine kleine Kartoffelschale. Alles wird aufgegessen. Mein kleiner Bruder und ich haben uns wieder vor das Ofentürchen gesetzt. Da ist es am wärmsten. Zum ersten Mal erzähle ich ihm eine Geschichte. Dabei legt er sich direkt vor den Ofen und hört ganz gespannt zu. Weil er mich immer so ansieht, muss ich ständig lachen. Es ist nicht zu fassen, er glaubt mir alles, was ich ihm erzähle. Dabei habe ich alle Geschichten erfunden. Aber es ist trotzdem schön, dass er zuhört. Während ich weiter erzähle, wird es neben mir ganz still. Vorsichtig sehe ich zu ihm hinüber. Jetzt ist er eingeschlafen. Die frische Luft und das Mittagessen haben ihn müde gemacht. Großmutter holt eine Decke und wickelt ihn damit vorsichtig ein.

Der Winter 1947

So gehen die Wintertage im immer gleichen Trott mit Eis und Schnee bei minus fünfzehn Grad dahin. Jeden Tag müssen wir uns auch im Zimmer warm anziehen. Der Raureif an den Wänden geht nicht weg, und auch das Wasser im kleinen Kessel oder in der Waschschüssel hat jeden Morgen eine dünne Eisdecke. Ja, so kalt ist es in unserem Zimmer. Und Großmutter legt uns jeden Abend in unsere Betten warme Ziegelsteine zum Vorwärmen. Besonders unsere Mutter braucht diese Wärme, damit sie nicht wieder eine neue Erkältung bekommt.

Eines Abends, es ist noch sehr früh, kommt unsere Mutter eilig zur Tür herein und schließt sie auch gleich wieder hinter sich. Einige Augenblicke verharrt sie still hinter der Tür und wartet ab. Wir sind alle erschrocken und mein kleiner Bruder fängt laut an zu weinen. Und dann klopft es auch schon an unserer Türe. Zunächst rührt sich keiner von uns. Auch mein kleiner Bruder ist vor Schreck ganz still geworden. Dann wird wieder geklopft und wieder und schließlich wird mit den Fäusten getrommelt. Und als das alles nichts hilft, wird mit den Füßen mit voller Kraft gegen die Türe getreten. Eiligst schiebt Großmutter unsere Mutter zur Seite und öffnet die Türe. Sie macht sich auf einmal kerzengerade und fragt die Eindringlinge: „Was wollen Sie?" Diese antworten: „Wir suchen eine junge Frau mit einem Rucksack. Sie muss bei Ihnen sein. Wir haben sie hier reingehen sehen!" „Wie kommen Sie darauf, dass sie bei uns sein soll?" ist Großmutters Antwort. „Hier sind nur zwei kleine Kinder." Dabei zeigt sie auf uns beide. Wir zittern wie Espenlaub, und mein kleiner Bruder wimmert wie ein Kätzchen. Meine Mutter steht direkt hinter der Türe und rührt sich nicht. So schnell, wie sie gekommen, sind sie auch wieder verschwunden. Sicherlich haben sie weiter gesucht. Aber unsere Mutter ist in Sicherheit. Sie hat heute einen Rucksack voll mit Nahrungsmitteln mitgebracht.

Und dieses Mal hat ihn ihr niemand abnehmen können. Denn oft schon haben sie halbwüchsige Jungen überfallen und ihr den Rucksack einfach weggenommen. Sich zu wehren wäre zwecklos gewesen. Doch diesmal hatte sie im Schutz der Dunkelheit einen anderen Weg eingeschlagen, um den Räubern zu entkommen. Um ein Haar wäre es schief gegangen.

Aber Großmutter hatte gelogen. Dabei ist sie doch immer für die Wahrheit. Das kann ich nicht verstehen. Warum muss man hier lügen?

Meiner Großmutter muss es wohl aufgefallen sein, dass ich plötzlich still geworden bin und sie ständig beobachte. Wir verstehen uns auch ohne Worte, nur mit Blicken sehr gut. An diesem Abend hat sie nichts mehr gesagt. Auch am nächsten noch nichts. Immer wieder kreist ihre Lüge in meinem Kopf herum. Warum hat sie das nur getan?

Einige Tage der Freude erhellen nun unseren dunklen Alltag. Denn im Rucksack befanden sich zwei dicke Weißbrote, eine Flasche Rapsöl, fetter Speck, Schweineschmalz, Salz, Zucker, Mehl und auch Kartoffeln. Diesen Anblick werde ich nicht vergessen. Es ist eine unaussprechliche Freude für uns alle. Endlich können wir uns wieder richtig satt essen. Schließlich sagt unsere Großmutter zu mir: „Siehst du, mein Kind, hätte ich ihnen gesagt, dass deine Mutter hier ist, dann müssten wir jetzt alle hungern. Meinst du denn, sie hätten uns den Rucksack gelassen? Sie wollten ihn doch nur deshalb, weil sie wussten, was drin war. Ich habe euch mit dieser Lüge nur vor diesen Räubern schützen wollen. Und das ohne eine Waffe! Gott wird uns deswegen nicht strafen, denn er kennt unser Herz!" Nach einer Weile laufe ich zu ihr hin, schlage ihr die Arme um den Hals und drücke sie ganz fest. Eigentlich will ich danke sagen, aber in diesem Augenblick habe ich keine Stimme. Ich habe sie verstanden, sie hat mich verstanden und das reicht aus.

Immer wieder kommen polnische Männer, Bauern aus der Nachbarschaft, zu uns. Sie messen die Innenräume, in denen wir wohnen, mit einem Zollstock aus und machen sich Notizen. Das gleiche tun sie auch draußen. Was hat das nur zu bedeuten? Zum ersten Mal seit langem ist der Nachbar aus der Mühle wieder bei uns. Er hat uns gebrannte Gerste und ein Schwarzbrot mitgebracht. Die Gerste wird in der Kaffeemühle gemahlen und anschließend in einer Kanne mit heißem Wasser überbrüht. Nach einiger Zeit schüttet man den überbrühten Kaffee durch ein Sieb ab in eine Tasse. Mit Milch schmeckt er noch besser, aber die haben wir nicht. Der Nachbar erzählt uns, dass dieses Haus ein Pole bekommt. Er hat es schon gekauft. Aber er muss noch warten, bis wir ausgezogen sind. Wir werden im April dieses Land verlassen müssen, erinnert man uns. Meine Großmutter denkt nach. Das sind ja nur noch zwei Monate!

Zwei Jahre haben wir schon kein Fleisch mehr gesehen. Da hat unsere Großmutter eine Idee. Sie stellt ein großes, rundes Sieb mit einem Stöckchen darunter auf. An das Stöckchen bindet sie einen langen Faden. Unter das Sieb hat sie ein paar Körner gestreut. Nun nimmt sie den Faden und versteckt sich hinter der kleinen Stalltür. Immer wenn sich die Spatzen unter dem Sieb tummeln, dann zieht sie mit dem Faden das Stöckchen weg und fängt die Vögel, schlachtet und rupft sie wie Hühner. Dann werden die vielen, kleinen Spatzenhühnchen gekocht. Fleisch gibt es davon kaum, aber die Suppe schmeckt uns allen gut. In der letzten Zeit hat Großmutter diesen „Hühnchenschmaus" oft wiederholt.

Der Februar hat schon begonnen. Unsere Abreise rückt wieder einen Monat näher. Jetzt fangen wir an, die Wochen und Tage zu zählen. Wie lange wird wohl die Reise mit dem Zug dauern? Die Polen sagen uns immer, dass sie uns in das kleine Deutschland schicken werden. Dabei lachen sie immer in einem fort. „Aber da könnt ihr auch nicht mehr machen, was ihr wollt", geben sie uns dann weiter zu verstehen. „Jetzt müsst ihr uns allen gehorchen, den Russen, den Polen", und dabei zeigen sie auf sich, „den Engländern, den Franzosen und den Amerikanern. Ja, jetzt ist es aus mit euch! Bei uns habt ihr es noch gut, aber dort, in dem kleinen Deutschland müsst ihr schwer arbeiten und noch mehr hungern!" Sehr oft erzählen sie uns das. Das letzte Mal, als sie wieder mit diesen Sätzen anfingen, habe ich mir einfach die Ohren zugehalten. Es hört sich so schrecklich an in ihrem gebrochenen Deutsch. Ich glaube, sie wünschen uns das nur. Es wird schon alles anders sein. Wir werden Frieden, Ruhe und Arbeit haben. Und dann gebe es auch genug zu essen, meint unsere Großmutter und meine Mutter nickt zustimmend. Das beruhigt mich. Von jetzt an versuche ich mich langsam von allem Schönen, von unserem alten Zuhause, in das wir vorerst nicht mehr gehen dürfen, innerlich zu trennen. Da ist ja alles kaputt und mit Wasser überflutet, rede ich mir ständig ein. Zurück dürfen wir sowieso nicht mehr. Rechte haben wir auch keine. Nicht einmal eine Schule kann ich besuchen. Und das möchte ich unbedingt. In dem kleinen Deutschland kann ich endlich in die Schule gehen. Vor allen Dingen brauche ich dort keine Angst mehr zu haben. Dort gibt es auch Kinder, mit denen wir richtig spielen können. Nach vorne will ich von jetzt an blicken, auf keinen Fall zurück.

Als der März endlich mit den warmen Sonnenstrahlen die Natur zu neuem Leben erweckt, machen wir uns Gedanken, was wir alles auf den Weg in unsere neue Heimat mitnehmen können. Es wird nicht viel sein, aber zwei Koffer und ein Rucksack doch. Etwas Schmuck und deutsches Geld hat meine Mutter noch. In die Säume ihrer Unterwäsche hat sie sich die letzten Wertgegenstände eingenäht. Auf den Gedanken, in der Unterwäsche nach Wertgegenständen zu suchen, wird wohl keiner kommen!

Weil heute so ein schöner, warmer Frühlingstag ist, hat unsere Großmutter eine neue Idee. Sie möchte noch einmal auf den Friedhof, wo Großvater begraben ist, bei der Kirche von Ellerwald-Zeyer. Abschied will sie nehmen. Denn hierher werden wir nie wieder zurückkommen. Meine Mutter beschließt, mit meinem kleinen Bruder zu Hause zu bleiben, und ich darf Großmutter begleiten. Aber es sind fast acht Kilometer. Wir werden wohl den ganzen Tag dazu brauchen. So machen wir uns zeitig auf den Weg. Es ist Sonntag. In der vergangenen Nacht hat ein warmer Regen die ganze Natur um uns erfrischt. Kein Mensch ist weit und breit zu sehen. Aber Hunde hört man hier und da bellen. Sie allein zeigen an, wo jemand wohnt. So ziehen wir beide allein durch die sonntägliche Stille und genießen die ersten Frühlingsboten, die zaghaft ihre winzigen bunten Blütenblättchen im Sonnenlicht entfalten. Ein kleiner Vogel, der uns schon an der Haustür ein Liedchen pfeift, begleitet uns noch ein Stück. Aber dann kehrt er um. Wir brauchen wohl keine Angst zu haben, dass irgendjemand uns belästigt. In ein buntes Tuch hat uns meine Mutter einige Scheiben Brot eingeschlagen, die wir als Stärkung mitnehmen. Wenn nur meine Schuhe nicht so drücken würden, dann wäre es ein wahres Vergnügen, so durch die stille Natur zu gehen. Aber von meinen wunden Füßen erzähle ich niemandem, denn sonst hätte ich womöglich noch daheim bleiben müssen.

Der Weg führt durch herrlich grüne Wiesen, an großen Bäumen vorbei, die gerade anfangen, ihre Blätter zu entfalten. In den überlaufenden Bächen, die laut gurgeln und glucksen, schwimmen Entenpärchen friedlich nebeneinander und gründeln mit ihren Schnäbeln. Sie sind so eifrig bei der Sache, dass sie uns gar nicht wahrnehmen. Von den vielen gelben Blumen, die schon von weitem leuchten, möchte ich mir am liebsten einen Strauß pflücken. Aber sie würden unterwegs verwelken. Wir nehmen nur einige für den Friedhof mit. Immer wieder bleibt Großmutter stehen. Sie schaut sich um und dabei werden Erinnerungen aus längst vergangener Zeit wach. Manchmal lächelt sie, aber manchmal ist sie auch traurig. Oftmals schnappt sie nach Luft, das Laufen fällt ihr sehr schwer, doch sie sagt nichts. Was würde es auch nützen? Das ist eben ihre Stärke, sie will niemanden belasten. Sie ist eine tapfere Frau und kann viel aushalten.

Wir kommen auch an einer Reihe von Bauernhöfen vorbei, die im Krieg zerstört worden sind. Aus den Ruinen wachsen Bäume und Sträucher. Nur der Wind pfeift hindurch und die Wolken ziehen darüber hin. Ein trauriger Anblick. Ob sich die Bewohner wohl noch in Sicherheit bringen konnten? Oder sind sie wie viele andere am Straßenrand zurückgeblieben und haben die Strapazen nicht überlebt? Ein Frösteln überkommt mich. Die vielen Menschen, warum mussten sie das alles durchmachen? Eine rechte Antwort wird es wohl nie darauf geben.

Wir bleiben an einer Wegkreuzung stehen. Es hat sich hier alles so verändert. Großmutter weiß nicht genau, welche Richtung wir einschlagen müssen. Darum ruhen wir uns eine Weile aus. Immer wieder sieht sie sich um. Endlich weiß sie doch wieder weiter. Jetzt ist es nicht mehr weit, meint sie zu mir. Hier muss bald der Friedhof kommen. Es ist alles vollkommen zugewachsen. Die reinste Wildnis. Wer sich nicht auskennt, vermutet hier keinen Friedhof. Nun suchen wir den Eingang. Weit und breit ist kein Mensch oder Tier zu sehen. Sehr still ist es hier. Großmutter und ich haben uns ein warmes Plätzchen in der Sonne ausgesucht. Im Schatten ist es doch noch recht kühl. Dann schaut sie mich an und sagt zu mir: „Wenn du von hier aus weitergehst, vielleicht zehn Minuten, dann bist du zu Hause." Ach ja, der Nogatdamm, den kenne ich noch. Stimmt, wenn ich da weiterlaufe, bin ich ganz schnell zu Hause. Aber wir dürfen dort nie wieder hin. Das ist uns verboten worden. Großmutter knotet das Tuch auf und wir essen das Brot, das meine Mutter uns mitgegeben hat.

Nun wird es aber Zeit, dass wir das Grab von Großvater besuchen, denn wir haben noch einen weiten Weg nach Hause vor uns. Schließlich wollen wir noch vor Dunkelheit zurück sein. So geht Großmutter mit mir von einem Grab zum anderen. An jedem Grab, das sie besonders gut kennt, bleibt sie eine Weile stehen, reißt das verdorrte Gestrüpp aus und legt es zur Seite. Jedes Mal faltet sie die Hände und denkt nach. Plötzlich stehen wir vor Großvaters Grab. Sie nimmt meine Hand und sagt, indem sie auf den Grabstein schaut: „August, hier bin ich, und das ist deine tapfere Enkelin. Wir wollen uns heute von dir verabschieden. Wir müssen dieses Land verlassen und kommen nie wieder hierher. Sei froh, dass du das alles hier nicht mehr erleben musstest! Deutschland ist ganz klein geworden. Du hast recht behalten, wir haben den Krieg verloren! Wir wissen auch nicht, ob unser Sohn noch lebt!" Sie redet immer weiter und ihre Stimme wird immer leiser. Zuletzt fällt sie auf die Knie und weint und schluchzt in einem fort. So habe ich Großmutter noch nie gesehen. Es wird mir ganz unheimlich. Schließlich beuge ich mich zu ihr hinunter und flüstere ihr ins Ohr, dass sie doch aufstehen möchte. Als das nichts nützt, ziehe ich schließlich ruckartig an ihrem Arm. Erst da erhebt sie sich langsam. Die gelben Blümchen, die wir am Wiesenrand gepflückt hatten, sind eigentlich schon verwelkt. Aber wir legen sie doch auf Opas Grab. Es ist wirklich ein letzter Gruß.

Wir sind schon längst wieder auf dem Heimweg. Keine von uns hat ein Wort gesprochen. Irgendwo hat es geregnet, aber über uns scheint die Sonne. Dann sehen wir den bunten Regenbogen, der sich zwischen Licht und dunklen Wolken Raum schafft. „Ja, siehst du", sagt meine Großmutter, „das ist ein Zeichen, das Gott uns gegeben hat. Er hat uns versprochen, dass er die Erde nicht mehr vernichten wird wie zu Noahs Zeiten. Jetzt lässt er alles ausreifen, das Gute und das Böse, bis Christus wiederkommt. Erst dann wird er Gericht halten über alle Völker. Er hat noch immer Geduld mit uns. Er hat viel Geduld mit uns!"

Großmutter eilt und ich habe alle Mühe, ihr zu folgen. Rast machen können wir nicht mehr, sonst wird es noch dunkel, bevor wir zu Hause sind. Meine Füße brennen wie Feuer und jeder Schritt bereitet mir einen stechenden Schmerz. Großmutter versteht gar nicht, warum ich immer langsamer werde. Aber ich sage ihr nichts, weil sie dann Mitleid bekommt und mit mir langsamer geht. Ich habe nämlich auch Angst, dass es dunkel wird. So manch einer ist schon bei Dunkelheit überfallen und erschlagen worden. Ich glaube, wir beide denken dasselbe, darum gehen wir sogar im Laufschritt. Obwohl es schon recht kühl geworden ist, schwitzen wir richtig. Bäume und Sträucher werfen ihre langen Schatten voraus. Die ganze Landschaft ringsum taucht in ein milchiges Licht. Endlich haben wir die letzte Wegbiegung erreicht. Jetzt sind wir bald zu Hause. Von weitem sehen wir zwei Gestalten auf uns zukommen. Die Angst steht uns beiden ins Gesicht geschrieben. Aber keine sagt etwas. Wir bleiben vorsichtig stehen und versuchen, den Entgegenkommenden auszuweichen. Wir wollen uns hinter einem Strauch verstecken. Aber dann ruft jemand. Jetzt erkennen wir die Stimmen. Es ist niemand anderes als meine Mutter mit meinem kleinen Bruder. Sie sind uns einfach entgegengekommen. Damit haben wir nicht gerechnet.

Noch Tage nach diesem Fußweg plagen mich heftige Schmerzen in den Beinen. Aber das ist normal und nichts anderes als Muskelkater. Vorerst kann ich nichts tun, auch nicht, als eine polnische Bäuerin zu uns kommt und uns Milch anbietet. Es ist nicht jene Bäuerin, deren Mann mir immer einen Teil der Milch ausschüttete. Nein, sie wohnt auf der anderen Seite des Hügels und hat uns alle, als wir vom Friedhof kamen, zum ersten Mal gesehen. Sie hat einfach ein Herz für Kinder. Als wir an ihrem Hof vorbeigegangen sind, hat sie gesehen, dass wir Kinder so schrecklich mager sind. Das versucht sie unserer Großmutter in ihrem gebrochenen

Deutsch zu erklären. Aber diesmal kann ich die Milch nicht holen, auch wenn ich richtig gehen könnte. Sie haben nämlich ein großen Hund, der den ganzen Tag vor ihrer Haustür liegt. Vor dem fürchte ich mich.

Dieses Mal geht meine Großmutter und holt die Milch für uns. Und das tut sie nun jeden Abend. Die herrliche Milchsuppe, die sie davon kocht, ist für uns alle eine Stärkung. Seitdem mein kleiner Bruder jeden Abend Milchsuppe bekommt, hat er auch in der Nacht keine Bauchschmerzen mehr. Es ist auffallend, die Nächte sind ruhiger und alle sind zufriedener. Vielleicht ist es auch der Gedanke, dass wir bald in das „kleine Deutschland" fahren und endlich in Frieden leben dürfen. Unsere Abreise aus diesem besetzten Land rückt immer näher. Hoffentlich wird nicht zuletzt noch einer krank. Nicht auszudenken! Denn dann kämen wir mit diesem Transport nicht mehr mit und müssten auf die nächste Ausreise warten.

Oft stelle ich mir vor, wie das wohl wäre, wenn wir nicht mitfahren könnten. Oder wenn sie uns mit dem Lastwagen abholten und uns womöglich in eine andere Richtung, vielleicht nach Sibirien, verschleppen würden. Vielen ist es schon so ergangen. Dann würden wir unseren Vater nie wieder sehen und er würde nie erfahren, was aus uns geworden ist. Diese Strapazen hätten wir nie ausgehalten. Wir wären garantiert in ganz kurzer Zeit gestorben. Die eisige Kälte, der fürchterliche Hunger und die großen Anstrengungen, um dort hinzukommen, das alles hätten wir nicht überlebt. Meine Mutter und Großmutter unterhalten sich fast jeden Abend darüber. Wenn ich auch schon im Bett bin, so kann ich ihre Unterhaltung doch gut verstehen. Das macht mir große Sorge.

Ein sattes Grün hat sich überall ausgebreitet. Eine Amsel hat sich auf den Dachrinnenrand unseres Hauses gesetzt und pfeift uns in voller Lautstärke ihr Lied. Sie wiederholt es immer wieder und lässt sich auch nicht stören, als wir das Fenster öffnen. Es ist Frühling geworden. Den will sie uns mit ihrem Lied bekunden. Wir freuen uns auch, dass der Winter endlich vergangen ist. Wir haben so viel gefroren, weil wir mit dem wenigen Holz so sparsam umgehen mussten. Jetzt ist es so gut wie aufgebraucht. Großmutter hat mit dem Besen die restlichen Stücke zusammengekehrt und verbrennt sie nun Schaufel für Schaufel im Ofen oder im Herd. Der Qualm verbreitet sich immer wieder neu in unserem kleinen Raum. Anfangs müssen wir alle husten, aber dann geht es. Weil es jeden Tag dasselbe ist, haben wir uns schon daran gewöhnt.

Als Großmutter meinem kleinen Bruder und mir beim Spielen zuschaut, erkennt sie, dass ich schon wieder richtig laufen kann. Eigentlich kommen mir meine Beinbeschwerden sehr gelegen. Denn ich möchte keine Milch holen, weil ich Angst habe. Und so lange ich nicht richtig gehen kann, brauche ich diesen Dienst nicht zu tun. Aber nun hat Großmutter mich doch erwischt. Sie steht hinter mir, berührt mich ganz lieb und bittet mich, die Milch zu holen. Zuerst wehre ich mich energisch. Auf keinen Fall werde ich das tun. Wie ein kleines Pferd stampfe ich mit meinem Fuß auf. Ich blicke sie wütend an. Wie kann sie bloß glauben, dass ich das tun werde. Aber Großmutter bleibt ganz ruhig stehen. Wieder nimmt sie meine Hände und will mich beruhigen. Hastig entziehe ich sie ihr. Ich kann immer noch nicht verstehen, warum Großmutter nicht begreifen will. Eine ganze Weile, den Blick von meiner Großmutter gewendet, an der Wand stehend, starre ich auf meine Füße. Ich will niemanden ansehen.

Großmutters Liebe ist doch stärker. Schlussendlich hat sie mich doch wieder überredet. Langsam schlendere ich nun den Weg entlang. Ich brauche nur die Milch abzuholen. Die kleine Kanne soll an der Haustreppe stehen. Weil es nicht so weit ist, begleitet mich mein kleiner Bruder. Als er aber einen Hund bellen hört, läuft er nach Hause. Eine Weile bleibe ich stehen, denn ich überlege auch, ob ich nicht umkehren soll. Aber was wird Großmutter sagen?

Allen Mut fasse ich zusammen, hole tief Luft und eile schnurstracks auf den Bauernhof zu. Wirklich, es ist niemand zu sehen. Vorsichtig auf Zehenspitzen gehe ich auf die Haustüre zu. Plötzlich entdecke ich einen großen Hund, der schlafend vor der Haustür liegt. Er hat mich gar nicht bemerkt. Vor lauter Entsetzen drehe ich mich um und will ganz schnell zurücklaufen. Da hat mich der Hund auch schon bemerkt. Er springt auf und läuft hinter mir her. In meiner großen Angst laufe ich hin und her und mit einem Satz springe ich dann schließlich in den Graben. Zum Glück ist nicht viel Wasser darin. Ich stehe in einem braunen, stinkenden Morast und schreie aus voller Kehle. Es soll jeder hören. Doch warum hilft mir hier keiner? Der Hund springt mit einem Satz auf mich. Ich falle zur Seite und er stürzt sich mit seinen Vorderpfoten auf mich. Mit seinen scharfen Zähnen beißt er mir ein Stück aus meinem Oberschenkel heraus. Er könnte mich zerreißen, denn groß genug ist er. Aber er läuft wider Erwarten schnell zurück.

Eine Weile warte ich noch, ob er auch wirklich weg ist. Langsam klettere ich wieder aus dem Graben. Durch und durch bin ich voll stinkendem Schlamm. Dann fühle ich die tiefe Wunde. Das Blut rinnt mir am Bein hinunter. Mit lauten Wehklagen laufe ich so schnell, wie es eben geht, nach Hause. Die Milch, die für uns bestimmt war, hat der Hund bewacht. War das Absicht oder zufällig? Jedenfalls holen wir von da an keine Milch mehr.

Meine Wunde sieht viele Tage entsetzlich aus. Eine Zeit lang kann ich kaum das Bein bewegen. Vom Oberschenkel bis zum Knie ist es rot wie eine Kirsche. Unter der Haut klopft es ständig und jeder Schritt schmerzt furchtbar. Jeden Tag wird die Wunde mit abgekochtem Wasser ausgewaschen und mehrmals am Tag verbunden. Meine Mutter macht sich große Sorgen. „Dein Bein sieht nicht gut aus", meinte sie. „Hoffentlich gibt es keine Blutvergiftung." Unsere Großmutter schaut mich mit mitleidigen Augen an. Ich glaube, sie fühlt sich schuldig. Aber sie konnte doch nicht wissen, dass dort ein Hund war. Sie hat jedenfalls nie einen gesehen, und das glaube ich auch. Manch ein Kummer hat auch eine gute Seite. Denn Großmutter sitzt nun an meinem Bett und erzählt mir immer wieder wunderbare Geschichten. Wo sie die wohl alle herhat? Zwischendurch kühlt sie mein Bein fast stündlich mit nassen, kalten Lappen. Mein kleiner Bruder sitzt auch dabei und stellt auch schon Fragen.

Wie ein Wunder zieht sich die Wunde langsam zusammen. Die Schmerzen lassen auch nach und die Entzündung, die Röte am Bein, verschwindet langsam. Als Großmutter und Mutter das eines Morgens entdecken, hört man sie fast gleichzeitig aufatmen. Das wäre geschafft! Großmutter spricht für sich ein Dankgebet. „Denn das sind wir unserem Gott schuldig", hat sie einmal gesagt. Und das meint sie heute auch wieder.

Regen mischt sich in den sonnigen Frühlingsanfang. Frische Luft dringt durch das offene Fenster und verbreitet in unserer Stube einen herrlichen Duft. Nun dauert es nicht mehr lange, unsere Abreise steht kurz bevor. Gestern kam ein Mann und brachte uns einen Schein, auf dem zu lesen war, wie viel Gepäck wir mitnehmen dürfen. Und dass wir pünktlich um sechs Uhr morgens unten an der Straßenkreuzung stehen sollen. Den genauen Tag geben sie uns noch bekannt.

Mein kleiner Bruder kann nicht verstehen, warum wir von hier weg wollen. Ich wünsche mir nichts sehnlicher, als die Menschen hier zu verlassen. Zum einen können sie uns nicht leiden, weil wir Deutsche sind. Und zum anderen erlauben sie uns nicht, in unser eigenes Haus zu ziehen, obwohl es leer steht. Mit Argusaugen wachen sie darüber, dass wir uns nur nicht einmal unserem Haus nähern. Von selbst kommt da die Frage auf: Was sollen wir dann noch hier? Gemischte Gefühlen haben sich in meinem Inneren angesammelt. Obwohl ich nie die Hoffnung aufgegeben habe, dass es noch einmal so werden würde, wie es früher war, bevor wir flüchten mussten. Alle Strapazen der Flucht wie Angst, Verfolgung, Hunger, Kälte und Schutzlosigkeit habe ich nur deshalb ertragen, weil wir alle immer die Hoffnung hatten, bald wieder zu Hause zu sein. Und wir kamen wieder zurück, aber das richtige Zuhause, das haben wir nicht mehr wieder gefunden. Wir fanden nur die äußere Hülle. Das heimatliche Leben mit allem, was uns zusammenhält und trägt, das ist ausgestorben. Wir sind Heimatlose, Entwurzelte, niemandem zugehörig. Es hat lange gebraucht, bis wir endlich begriffen, dass wir keine Heimatrechte mehr haben. Eigentlich sollte ich mich auf die Aussicht, endlich von hier wegzufahren, freuen. Aber wie wird es uns dann in dem „kleinen Deutschland" ergehen? Vielleicht sagen sie auch nur, dass sie uns dort hinfahren, und verschleppen uns nach Sibirien. Wehmut kommt in mir auf. Warum muss das alles so sein? Eine Antwort wird es wohl nie geben.

Die Ausreise

Der Morgen hat zwar schon begonnen, aber es ist noch dunkel. Es ist so weit. Großmutter und unsere Mutter laufen ständig hin und her, um die wichtigsten Sachen für unsere große Reise einzupacken. Auch die restlichen Nahrungsmittel werden eingepackt. Wir wollen alles sauber zurücklassen. Es soll so aussehen, als ob wir nur eine Reise machten und bald wieder zurückkämen. Mein kleiner Bruder hat seinen dunkelblauen, durchgehenden Anzug mit dem weißen Kragen an. Alle Nähte wurden ausgelassen und er passt so gerade noch hinein. Mein Mantel, den ich anziehen muss, ist mir an den Ärmeln und in der Länge viel zu klein. „Lieber einen zu kleinen Mantel als frieren", meint unsere Mutter. Da hat sie recht. Geduldig lassen wir alles über uns ergehen. Als wir dann endlich vor der Tür stehen, dreht sich unsere Großmutter noch einmal um, faltet ihre Hände und spricht leise vor sich hin. Dann wendet sie sich eiligst um, nimmt mich bei der Hand und wir verlassen gemeinsam mit schnellen Schritten das kleine Haus. Großmutter schaut sich nicht ein einziges Mal um. Sie geht forsch voran und wir folgen ihr. Inzwischen haben sich uns auch andere Deutsche mit gleichem Ziel angeschlossen.

Immer mehr Menschen kommen aus den Seitenstraßen dazu. Wer hätte gedacht, dass doch noch so viele Deutsche hier sind. In der Morgendämmerung sieht der Zug gespenstisch aus, wie Zugvögel, denen die Flügel gestutzt wurden und die jetzt ihrem Naturinstinkt folgen müssen. Lautes Reden ist kaum zu hören, dafür sind die Schritte der vielen Menschen und das laute Weinen der vielen kleinen Kinder deutlich zu hören. Endlich haben wir die Kreuzung erreicht. Hier sollen wir warten, bis wir abgeholt werden. Eine große Menschenmenge verteilt sich und wartet. Wir haben uns auf unser Gepäck gesetzt. Es dauert schon so lange. Hoffentlich haben sie uns nicht vergessen.

Eine lange Lastwagenkolonne nähert sich. Es sind große Transportfahrzeuge, die uns in die nächste Stadt zum Güterbahnhof bringen werden. Ein dichtes Gedränge entsteht, jeder möchte zuerst auf den Wagen. Man muss aufpassen, dass man nicht noch seine Familie verliert. Kaum haben wir auf dem Lastwagen Platz genommen, fährt er auch schon mit großem Getöse davon. Andere folgen uns. Ein eisiger Wind zerrt an unseren Gesichtern und weht durch unsere spärliche Kleidung. Wir sitzen wie die Heringe dicht gedrängt auf der offenen Ladefläche. Mein kleiner Bruder hat seine einzige Mütze verloren, darum bindet ihm unsere Mutter ein Kopftuch um. Er sieht richtig lustig aus, aber es lacht niemand. Jeder ist mit sich beschäftigt. Das Geschaukel auf dem Wagen ist so stark, dass wir befürchten müssen, noch umzukippen. Unser Wagen haut rauf und runter und dabei hüpfen wir wie kleine Bälle. Bei jedem Schlag schauen wir uns um und sehen nach, ob wir nicht jemanden verloren haben. Eigentlich wollte ich so ganz im Stillen, für mich allein Abschied nehmen. Wie unendlich weh tut mir diese nun doch endgültige Ausreise. In der eisigen Kälte auf dem schaukelnden Wagen fühle ich mich wie ein Eisklumpen. Meine Arme und Beine sind

Aufbruch in eine ungewisse Zukunft.

stocksteif. Ich kann sie nicht mehr fühlen. Wie wird es nur werden, wenn ich aufstehen muss?

Endlich sind wieder Häuser in Sicht. In ihrem zerbombten und ausgebrannten Zustand wirken sie unheimlich. Längs der großen Allee, die im Nebel wie ein endloser Tunnel aussieht, fahren wir nun zum letzten Mal einem unbekannten Ziel entgegen. Die kahlen, großen Bäume mit ihren dicken und fast kerzengeraden Stämmen sehen wie aufgestellte Schutzengel aus. Ich kann nur wünschen, dass es wirklich welche sind. Denn ohne ihre Hilfe werden wir, so schwach wie wir jetzt schon sind, unser Ziel nicht erreichen. Großmutter hat einmal gesagt, dass die Schutzengel immer bei uns sind. Und wenn sie das sagt, wird es schon stimmen.

Nun fahren wir schnurstracks auf einen Bahnhof zu. Es ist der Elbinger Güterbahnhof. Endlose Viehwaggons stehen für uns schon bereit. Sie sollen uns in das „kleine Deutschland" bringen. Hoffentlich stimmt das auch.

Der ganze Bahnhof, die Lagerhallen sind voller Menschen. In die müssen wir wohl auch noch hinein? Mit großem Getöse halten wir an. Die Abgase der vielen Lkws nehmen uns die Sicht. Alle fangen an zu husten. Jemand öffnet uns die Klappe der Ladefläche, damit wir aussteigen können. Aber es fällt uns furchtbar schwer. So durchgefroren, wie wir sind, brauchen wir alle ziemlich lange, bis wir mit unserem Gepäck abgestiegen sind. Mein kleiner Bruder und ich können uns zuerst überhaupt nicht bewegen. Schließlich haben wir es doch alle geschafft. Mein kleiner Bruder und ich stehen da und zittern wie Espenlaub. Dann werden wir aufgefordert, uns genau an die Anweisungen zu halten, die gleich der Reihe nach durchgesagt werden. Wir müssen uns alle in einer Reihe und mit dem dazugehörenden Gepäck aufstellen und bei der Kontrolle sagen, wer zu uns gehört.

Unsere Papiere sehen sie sich besonders lange an. Meinen kleinen Bruder sprechen sie plötzlich auf Polnisch an. Vor Schrecken fängt er gleich an zu weinen. Hätte er die Sprache verstanden und geantwortet, sie hätten ihn bestimmt behalten. Dann lassen sie uns durch die Sperre gehen. Wir müssen sogar unsere Kleider am Hals öffnen. Wie mit einer Luftpumpe bläst man uns jetzt weißes Pulver in Nacken und Hals. Eine Entlausung soll das sein. „Aber wir haben doch keine Läuse", sagen wir dem Kommandanten. „Das ist egal, jeder kommt dran!" rufen uns Leute, die hinter uns stehen, zu. Schließlich haben wir alles hinter uns und stehen nun auf dem Bahnhof. Nasskalt ist es, ein leichter Regen hat eingesetzt. Nicht einmal ein Dach, das uns vor dem Regen schützen könnte, ist über uns. Mein kleiner Bruder steht ohne Mütze da, eingehüllt in seinen dunkelblauen Anzug mit weißem Kragen und sieht unserer Mutter zu, wie sie unsere letzten Habseligkeiten ordnet. Wir frieren alle. Zu gerne würden wir jetzt in den Güterzug steigen, um etwas Schutz vor der eisigen Kälte und dem Regen zu haben. Aber die Aufseher, die wiederholt in raschen Schritten an uns vorübereilen, machen sich bestimmt keine Gedanken, wie es uns geht. Also warten wir, bis man uns die Erlaubnis gibt einzusteigen.

Erst im Januar 1946 begannen organisierte Ausweisungen – der Weg in den Westen schien frei zu sein.

Dicht gedrängt stehen oder sitzen die Menschen auf dem Bahnsteig und wir auch mitten drin. Plötzlich ertönt eine Trillerpfeife, laute Rufe, die ständig wiederholt werden, schallen über den ganzen Bahnhof. Keiner versteht sie. Endlich gibt man uns die Erlaubnis einzusteigen. Dabei machen die Aufseher mit ihren Händen Bewegungen, als wollten sie Hühner verscheuchen. Hastig eilen wir auf den nächstbesten Waggon zu. Aber es ist sehr schwierig, ohne Hilfe einzusteigen. Die meisten haben Angst, vielleicht nicht mitgenommen zu werden. Darum drängen sie und stolpern sogar über andere, um nur schnellstens in den Viehwagen zu kommen. Ein Schreien, Schimpfen und Fluchen ist überall zu hören. Es will wirklich keiner hier bleiben, das ist nicht zu übersehen. Endlich sind wir an der Reihe. Zuerst wird mein kleiner Bruder in den Waggon gehoben und anschließend meine Mutter und ich. Als wir uns endlich in einer Ecke ausgebreitet haben und nicht mehr dem kalten Wind und Regen ausgeliefert sind, stellen wir plötzlich fest, dass unsere Großmutter überhaupt nicht mehr da ist. Aber wo mag sie nur sein? Wie ein Hund krieche ich zu der großen Waggontüre und versuche, durch die vielen Arme und Beine unten durch nach draußen zu sehen. Vielleicht sehe ich unsere Großmutter. Es könnte ja sein, dass sie uns sucht. Und wirklich erkenne ich unsere Großmutter, wie sie auf Zehenspitzen und mit langem Hals von einem Wagen zum anderen geht und uns sucht. So laut ich kann, rufe ich nach ihr und sie hört mich auch tatsächlich. Einige heben sie fast ganz zuletzt mit ihrem wenigen Gepäck noch in unseren Wagen. Nach einer Weile wird die große Schiebetür langsam bis auf einen kleinen Spalt zugezogen. Denn mehr als siebzig bis achtzig Personen dürfen nicht in den Güterwagen. Reichlich Stroh ist auch ausgelegt, um uns zu wärmen.

Nun sitzen wir wieder eng beieinander im warmen Stroh und warten, dass der Zug sich in Bewegung setzt. Jemand ruft voller Entsetzen: „Warum haben sie uns denn alle wie Tiere verladen? Sie haben doch Personenzüge, die auf der anderen Seite stehen. Die hätten sie uns doch geben können!"

Vorerst tut sich nichts. Es regnet durch das Dach des Waggons. Hoffentlich regnet es nicht so lange, sonst weicht das ganze Stroh auf und wir sitzen in der Nässe.

Obwohl es schon später Nachmittag ist, will es überhaupt nicht richtig hell werden. Die grauen Regenwolken verdecken die helle Sonne. Wie kann es anders sein? Abschied ist immer wie Sterben und das Dämmerlicht am Tage gleicht einer endlosen Trauer. Ach, wir sind wie Bäume, die entwurzelt sind und auf eine neue Erde warten. Hoffentlich findet jedes Bäumchen einen geeigneten Platz, um seine Wurzeln wieder auszubreiten, damit es auch den zukünftigen Stürmen Widerstand leisten kann. Irgendwie ist es mir schwer ums Herz. Mir tut alles weh, aber ich kann nicht weinen.

Großmutter sitzt ganz dicht neben mir. Ihre Wärme tut mir gut. Meine Mutter hat meinen kleinen Bruder in eine Decke eingeschlagen und hält seinen Kopf auf ihrem Schoß. Nach einer Weile ist er fest eingeschlafen. Das laute Reden will einfach nicht aufhören. Einer macht sich mit dem anderen bekannt. Manche lachen auch, Kinder weinen, andere wollen ihre Ruhe haben und schreien dazwischen. Es wird wohl lange dauern, bis achtzig Personen leiser werden.

Aber meinen kleinen Bruder stört das alles nicht. Nicht weit von uns beobachte ich ein altes Ehepaar. Sie haben sich gemeinsam in eine Decke eingewickelt. Ihr Gepäck dient ihnen als Rückenlehne. Sie sehen so zufrieden aus. Hin und wieder drücken sie sich gegenseitig die Hände, als wollten sie sich Trost zusprechen. Vielleicht mit den Worten: „Wenn wir schön zusammenhalten, kann uns nichts passieren. Die längste Zeit hat es nun gedauert, bald sind wir am Ziel." Dann schauen sie zu uns rüber und lächeln. Das gefällt mir. Von jetzt an sehe ich öfter zu ihnen hinüber. Bei aller Unsicherheit vermitteln sie mir eine gewisse Geborgenheit. Leute, die zu uns herüberschauen und so freundlich dabei sind, die verstehen uns auch ohne Worte und wir sie auch. Als ich meine Augen schließe, merke ich, dass ich Hunger habe. Eigentlich hätten wir alle etwas essen sollen, aber ich bin einfach zu müde, um auch nur ein einziges Wort zu sagen.

Man hört lautes Rattern und Quietschen. Dann dringt der immer wiederkehrende Rhythmus „Duck – Duck – Duck, Duck – Duck – Duck" laut in unseren Wagen. Die monotonen Zuggeräusche haben mich aus meinem tiefen Schlaf gerissen. Zuerst weiß ich nicht, wo ich mich befinde. „Gegen Geräusche, die von außen nach innen dringen, kann man nichts machen", sagt leise meine Großmutter. Jetzt erst begreife ich, dass wir ja im Zug sitzen und fahren.

Es ist kalt und feucht geworden, selbst das Stroh, das uns zum Wärmen dienen sollte, kann die zugige Kälte von unten nicht abhalten. Allmählich werden alle munter. Die ersten lichten Strahlen dringen durch das kleine Fenster, das ganz oben, knapp unter der Wagendecke angebracht ist. Erreichen kann man es nicht, weil es einfach zu hoch ist. Aber wenigstens können wir erkennen, ob es draußen dunkel oder hell ist. Jetzt ist es hell, also hat ein neuer Tag begonnen. Wenn der Zug eine Kurve nimmt, kann ich durch die dünnen Spalten der einzelnen Bretter die fast endlose Waggonreihe erkennen. Dabei bildet unser Wagen noch lange nicht das Ende. Hin und wieder dringt auch ätzender Rauch herein. Die meisten von uns husten dann und manchen tränen sogar die Augen. Aber es beklagt sich keiner. Es ist die Hoffnung, die uns diese Strapazen aushalten lässt.

Nach und nach beginnen die Leute, ihren dürftigen Proviant auszupacken. Wir haben schon unseren ersten Hunger gestillt. Unser ungesüßter Tee hat nicht nur unseren Durst gestillt, sondern sogar gut geschmeckt. Den Zucker müssen wir uns immer dabei denken. Es gab für uns schon lange keine Zuteilung mehr. Unsere Mutter hütet die Flasche mit dem Tee. Auf keinen Fall darf sie auslaufen. Zu trinken und zu essen gibt es auf der ganzen Fahrt nichts, das wurde uns schon vor dem Einsteigen klar gemacht. Wer weiß auch, wie lange die Fahrt dauern wird. Wenn wir noch einen halben Tag aushalten, werden wir da sein, beruhigen uns die Leute.

Jetzt sind wir ganz zufrieden, weil wir alle ein Ziel vor Augen haben und bald unter Unseresgleichen wohnen und leben dürfen. Die alten Leutchen mir gegenüber sitzen noch immer an der gleichen Stelle. Aber wie sollten sie auch ihren Platz verändern? Wir sitzen alle viel zu dicht. Den Platz wechseln können wir nur, wenn ein anderer mit uns tauschen will. Also bleibt alles so, wie es ist. Wieder sehen sie zu uns herüber und lächeln uns zu. Sie rufen mir auch etwas zu, aber es ist so laut, dass ich sie nicht verstehen kann. So bleibt es nur bei dem gegenseitigen Zulächeln. Sie sehen noch immer so lieb aus.

Wir Kinder dürfen einige Male aufstehen und uns ein bisschen bewegen, weil unser Güterzug seit einiger Zeit sehr langsam fährt. Dann scheint er stehen zu bleiben. Auf einmal fährt er sogar rückwärts. Alle bekommen Angst, dass der Zug vielleicht die Richtung ändert. Schließlich bleibt er ganz stehen. Das Rattern hört auf, das Quietschen der Räder und sogar der beißende Rauch dringen nicht mehr in unseren Wagen. Sie haben alles abgestellt. Plötzlich hören wir Stimmen an unserer Waggontür. Hastig reißt jemand die Türe auf und ruft mit lauter Stimme zu uns rein, dass wir für längere Zeit stehen bleiben müssen, weil etwas kaputt gegangen ist. Da stehen wir nun. Endlich kann jeder seine Notdurft draußen verrichten. Wie Bienenschwärme breiten sich die Menschen an den Seiten des Bahndamms aus. Einer bietet dem anderen Sichtschutz. Am beschwerlichsten ist aber das Ein- und Aussteigen, denn keiner schafft es ohne Hilfe.

Als wir nun alle wieder in unsere Viehwagen zurückgefunden haben, haben einige festgestellt, dass wir noch gar nicht weit gekommen sind. Und wenn wir so weiterfahren, werden wir wohl noch einige Tage brauchen. Großes Entsetzen macht sich unter uns breit. Keiner hat für so viel Tage Verpflegung mit. Was soll nun werden? Wieder fangen die Leute um uns herum an zu fluchen und zu schimpfen. Sie gehen sogar nach draußen und bedrohen die Wachposten und das alles in einer Lautstärke, dass man sich fürchten könnte. Aber verändern können sie nichts, meinen die netten alten Leute, die uns gegenüber sitzen. Weil es sich so laut und bedrohlich anhört, fangen mein kleiner Bruder und ich an zu weinen. Wir haben plötzlich beide Angst bekommen. Unsere Mutter und Großmutter wenden nun alle möglichen Tricks an, um uns zu beruhigen. Jede versucht nun auf ihre Art, uns Kinder zu beruhigen. Großmutter flüstert mir leise ins Ohr: „Nun sei man still! Du brauchst keine Angst zu haben! Ich habe dir doch einmal vorgelesen, dass Gott seinen Engeln befohlen hat, dass sie uns behüten sollen auf all unseren Wegen. Reicht das nicht?" Ja, das stimmt! Daran kann ich mich erinnern. Weil mein kleiner Bruder immer noch weint, nehme ich ihn in den Arm und sage ihm ganz leise ins Ohr, dass das stimmt, was Großmutter mir soeben gesagt hat. Zufällig sehe ich zu den alten Leute hinüber und die stimmen mir sogar zu. Ob sie auch unsere Großmutter gehört haben? Ohne Worte sind nun diese lieben, alten Leute meine stillen Verbündeten. Immer wenn ich ängstlich oder unruhig werde, dann nicken sie mir freundlich zu. Das gibt mir jedes Mal Mut und neue Zuversicht. Ach, wie gut, dass sie mir gegenüber sitzen! Ich glaube, das hat Gott so gefügt. Denn die anderen Gesichter um uns herum sehen alle so finster aus. Vielen sind Kinder sogar lästig. Jede Bewegung, jedes laute Reden wird von diesen Menschen hart getadelt. Eine Frau ruft mit lauter Stimme durch unseren Waggon: „Warum habt ihr überhaupt noch die Kinder dabei? Die hätte ich doch sonst wo gelassen!" Einige sind entsetzt darüber, aber die meisten schweigen dazu. Unsere Großmutter und unsere Mutter haben uns in ihre Mitte genommen. Sie schützen und trösten uns. „Ein gesunder Mensch sagt so etwas nicht", sagt unsere Mutter. Wir sollen einfach nicht hinhören. Aber ich hab's nun mal gehört und kann es einfach nicht verstehen. Die ganze Zeit suche ich nach dieser Frau. Ich möchte sie mir einmal richtig anschauen und sehen, wie eine Frau aussieht, die so etwas sagt. Bestimmt hat sie keine Kinder oder sie hat sie zurückgelassen. Wie furchtbar muss das gewesen sein, falls es stimmen sollte.

Wieder kommen die Wachposten und hauen mit voller Wucht die Schiebetüren der einzelnen Waggons zu. Endlich setzt sich der Zug wieder in Bewegung. Ein allgemeines Raunen der Erleichterung ist zu hören. Wir fahren wieder, wenn auch nicht besonders schnell. Jemand ruft durch die Menschenmenge: „Selbst wenn wir einen Tag länger fahren, das macht auch nichts!" Großmutter sieht unsere Mutter an und sagt: „Die werden sich noch wundern!"

Zwei Tage sind nun schon vergangen und die dritte Nacht beginnt. Die Essensvorräte gehen bei den meisten zu Ende. Auch wir zögern mit dem Rest. Zu trinken haben wir schon längst nichts mehr. Wer mehr hat, gibt dem anderen etwas ab. Mein kleiner Bruder und ich sind ständig hungrig und durstig, aber wir dürfen es niemandem sagen. Weil keiner etwas übrig hat, halten sich alle etwas mehr zurück. Es wird auch längst nicht mehr so viel geredet. Viele sehen sich ängstlich um, anscheinend ahnen sie nichts Gutes. Was wird geschehen, wenn sich die Tür nicht mehr öffnet und wir kein Wasser bekommen? Nicht auszudenken! Denn Wasser wurde uns schon am Anfang unserer Reise versprochen. Aber bis jetzt ist nichts ausgeteilt worden. Die alten Leute, die uns gegenüber sitzen, halten ihre Augen geschlossen. Sie sind einfach geduldig und warten ab. Manche haben die Geduld verloren, fangen laut zu schreien an und schlagen mit den Fäusten gegen die Waggonwände. Doch bei dem Lärm hört niemand unser Schreien und Poltern. Es ist zwecklos, noch zusätzliche Energie zu verschwenden. „Wenn der Zug wieder steht, dann könnte man es noch einmal versuchen", rufen einige den Rebellierenden zu, „jetzt hört unser Schreien niemand." Doch der Zug hält nicht. Keiner weiß richtig, wohin die Reise überhaupt geht. Einmal fährt der Zug rückwärts und dann wieder vorwärts. Manche glauben, dass wir in Richtung Sibirien fahren, weil es sehr kalt geworden ist. Ein eisiger Wind dringt durch alle Ritzen in den Viehwaggon. Meine Mutter hat schon meinen kleinen Bruder auf den Schoß genommen, denn er zittert schon die ganze Zeit vor Kälte und seine kleinen Zähne klappern richtig. In den ganzen drei Tagen hat niemand etwas Warmes trinken können. Und jetzt haben wir nicht einmal mehr etwas Kaltes zu trinken. Hoffentlich halten wir diese Strapazen aus.

Wieder schaue ich zu den alten Leute hinüber. Die sitzen eng zusammen, in ihre Decke gewickelt, und unterhalten sich leise. Sie strahlen eine Ruhe aus, die uns allen fehlt. Ich bewundere sie.

Am schlimmsten ist, dass wir keine Toilette haben. Stattdessen gibt es eine alte verrostete Tonne. Aber die ist schon bis zum Rand gefüllt und verbreitet übel beißende Gerüche.

Jemand hat unter dem Stroh auf dem Boden eine breite Ritze entdeckt. Durch sie können wir am Tage die Bahnschwellen sehen und erkennen, wie schnell der Zug fährt. Wenn er nämlich schnell fährt, dann sehen wir statt der Bahnschwellen nur noch einen hellen Strich. Aber das ist im Augenblick nicht wichtig. Denn diese Ritze soll für uns alle als Toilette dienen. Und so kommt es, dass jeder diesen Spalt aufsucht, um seine Notdurft zu verrichten. Zum Glück ist diese „französische Toilette" etwas entfernt von uns, sodass uns die Gerüche nicht so schnell erreichen. Wie wird es wohl denen ergehen, die dicht daneben sitzen müssen? Auf die alte Tonne mit dem Toiletteninhalt muss sehr sorgsam geachtet werden. Jedes Mal, wenn der Zug sich in eine Kurve legt, stellen sich Leute dagegen, damit sie nicht umfällt. Was für ein Geschrei würde entstehen, wenn sie umfiele und sich der Gestank noch zusätzlich ausbreiten würde?

Fünf Tage sind nun schon vergangen. Endlich bleibt der Zug stehen und die Türen öffnen sich. Jeder darf aussteigen. Manche glauben schon, dass wir am Ziel sind. Aber weit gefehlt. Allzu weit sind wir noch immer nicht gekommen, stellen einige fest. Unser Zug hält mitten in der Landschaft. Da ist weit und breit kein Haus zu sehen. Nach fünf Tagen Reise haben wir nicht nur steife Glieder, sondern sind zudem auch schwach vor Hunger und Durst, sodass wir uns gegenseitig helfen müssen, auszusteigen. Es dauert lange, bis wir alle draußen sind. Die beiden betagten Leute, die ich immer bewundert habe, müssen von anderen gestützt werden. Sie sehen beide auffallend schwach aus. Kein Wunder. Auch mein kleiner Bruder kann nicht mehr auf den Beinen stehen. Unsere Mutter muss ihn immer wieder auf den Arm nehmen, weil er vor Schwäche einfach nicht richtig laufen kann. Und unsere Großmutter hält mich krampfhaft an der Hand fest, damit ich ihr nicht weglaufen kann. Denn bei diesen vielen Menschen könnten wir uns verlieren. Viele quälen Hunger und Durst. Ich fühle sie auch wie einen Schmerz in meinem ganzen Körper. Einmal ist der Schmerz deutlich im Bauch zu spüren und dann wieder in Armen und Beinen. Jedes Mal habe ich das Gefühl, als zöge sich in mir etwas krampfhaft zusammen. Heute habe ich zum ersten Mal gemerkt, dass ich die Farben, die sich draußen im frühlingshaften Wetter so vielfältig zeigen, nicht richtig erkennen kann. Es ist wirklich ein heller Tag. Die Sonne zeigt sich von ihrer besten Seite. Und doch erscheint mir auf einmal alles so blass. Dann wieder werde ich plötzlich so müde, dass ich mich am liebsten auf der Stelle hinlegen möchte. Großmutter meint, das käme nur, weil wir schon lange nichts Richtiges mehr zu essen gehabt hätten. Wenn wir wenigstens etwas zu trinken bekämen. Aber wer sollte uns etwas geben? Vielleicht würden wir klares Wasser finden, wenn wir weiter in die Ebene, also vom Bahndamm heruntergehen würden. Aber wir dürfen uns nicht vom Zug entfernen.

Uns machen die vielen Menschen Sorgen, die vor Schwäche und Krankheit den Viehwaggon nicht mehr verlassen können. Und die vielen schreienden, kleinen Kinder, die von ihren Müttern hin und her getragen werden. Wer kümmert sich um sie? Sie bräuchten zu allererst Hilfe.

Großmutter steckt mir und meinem kleinen Bruder ein Stückchen trockenes Brot zu, nur für uns beide. Meine Großmutter und unsere Mutter essen nichts. Sie essen nur noch einmal am Tag. Wir dagegen bekommen noch immer zwei kleine Brotstücke pro Tag.

Plötzlich hört man ein lautes Rufen. Auf der anderen Seite unseres Zuges fährt langsam ein großer Tankwagen heran, ein Überbleibsel aus der Militärzeit. Es gibt Wasser für alle! Nach der Größe zu urteilen, wird dieser Wassertank aber bestimmt nicht für alle reichen. So stürzen sich unsere Großmutter und Mutter auch gleich darauf, um etwas von dem köstlichen Nass zu erhaschen. Mein kleiner Bruder und ich stehen wie verloren auf dem großen Platz, denn alle sind zu dem einen Wassertank gelaufen, um ja auch etwas davon zu bekommen. Aber es dauert gar nicht lange und mit lautem Pfeifen setzt sich der Zug in Bewegung. Nun hat jeder Angst, dass er ohne ihn weiterfährt. Wie von unsichtbarer Hand gedrängt eilen alle wieder auf die andere Seite, um nur nicht den Zug zu verpassen. Mein kleiner Bruder und ich halten uns an den Händen fest, denn wir müssen jetzt aufpassen, dass wir nicht umgerannt werden. Endlich sind wir wieder alle in unserem altbekannten Viehwaggon. Die alten Leute, die uns wieder gegenüber sitzen, sehen noch immer sehr erschöpft aus. Ihnen wird die Reise immer beschwerlicher. Wie es scheint, haben aber alle in unserem Waggon Wasser bekommen. Wenn wir noch lange fahren müssen, wird unser Wasservorrat allerdings nicht ausreichen.

Der Zug macht aber keine Anstalten weiterzufahren. Längst ist es dunkel geworden und wir haben uns alle mit unseren leichten Decken zugedeckt und uns dicht nebeneinander gelegt, um nicht zu frieren. Leider sind die Schiebetüren in dieser Nacht nicht geschlossen worden. So sind wir alle der Kälte ausgeliefert.

Plötzlich wird es in unserem Waggon hell. Wir hören Männerstimmen, die in fremder Sprache laut in unseren Wagen hineinrufen. Alle sind aufgeschreckt. Ein lautes Reden, schreiende Kinder, eine Aufregung, die man nicht vergleichen kann. Meine Großmutter hat die Gefahr erkannt und hat unsere Mutter ganz schnell unterm Stroh versteckt und uns Kinder über sie gelegt. Die Männer ziehen einen nach dem anderen heraus. Jeder muss seine letzte Habe abgeben. Manche müssen sogar ihre Kleider ausziehen. Hastig stecken die Räuber alles, was sie den Menschen entreißen können, in ihre mitgebrachten Säcke. Viele wehren sich, aber es ergeht ihnen schlecht. Wutentbrannt bearbeiten die Räuber mit ihren Gewehrkolben sie so lange, bis die Wehrlosen ihre letzten Habseligkeiten von allein loslassen. So schnell, wie sie gekommen waren, sind die Männer auch wieder verschwunden. Diesmal sind wir noch verschont geblieben. Einige weinen und schluchzen, dass ihnen ihre letzte Habe nun auch noch weggenommen wurde.

Merkwürdig, erst jetzt geht die Schiebetüre unseres Waggons zu. Warum hat man sie nicht schon früher geschlossen? Vielleicht haben die Wachposten den Überfall geplant. Der Gedanke liegt nahe. Manch einem ist es egal, Hauptsache, er kommt an das verheißene Ziel.

Dann setzt sich der Zug langsam in Bewegung. Endlich können wir wieder Hoffnung schöpfen. Nun wird es bei uns langsam ruhiger. Einer tröstet den anderen und macht ihm Mut, nicht zu verzagen.

Nach dieser Schreckensnacht hat wieder ein neuer Morgen begonnen. Das Licht, das durch das kleine Fenster oben unter der Decke hindurchdringt, verdrängt mit Macht die Dunkelheit im Inneren des Waggons. Es ist ein gebündelter Lichtstrahl, der wie eine Leuchtstange aussieht, die man zwar nicht greifen, aber doch mit der Hand unterbrechen kann. Aber wer wollte das tun? Jeder ist hungrig nach Licht. Es ist ein neuer Hoffnungsschimmer, der die Ängste der vergangenen Nacht vergessen lässt, denn im Licht erscheint alles anders. So üben wir uns an jedem Abend, uns auf den nächsten Tag zu freuen. Einmal wird diese Fahrt ja auch ein Ende haben. Der Zug fährt zusehends schneller. Vielleicht dauert es nun nicht mehr so lange.

Leider haben wir uns zu früh gefreut. Genau, als es dunkel geworden ist, bleibt auch dieses Mal der Zug stehen. Jetzt sind die Türen geschlossen. Keiner wagt, sich mit dem anderen zu unterhalten, weil alle auf die Geräusche von außen achten. Bei jedem schwachen Ton halte ich die Luft an, weil ich wissen will, ob wieder die polnische oder tschechische Miliz zu uns kommt und uns noch das Letzte holt. Ich höre sogar mein Herz schlagen. So sitzen wir und horchen angespannt nach draußen. Stimmen kommen näher. Jetzt müssen sie direkt vor uns stehen. Nebenan wird mit lautem Krachen die Türe aufgeschoben. Ein entsetzliches Schreien beginnt, Kinder weinen, ein lautes Gepolter ist zu hören und dann fallen sogar Schüsse. Danach Totenstille. Jetzt haben sie jemanden erschossen, bemerken einige. Unsere Mutter versteckt sich schon unter dem Stroh und wir Kinder legen uns wieder über sie und Großmutter deckt uns schön zu. So kann niemand ahnen, dass noch jemand unter uns liegt. Es dauert gar nicht lange, da sind sie auch schon bei uns. Zu mehreren durchsuchen sie alles und werden erneut fündig. Vieles wird einfach nach draußen geworfen. Einige Plünderer stehen dort, sammeln die Sachen auf und verstauen sie in ihren Säcken. Plötzlich fallen die Scheinwerfer auch auf uns und die lieben Alten, die noch immer dicht beieinander sitzen. Einer der Plünderer entdeckt mich und zieht mich mit Gewalt nach oben. Großmutter ruft ihm zu, dass er mich doch loslassen soll. Doch er erhebt die Hand gegen sie. Mit anderen Worten: Sie soll still sein! Dann befiehlt er mir, mich auszuziehen. Als ich meinen Mantel ausgezogen habe, reiche ich ihm den. Er macht eine Handbewegung, wirbelt mit seinem rechten Arm in der Luft herum. „Weiter!" soll das wohl heißen. So ziehe ich mein Kleid aus. Ich reiche es ihm und er nimmt es entgegen. Dann geht er weiter. Meinen kleinen Bruder hat er wohl nicht gesehen. Jetzt sind die alten Leute dran. Die müssen sich auch beide ausziehen. Zum Schluss stehen sie nur noch in der Unterwäsche da. Alles haben sie ihnen abgenommen. Ich bin entsetzt. Wie kann man nur mit alten Menschen so umgehen? Wie werden diese alten Menschen die Kälte überstehen, die ja unbarmherzig durch unseren Waggon zieht. Aber es sagte keiner ein Wort, jeder nimmt schweigend dieses Unrecht hin. Wir haben alle keine Wahl. Schließlich lassen die Plünderer von uns ab, springen aus dem Zug und schließen mit lautem Krach die Schiebetür. Wieder sind wir allein. Jetzt können wir aufatmen. Unsere Mutter kommt wieder aus ihrem Versteck hervor. Mein kleiner Bruder weint, weil er ganz verwirrt ist. Er kann es nicht verstehen, was sie mit uns gemacht haben. Zum Glück ist niemandem etwas passiert.

Nebenan hören wir großes Geschrei. Die Leute scheinen sich mit Macht zu wehren. Aber was hat das für einen Sinn? Sie nehmen doch alles mit, was sie gebrauchen können. „Es wird ihnen kein Glück bringen", bemerken die Leute um uns und bekräftigen mit einer Kopfbewegung ihre Aussage. Das tröstet mich, weil ich ihnen das auch wünsche. Wer würde wohl Unrecht gut heißen? Ich denke, niemand, der für Gerechtigkeit ist. Es ist schon lange kein Krieg mehr. Aber immer noch haben sie vor lauter Gier vergessen, dass es keine schöne Art eines Volkes ist, sich fremdes Gut anzueignen, indem es sich nimmt, was ihm nicht gehört. Das Empfinden für Recht und Unrecht ist ihnen abhanden gekommen. Die Unterhaltung darüber will einfach nicht abbrechen. Bei vielen kommt erneut Hass und Zorn auf. Das ist immer der Ausdruck der Entrechteten. Wir haben keine andere Wahl. Tausende denken genauso, aber sie können sich nicht wehren.

Endlich um Mitternacht setzt sich unser Zug wieder in Bewegung. Zuerst fährt er ganz langsam und dann immer schneller. Schließlich hat er beinah die Geschwindigkeit eines D-Zuges. Jedenfalls stellen das einige fest, die sich mit Zügen auskennen. Hoffentlich entgleisen wir nicht noch. „So wacklig, wie die Gleise und der Zug sind, kann das schnell passieren", behaupten die Kenner. Mein kleiner Bruder ist inzwischen wieder eingeschlafen und ich lehne mich an meine Großmutter, die mich in ihr großes Schultertuch eingepackt hat, damit ich nicht so friere. Jetzt, da mir die Kleider fehlen, kann ich es vor Kälte kaum aushalten. Wir vier sind ganz dicht zusammengerückt, damit uns die Kälte von außen nicht so durchdringen kann. Wir sehnen uns alle nach einem neuen Tag, der ohne Angst und Schrecken ist, an dem man weder hungern noch frieren muss.

Weil uns Hunger und Durst so quälen, haben wir unsere Heimat, die wir so schnell verlassen mussten, fast vergessen. Ich hatte mir doch vorgenommen, so ganz im Stillen Abschied von ihr zu nehmen. Doch die Sorge um die tägliche Nahrung war größer. Nun habe ich nicht einmal mehr ein Kleid oder einen Mantel. Nicht einmal das ist mir geblieben. Großmutter nimmt meine Hand und sagt ganz leise zu mir: „Sei mal ganz still, meine Tochter, es wird noch alles gut!"

Es war ein ganz tiefer Schlaf, der uns die lange Nacht verkürzt hat. Denn alle waren auffällig ruhig. Ob sie alle richtig geschlafen haben, kann man nicht erfahren. Aber erschöpft waren sie alle nach dem überraschenden Überfall. Jeder ist auf den neuen Tag gespannt.

Hie und da tropft es durchs Wagendach. Der neue Tag hat mit dunklen Regenwolken begonnen. Ab und zu öffnet sich eine Wolke und gießt einen Regenschauer über unseren Waggon. Die alten Menschen, denen man alles abgenommen hat, liegen tief im Stroh vergraben. Jemand hat ihnen eine leichte Decke gegeben, damit sie sich wenigstens etwas vor der großen Kälte schützen können.

Plötzlich macht der Zug einen Ruck und dann steht er. Wir hören Stimmen, die aus einem Lautsprecher kommen. Es muss ein Bahnhof sein, denken die meisten und einige sprechen es laut aus. Endlich geht vorsichtig unsere Schiebetür auf. Rot-Kreuz-Schwestern stehen vor unserem Waggon und lächeln uns an. Vor allen Dingen sprechen sie Deutsch. Das ist das Zeichen, dass wir in dem „kleinen" verheißenen Deutschland sind, von dem die Polen immer so gelästert haben.

Endlich haben wir unser Ziel erreicht. Wir sind in Friedland. Keiner weiß richtig, ob er weinen oder sich freuen soll. Die meisten weinen vor Freude. Ich weine mit, aber nur, weil die Schwestern so lieb zu uns sind. Viele stehen in Unterwäsche auf dem Bahnhof. Ich habe auch nur einen selbst gestrickten Unterrock an, den mir meine Mutter vor einigen Jahren gemacht hatte. Er ist zwar ziemlich klein, aber er wärmt wenigstens. Meine Schuhe fehlen auch, sie sind mir bei dem letzten Überfall auch weggenommen worden. Jetzt sind wir alle ausgestiegen und stehen auf dem Bahnhof. Meine Großmutter hat mir ihr Schultertuch umgelegt. Wir müssen alle stehen bleiben und warten, bis wir aufgerufen werden. Einige Rot-Kreuz-Schwestern kommen mit langen Listen und rufen die Namen der einzelnen Personen. Jeder der Aufgerufenen bekommt eine Tasse warmen Milchkaffee und ein Stück trocken Brot. Ich kann es gar nicht abwarten, bis ich an der Reihe bin. Wie schmeckt es mir das gut! Bei jedem Schluck warmem Kaffee merke ich, wie er in meinen Bauch läuft. Das Brot schmeckt süßlich, obwohl kein Zucker darin ist. Mein kleiner Bruder ist so schlapp und müde, dass er weder essen noch trinken will. Erst bei gutem Zureden trinkt er den Milchkaffee und isst auch das Brot. Aber es dauert alles sehr lange. Anschließend werden wir in einen Raum geführt, wo für uns Kleider ausgesucht werden. Für mich gibt es zuerst nichts Passendes. Endlich findet sich doch ein schwarzer Trainingsanzug. Der paßt richtig und ist auch schön warm. Die Schuhe, die sich ebenfalls finden, sind noch ein bisschen groß, aber jedenfalls besser als zu klein. Und schon haben wir den Raum wieder verlassen.

Mein Bruder (links) sieht meiner Mutter zu, ich stehe verdeckt (mit dem Rucksack) hinter ihr.

Im verkehrten Zug

Lange Personenzüge stehen auf dem Bahnhof in Friedland für die Weiterreisenden bereit. An jedem Zug ist angeschlagen, in welche Richtung er fährt. Wir wollen nach Lübeck weiterfahren. Großmutter ist schon vorausgegangen, um uns einen Platz zu reservieren. Als wir an dem Zug ankommen, finden wir sie nicht. Wir laufen den ganzen Zug ab. Dann entschließt sich unsere Mutter, doch einzusteigen, weil der Zug jeden Moment abfahren will. Nur mit großer Mühe finden wir noch ein Zugabteil. Alles ist voll besetzt. Sogar auf der Toilette haben Menschen Platz genommen. Wenn man einen Platz gefunden hat, kann man ihn nicht mehr verlassen. Sollte man es doch bis zur Toilette schaffen, dann kann man sie doch nicht benutzen, weil sie mit Gepäck zugestellt ist. Wir haben es selbst erfahren.

Nun sitzen wir in dem Zug, der uns nach Lübeck bringen soll. Wir sitzen dicht gedrängt und freuen uns auf das Wiedersehen mit den Verwandten in wenigen Stunden. Wir kommen mit einer Frau ins Gespräch, die uns erklärt, dass wir nicht nach Lübeck fahren, sondern nach Halle in die Ostzone. Als uns das von allen Seiten bestätigt wird, kämpft meine Mutter mit den Tränen. Sie ist sichtbar verzweifelt. Es gibt auch keine Möglichkeit umzusteigen. Der Zug fährt durch und hält erst in Halle, ganz einfach. Da gibt es keinen Ausweg. Nun sind wir erneut Gefangene, und das alles ohne Großmutter. Sie sitzt jetzt bestimmt im richtigen Zug und sucht uns noch immer. Ach, wie konnte uns das nur passieren?

Gegen Abend erreichen wir den Bahnhof in Halle. Wir werden von Rot-Kreuz-Helfern abgeholt und in Nachbarorten verteilt. In einem großen Haus bekommen wir ein kleines Zimmer ohne Ofen. Ein altes Bett mit einer schmutzigen Matratze und zwei grauen Decken, ein kleiner Tisch und ein wackliger Stuhl, das ist alles, was in diesem Raum steht. Wir setzen uns und fangen an zu weinen.

Zu essen gibt es auch nichts mehr. Der Raum ist kalt und feucht. Meine Mutter legt uns in das große Bett, in dem wir von jetzt an zu dritt schlafen müssen. Das Einzige, das wir jetzt nur für uns haben, ist fließend kaltes Wasser.

Als wir am Morgen aufwachen, ist unsere Mutter schon unterwegs. Wie freuen wir uns, als sie uns ein großes Brot und Milchpulver mitbringt. In dem Haus befindet sich eine Großküche. Da bereitet sie uns auf dem Herd aus Wasser und Milchpulver ein Getränk. Nach dem Essen sehen wir uns gemeinsam den Ort an. Sie muss sich wieder Arbeit suchen, damit wir uns etwas zu essen kaufen können.

Aber ihrer Arbeit kann sie nicht lange nachgehen, weil mein kleiner Bruder und ich plötzlich krank werden. Wir müssen im Bett bleiben und da kann sie uns nicht allein lassen. Mein kleiner Bruder hat hohes Fieber und redet lauter wirres Zeug. Und ich habe Schmerzen unter dem Brustkorb und im Rücken. Ich kann einfach nicht richtig Luft holen. Unsere Mutter hat alle Hände voll zu tun. Oft frage ich sie, wann wir wieder zurückfahren. Darauf kann sie mir keine richtige Antwort geben. „Es ist sehr schwierig, hier herauszukommen", erzählt sie uns oft. „Aber irgendwie werden wir es schon schaffen."

Freundlicherweise hat uns jemand einen kleinen Herd aufgestellt. Er ist wirklich sehr klein. Aber man kann wenigstens auf ihm kochen. Ein bisschen heizt er auch. Beides ist für uns sehr wichtig. Nur das Brennholz müssen wir uns suchen. Vorerst geben uns die Nachbarn von ihrem Brennholz etwas ab, denn jeder versucht auf seine Weise, uns zu helfen. Die meisten wissen ja, dass wir Neuankömmlinge sind.

Der Schock sitzt tief

Irgendwie hat unsere Mutter die Orientierung verloren. Oftmals fragt sie mich am Morgen, wo wir denn seien. Sie muss doch arbeiten gehen und weiß nicht mehr, wo ihre Arbeitsstelle ist. Trotz meiner starken Schmerzen und dem Fieber, das wir Kinder immer noch haben, bringe ich meine Mutter fast jeden Morgen an ihre Arbeitsstelle. Nach der Arbeit findet sie nur bis zum Haus zurück. Andere, die uns inzwischen schon kennen, führen sie bis zu unserem Zimmer. In unserer Stube findet sie sich dann wieder zurecht. Manche denken schon, sie würde Alkohol trinken, aber sie rührt nie einen Tropfen an. Sie befindet sich in einer tiefen Depression, aus der sie so schnell nicht wieder herausfindet. Am Tag spricht sie kaum und in der Nacht weint sie sehr oft laut. Mein kleiner Bruder und ich wollen ihr helfen, aber wir machen es nur noch schlimmer.

Längst ist es Sommer geworden, aber wir Kinder bleiben krank. Wir haben noch immer keine Kraft. Mein kleiner Bruder schwitzt Tag und Nacht. Und bei mir schwellen alle Gelenke an. An manchen Stellen bilden sich dicke Knubbel, doch meine Mutter merkt es nicht. Auch nicht, als mein Bauch immer dicker und die Schmerzen immer heftiger werden. Sie übersieht alles. Sie denkt nur an ihre Arbeit und wie sie uns am Leben erhält. Mein kleiner Bruder muss unbedingt etwas essen, aber er weigert sich immer. Seine Haare sind nass vor Fieber und jetzt bemerke ich auch, dass er sich richtig krümmt. Als ich meine Mutter frage, was mein kleiner Bruder denn hat, sagt sie mir nur: „Zuerst stirbt dein Bruder, dann du und dann ich!" Diese Nachricht trifft mich. Aufgeregt renne ich im Zimmer hin und her. „Nein, ich will nicht sterben und mein kleiner Bruder darf auch nicht sterben und du darfst es auch nicht. Keiner darf sterben", rufe ich in unsere kleine Stube. Dann laufe ich zu meiner Mutter und flehe sie an: „Bitte, bitte lass uns nicht sterben!" Aber sie reagiert kaum.

Meinem kleinen Bruder geht es gleich bleibend schlecht. Unsere Mutter ist an ihrer Arbeitsstelle. Ich denke nach, wie ich meinem schwachen Bruder helfen könnte. Ich ziehe meinen schwarzen Trainingsanzug an und laufe von einem Geschäft zum anderen und bettle für ihn Essen zusammen, obwohl es mir selber schlecht geht. Wenn ich dann gefragt werde, sage ich immer, wo ich wohne und wie ich heiße. Das schafft Vertrauen und alle sind außergewöhnlich freundlich zu mir. Auf diese Weise kann ich für meinen kleinen Bruder sorgen. Es ist nicht viel, was man mir mitgibt, aber es reicht immer für meinen kleinen Bruder. Manchmal würde ich gerne von den schönen Sachen schon unterwegs etwas essen. Aber ich tue es nicht. Ich bilde mir ein, dass, wenn ich eines von diesen Dingen essen würde, er vielleicht sterben müsste. Davor habe ich Angst. Aber anschließend, wenn er nichts mehr essen will, dann esse ich den Rest. Denn unsere Mutter darf von diesen „Einkaufswegen" nichts wissen. Für solche Betteleien ist sie nicht zu haben und bestimmt würde sie uns tüchtig ausschimpfen. Deshalb ist sie nicht wenig überrascht, als ich mit ihr nicht einkaufen gehen will. Als Entschuldigung schiebe ich immer meinen kleinen Bruder vor, den man doch nicht allein lassen könne. Das sieht sie auch ein. So geht sie eben ohne mich.

Eines Tages klopft es an unsere Türe. Vorsichtig mache ich auf, und wer steht mit meiner Mutter vor der Türe? Ihre Schwester, die sie gefunden hat. Sie wohnt mit ihrer Tochter nicht weit von hier. Eine große Freude über das glückliche Wiedersehen erhellt nun unser kärgliches Stübchen. Selbst mein kleiner Bruder wird auf einmal richtig fröhlich.

Dieses Wiedersehen hat nicht nur uns, sondern besonders unserer Mutter neue Lebensfreude vermittelt. Irgendwie geht es uns allen schon etwas besser. Wir Kinder sind zwar durch das Wiedersehen noch nicht gesund, aber es keimt in uns eine neue Hoffnung: Wir sind nicht allein! Gemeinsam fühlen wir uns stark.

Unsere Krankheit will nicht weichen. Mein kleiner Bruder bekommt öfters Krämpfe und ich werde zusehends dicker. Auch lässt uns unsere Mutter oft allein. Dazu schließt sie alle Nahrungsmittel ein und sperrt auch unsere Stubentüre von außen zu, sodass wir nicht nach draußen können. Warum sie das tut, ist uns beiden ein

Rätsel. Eine Nachbarin bemerkte es und benachrichtigte den katholischen Pfarrer. Der lässt durch die Polizei die Türe aufbrechen und nimmt uns über Tag in seine Obhut.

Jetzt beginnt für uns unter des Pfarrers Schutz eine schönere Zeit. Es ist ein Ersatz für unsere Großmutter, denn wir vermissen sie jeden Tag. Es ist eben sonst keiner für uns da. Den langen Tag über mussten wir allein in einer kalten Stube zubringen.

Von diesem Zeitpunkt an werden wir alle drei vorzüglich versorgt. Wenn unsere Mutter zur Arbeit geht, holt uns der Pfarrer in seine Wohnung. Zuerst verabreicht er uns jeden Morgen ein Glas Malzbier mit einem gequirlten Ei darin. Es soll uns zur Stärkung dienen. Es will uns aber nicht so schmecken, weil wir so etwas noch nie getrunken haben. Doch auf keinen Fall wollen wir, mein kleiner Bruder und ich, durch Ungehorsam auffallen. „Gehorsame Kinder werden es im Leben immer besser haben als andere", hat mir meinen Großmutter einmal gesagt. Jetzt habe ich die Gelegenheit, es auszuprobieren. So habe ich mir vorgenommen, in allen Dingen gehorsam zu sein. Es soll sich niemand über mich ärgern.

Der Pfarrer bleibt also so lange stehen, bis wir das bräunliche Getränk vollkommen ausgetrunken haben. Anschließend gibt es eine dicke Schnitte Brot mit Zucker bestreut zu essen. Er setzt sich gemütlich uns gegenüber und wartet, bis wir alles fein aufgegessen haben. Er beobachtet uns ganz genau und nickt uns hin und wieder freundlich zu. Seine große schlanke Gestalt, die weißen Haare, der lange Pfarrrock mit dem weißen Stehbundkragen, der sich um seinen schlanken Hals schmiegt, beeindrucken mich immer. Seine Liebe zu uns Kindern beeindruckt mich noch heute!

Noch immer habe ich nicht begriffen, warum er das tut. Ein Großvater kann nicht besser sein. Ich muss gestehen, am liebsten würde ich auch zu ihm Großvater sagen. Aber immer, wenn ich einen Anlauf nehme, ihn einmal zu fragen, hält er doch einen gewissen Abstand, und kommt uns trotz aller Fürsorge nicht allzu nah. Nun gehen wir auch regelmäßig in seinen Kindergottesdienst, den wir mit anderen Kindern teilen. Aber mein kleiner Bruder versteht wenig von all den Geschichten, darum schläft er meistens ein. Für mich sind all die Kinderstunden viel zu schnell zu Ende. Oftmals steht unsere Mutter schon vor der Kirchentür und wartet auf uns. Zusehends erfahre ich zwei Wirklichkeiten: die göttliche Stille, im Frieden geborgen zu sein, die sich offensichtlich um diesen geistlichen Würdenträger ausbreitet, auf der einen Seite und die nicht zu übersehende Armut, den Hunger, die Kälte, ein Überlebenstraining, das jeden Tag neu geübt werden muss, auf der andren Seite. Jedes Mal durchfährt mich ein Schaudern, wenn uns unsere Mutter abholt. Wie kann das nur sein? Andere Kinder freuen sich bestimmt, wenn ihre Mutter sie abholt! Doch ich kann mich einfach nicht freuen, ich habe Angst und fürchte mich jedes Mal vor der Nacht. Denn es vergeht fast keine Nacht, in der mein kleiner Bruder nicht zu schreien beginnt und sich in Krämpfen windet. Es ist keiner da, der uns helfen kann. Wenn ich es am nächsten Tag dem Pfarrer erzähle, zuckt er mit den Achseln. Er weiß auch keinen Rat.

Wie schnell man zum Dieb wird

Der Sommer hatte längst seinen Schatten über Gärten und Wiesen gebreitet. Der Herbst bietet nicht viel zu ernten. Das wenige Obst an den Straßenrändern haben längst andere abgeerntet. Vor einer Zuckerfabrik hat ein Lkw einen großen Berg Zuckerrüben abgeschüttet. Von diesen Zuckerrüben hat unsere Mutter heimlich einige mitgebracht. Manchmal bringt sie sogar eine Steckrübe mit. Das ist dann für uns etwas ganz Besonderes. Aber die Zuckerrüben schmecken gekocht entsetzlich bittersüß. Dennoch essen wir sie. Der Hunger ist übergroß und wir essen, was einigermaßen essbar ist. Unsere Mutter kauft hin und wieder für 100 Reichsmark ein Brot für uns. Das muss für eine Woche vorhalten. Damit es auch reicht, schließt sie es ein und gibt uns nur am Abend etwas davon zu essen.

Eines Tages gibt es eine Gemüsezuteilung. In langen Schlangen stehen wir und warten mit unseren Gefäßen. Aber das gut aussehende Gemüse, Möhren und Erbsen, befindet sich in einer extrem starken Salzlösung. Leider können wir es kaum essen. Auch nach stundenlangem Wässern ist es noch immer nicht zu genießen.

Endlich gibt es für jeden eine Kartoffelzuteilung. An großen Halden von Kartoffeln darf sich jeder eine bestimmte Menge holen. Überall sind Wachtposten aufgestellt, die genau kontrollieren, dass keiner mehr mitnimmt, als er darf. Berge von Kartoffeln bleiben liegen, aber keiner darf sich mehr holen. Heimlich, in der Nacht, sammelt unsere Mutter doch mit anderen Leuten zusammen die Kartoffeln von den großen Halden ein. Wer erwischt wird, muss mit Gefängnis rechnen. Mein kleiner Bruder und ich können nicht einschlafen, bevor unsere Mutter nicht wieder da ist. Sie wird beim Kartoffelklauen immer mutiger. Wie schnell könnte man sie da erwischen. Aber dann gibt sie es doch auf. Als dann die ersten Fröste kommen, sind die schönen, gesunden Kartoffel alle gefroren. Nun hat keiner mehr etwas davon.

Die Nächte in unserem kleinen Wohnraum werden auch immer kälter. Das Holz ist immer schnell abgebrannt, und die Wärme hält auch nicht lange vor. Waggons mit Steinkohle stehen schon seit Wochen auf dem Bahnhof. Aber sie sind nicht für unseren Ort bestimmt. Sie stehen so da und werden strengstens von Wachtposten und gefährlichen Hunden bewacht. Dennoch beschließen unsere Mutter und ihre Schwester, sich das einmal bei Tage anzusehen. Vielleicht kann man sich bei Nacht doch etwas heimlich holen.

Fast jeden Abend sind unsere Mutter und ihre Schwester nun unterwegs auf Kohlenklau. Aber sie sind auch nicht die Einzigen. Viele tummeln sich im Schatten der Nacht und sammeln heimlich Kohlen für den Winter. Einmal muss ich sogar mit, weil ich so gut klettern kann, um die Kohlen von dem oberen Container zu holen. Anschließend hat meine Mutter mehr Arbeit mit mir, als ich ihr überhaupt helfen konnte. Denn ich bin schwärzer als ein Schornsteinfeger. Selbst mein kleiner Bruder muss laut lachen, als er mich im Zimmer stehen sieht. So schwarz, wie ich heute aussehe, habe ich in meinem ganzem Leben nicht ausgesehen. Mitten in der Nacht macht unsere Mutter noch im Herd Feuer und erwärmt Wasser, um mir den schwarzen Kohlenstaub abzuwaschen.

Das schlechte Gewissen

Am Morgen sehe ich mir dann unsere nächtliche Beute an. Unsere Mutter hat alles in Pappkartons in der Nähe des Herdes gehortet. Aber für den kommenden Winter wird es nicht reichen. Da werden wir wohl noch viele Nächte auf Diebstahl ausgehen müssen, um in einer einigermaßen warmen Stube zu sitzen. Wieder durchfährt mich ein Schaudern. Was würde unsere Großmutter dazu sagen? Gewiss hätte sie schon die Bibel aufgeschlagen und uns vorgelesen: „Du sollst nicht stehlen!"

Da erinnere ich mich noch, dass Großmutter uns einmal erzählte, dass sie zwei Polenmädchen aus dem Arbeitslager holte und ihnen bei uns Arbeit und Brot gab. Sie ist mit ihnen sogar in die Stadt gefahren und hat sie von Kopf bis Fuß eingekleidet. Es sollte ihnen bei uns an nichts fehlen. Aber die erhoffte Dankbarkeit blieb aus. Eines Tages kam unser Kutscher aufgeregt ins Haus und rief meine Großmutter in den Stall. Er zeigte ihr, was er so alles auf dem Grund der Haferkiste, die immer für die Pferde gefüllt wurde, gefunden hatte: Tafelsilber, Speckseiten, Porzellan, Vasen und sogar Unterwäsche von meinem Großvater! Eine wahre Fundgrube breitete sich da vor ihnen aus! Da überlegte unsere Großmutter nicht lange. Sie holte die beiden Polenmädchen und zeigte ihnen den soeben entdeckten Schatz. Doch sie sagten nichts dazu. Voller Erregung packte sie die beiden am Kragen, zerrte sie aus dem Stall, holte die Gegenstände, die ihr Eigen waren, und trieb sie anschließend mit dem Besen vom Hof. Das war das Ende zweier Polenmädchen, die Mein und Dein bei unserer Großmutter nicht unterscheiden konnten. „Diebe können wir nicht gebrauchen", sagte unsere Großmutter. Oder: „Wer lügt, der stiehlt auch!" Das war oft ihre Rede und dabei hatte sie immer ein passendes Wort aus der Bibel bereit. Niemals wäre ich auf den Gedanken gekommen, jemandem einfach etwas wegzunehmen.

Und nun ist es doch geschehen. Mit meiner Mutter zusammen sind wir zu Dieben geworden! Wie konnte das nur geschehen? Plötzlich bekomme ich ein ganz schlechtes Gewissen. Ich schäme mich, dass wir solche Menschen geworden sind. Von jetzt an traue ich mich nicht einmal mehr, mit anderen Kindern zu spielen. Sogar in die Schule, in die ich eigentlich gehen sollte, traue ich mich nicht mehr. Im Unterricht verstehe ich überhaupt nichts mehr. Die einfachsten Dinge kann ich nicht begreifen. Selbst wenn der Lehrer auf mich zukommt, um mir etwas zu erklären, steht er immer übergroß vor mir und seine Augen wirken dick und glasig. Selten kann ich auf seine Fragen antworten. Oftmals sagen mir die anderen Kinder etwas vor, aber es ist nicht richtig. Dann fangen auch noch die meisten Schüler zu lachen an. Es ist nicht zu übersehen, sie lachen mich richtig aus. Und so muss ich mich fortwährend schämen. Ich fürchte mich einfach vor dem Lehrer, denn mit Gewissheit glaube ich, dass er mich schon längst als Diebin erkannt hat und deshalb so eigenartig zu mir ist. Immer wenn ich meinen Klassenlehrer auf dem Schulhof sehe, möchte ich am liebsten zu ihm hingehen und alles beichten. Wie oft nehme ich Anlauf, aber er weicht mir aus. So bleibe ich mit meinen Sorgen alleine.

Mutters Verzweiflung

Die Schmerzen in meinem Bauch und im Rücken werden beim Sitzen fast unerträglich. Eines Tages erscheinen zwei zusätzliche Lehrer in meiner Klasse, die nun gemeinsam beschließen, dass ich nach Hause gehen kann. In den nächsten Tagen erklären sie meiner Mutter, dass ich nicht mehr zur Schule kommen müsse. Ich sei krank und bräuchte unbedingt ärztliche Hilfe. Meine Mutter weint den ganzen Tag. Hier kann uns keiner helfen. Mein kleiner Bruder scheint schon dem Tod nahe. Dunkle Schatten haben sich wie Ringe um seine großen, tief eingefallenen Augen gelegt und seine Krämpfe sind noch anhaltender geworden. Unsere Mutter ist ratlos. In ihrer Hilflosigkeit wendet sie sich an das örtliche Rote Kreuz. Und so kommt es, dass sie mit Hilfe des Roten Kreuzes eine Suchmeldung an eine nahe Verwandte, die im Westen wohnt, aufgibt. Auch im Westen sind viele Städte durch die Fliegerbomben teilweise und manche sogar ganz zerstört worden. Wer weiß, ob unsere Verwandten überhaupt noch leben. „Es ist eben ein letzter Versuch", meint unsere Mutter. Als sie uns das alles erzählt, schöpfen wir wieder neue Hoffnung. Vielleicht meldet sich doch einer und hilft uns.

Der Herbst mit seinen anhaltenden Stürmen, der Regen, der an unserem kleinen Fenster abperlt, lässt uns erahnen, dass der Winter nicht mehr weit ist. Wir dürfen vorerst die Stube nicht verlassen. So sitzen wir, mein kleiner Bruder und ich, am Fenster und warten jeden Morgen auf den Postboten. Sehr oft sehen wir ihn an unserem Fenster vorbeigehen, aber für uns hat er nichts dabei. So vergehen Wochen, bis wir endlich unser Warten aufgegeben haben. Wer sollte jetzt noch an uns denken?

Der überraschende Besuch

Unsere Mutter hat uns heute einen großen Topf Kartoffeln gekocht. Wir wollen uns mal so richtig satt essen. Vor Freuden tanzen wir in unserer Stube herum und können es gar nicht abwarten zu essen. Der Apfelschalentee steht schon auf dem wackligen Tisch und verbreitet einen herrlichen Duft. Jeder bekommt eine große Blechtasse davon mit etwas Zucker. Bei jedem Schluck gluckert es in unseren Bäuchen. Das finden wir sehr lustig. Darum halten wir bei jedem Schluck die Luft an, um zu hören, bei wem es lauter gluckert. Dann müssen wir immer laut lachen. Aber unserer Mutter gefällt diese Albernheit nicht. Wir sollen endlich Ruhe geben. Dann werden die Kartoffeln auf den Tisch gebracht. Mit viel Pusten und ständigem Hin- und Herbewegen in unseren Händen versuchen wir, unsere Kartoffeln zu schälen. Dann geben wir etwas Salz dazu: ein herrliches Essen, das wir nicht jeden Tag bekommen. Plötzlich klopft es an unsere Türe. Unsere Mutter öffnet und bleibt einige Zeit wie angewurzelt stehen und schaut auf die schlanke Gestalt, die im Türrahmen steht. Dann folgt eine herzliche Begrüßung. Das muss jemand sein, der zu uns gehört! Aber den Besuch kennen wir nicht. Wie wir uns auch anstrengen, wir Kinder können uns an diese Tante nicht erinnern. Als sie sich nach langer Begrüßung in unserem Zimmer umschaut, wird sie doch sehr ernst. Man kann es ihr förmlich ansehen, wie sich ihr Gesicht zusehends verändert. Ich glaube, sie ist erschrocken, dass man in so einem Raum überhaupt wohnen kann. Dann setzt sie sich mit an den Tisch und isst auch von unseren Pellkartoffeln und trinkt von unserem säuerlichen Apfeltee. Aus ihrer Unterhaltung mit meiner Mutter erfahre ich, dass sie nicht länger als einen Tag bleiben kann. Und sie will meinen kleinen Bruder mitnehmen, wenn es geht schon morgen in aller Frühe. Sie hat alle Papiere, die nötig sind, besorgt. Denn er braucht unbedingt fachärztliche Behandlung, die es ja hier nicht gibt. Als mein kleiner Bruder merkt, dass er von hier weg soll, fängt er leise an zu weinen. Auf keinen Fall will er von uns weg. Nein, niemand darf ihn einfach mitnehmen. Die ganze Zeit läuft er im Zimmer hin und her und ruft so laut er überhaupt kann: „Nein, ich bleibe hier, ich gehe nicht fort!" Dann bleibt er stehen und schaut uns alle der Reihe nach an. Er will sehen, ob es ernst gemeint ist. Schließlich fängt er richtig an zu schreien. Er gräbt seinen Kopf in den Schoß unserer Mutter und tritt von einem Bein auf das andere und ruft immer wieder: „Ich will nicht mit, ich bleibe hier!" Wir wären ja gerne alle mitgefahren, aber ohne Ausreisepapiere darf keiner aus der Ostzone. Selbst mein kleiner Bruder dürfte nicht raus. Aber unsere Tante hat sich über das Rote Kreuz eine Behelfsausreisebescheinigung für ihn ausstellen lassen, weil er so krank ist und unbedingt Hilfe braucht. Manchmal hat man damit Glück. „Das wollen wir auch für dieses Mal hoffen", meint unsere Tante. Wir sollen unsere Ausreise beantragen, sobald mein kleiner Bruder drüben ist. Unsere Mutter notiert sich alles und will gleich am nächsten Tag auf dem Behelfsamt einen Ausreiseantrag stellen. Eifrig packt sie alles für meinen kleinen Bruder zusammen, damit es auch am Morgen keine Verzögerung gibt. Wir liegen schon lange im Bett. Mein kleiner Bruder ist vor lauter Weinen endlich eingeschlafen, aber ich liege noch lange wach und denke über alles nach. Wie wird das nur sein, wenn ich so ganz allein, ohne meinen Bruder, in diesem Zimmer bleiben muss und niemanden zum Spielen habe?

Es ist sehr früh am Morgen. Die kleine Glühbirne, die in einer einfachen Fassung schnurstracks von der Decke baumelt, verbreitet einen milchig matten Schein. Mein kleiner Bruder steht schon fertig angezogen, aber doch sehr hilflos und zitternd in unserer bescheidenen Stube. Er lässt alles über sich ergehen. Ich glaube, er weiß nicht recht, was mit ihm geschieht. Endlich sind wir alle fertig und verlassen gemeinsam die Wohnung. Draußen ist es noch dunkel, keine Menschenseele zu sehen. Wir sind wirklich die Einzigen. Nicht einmal ein Hund bellt, was doch sonst immer der Fall ist. Es ist ein langer Weg zum Bahnhof. Mein kleiner Bruder kann so weit nicht gehen. So wird er abwechselnd getragen. Endlich wird es dämmrig.

Die Dunkelheit wird durch das herannahende Morgenlicht langsam verdrängt. Dann hören wir das Pfeifen eines herannahenden Zuges. Jetzt ist der Bahnhof nicht mehr weit. Als wir in die kleine Bahnhofshalle eintreten, sind wir mit wenigen Schritten auch schon wieder draußen. Langsam nähert sich mit großen Rauchwolken ein Personenzug. Mit diesem Zug will unsere Tante mit meinem kleinen Bruder in den Westen fahren, nach Gemünden. Hoffentlich geht alles gut. Als der Zug endlich hält, steigt unsere Tante mit meinem kleinen Bruder unter dem Arm schnell ein. Recht lustig sieht es aus. Mein kleiner Bruder hängt wie ein Mehlsack herunter. Er bewegt weder Arme noch Beine. Aber dann sind sie drinnen und nehmen an einem Fenster Platz. So können wir ihnen noch ein bisschen zuwinken. Kaum hat sich der Zug in Bewegung gesetzt, lächelt mir mein kleiner Bruder zu und ich kann mich meiner Tränen nicht erwehren. Anstatt zu winken, muss ich mir die Tränen abwischen. Jetzt bin ich wirklich allein, ich habe niemanden mehr, mit dem ich spielen kann. Eine ganze Weile sehe ich dem Zug hinterher, bis seine roten Lichter in der Ferne verschwinden. Meine Mutter nimmt mich an der Hand und gemeinsam treten wir schweigend den Heimweg an. Mir ist es schwer ums Herz, wenn ich daran denke, wie lange es wohl dauern wird, bis wir uns wieder sehen werden. „Es kann ja auch ganz schnell gehen, aber meistens lassen sich die Behörden viel Zeit, um ein Dokument auszufüllen", meint meine Mutter. Bis heute hatte ich alles mit meinem kleinen Bruder geteilt: Hunger, Durst, Angst, Frost und viele, viele Entbehrungen. Wir waren immer zusammen. Und auf einmal, von einem Tag auf den anderen, bin ich plötzlich allein. „Aber es wird nicht lange dauern", meinte meine Mutter, „wir werden auch dort hinfahren." Mein kleiner Bruder ist sehr krank und braucht dringend Hilfe. Meine Mutter ist froh, dass er nun Hilfe bekommt.

Trotzdem ist dieser Tag ein trauriger Tag. Den ganzen Tag muss ich an meinen kleinen Bruder denken. Meine Mutter muss wieder zur Arbeit und ich gehe wieder zum katholischen Pfarrer in die Kinderstunde. Als ich in die Kirche eintrete, bin ich plötzlich wie in einer anderen Welt. Ich muss wohl eine Weile so gestanden haben, als mir der Pfarrer seine Hand auf die Schulter legt und mit mir nach vorne zu den anderen Kindern geht. Aber als er mich nach meinem Bruder fragt, fange ich an zu weinen. Er sagt nichts, er hört nur zu. Dann schaut er mich an und sagt: „Es ist besser so, glaub mir, es ist wirklich besser so!" Nach der Kinderstunde nimmt er mich mit in seine Wohnung. Ich bekomme wieder ein Glas Malzbier mit einem Ei verquirlt zu trinken, danach eine dicke Schnitte Schwarzbrot mit reichlich Zucker bestreut. Anschließend begleitet mich eine alte Frau nach draußen. Sie sagt mir ganz freundlich, dass ich morgen wiederkommen kann. So wird mein Besuch bei dem lieben Pfarrer bald zu einer Gewohnheit. Ich darf an dem warmen Ofen sitzen und manchmal sitzt er neben mir und erzählt mir Geschichten von lieben und bösen Menschen. Und dass Gott alle Menschen lieb hat und dass er sich um jeden Einzelnen sorgt. Dann erinnere ich mich an meine Großmutter, denn sie erzählte mir genau dasselbe.

So vergehen die Wochen. In der Kirche wird alles weihnachtlich geschmückt. Die größeren Kinder haben ein Krippenspiel eingeübt, das an Heiligabend in der Kirche vorgetragen wird. Als die Glocken am Heiligabend läuten, gehen meine Mutter und ich zum ersten Mal zum Gottesdienst. Ein riesengroßer Weihnachtsbaum mit vielen brennenden Kerzen, übersät mit großen und kleinen Strohsternen, schmückt die große Kirche und lässt sie in weihnachtlichem Glanz erstrahlen. Ich komme aus dem Staunen nicht heraus. Woher kommen bloß die vielen Menschen? Es haben längst nicht alle auf den Bänken Platz. Sie stehen in den Gängen und werden immer weiter nach vorne gedrängt, weil der Zustrom von draußen einfach nicht aufhören will. Wir haben ganz vorne noch einen Platz bekommen. Aber wenn ich etwas vom Krippenspiel sehen will, müsste ich mich schon hinstellen. Als endlich die große Kirchtüre ins Schloss fällt, setzt die Orgel mit einem altbekannten Weihnachtslied ein. Sogar meine Mutter kann dieses Lied mitsingen. Als der Pfarrer dann die Weihnachtsgeschichte vorliest, erinnere ich mich wieder an meine Großmutter. Genau die gleiche Geschichte hat sie uns damals auch vorgelesen. Schade, dass sie nicht dabei ist. Sie würde sich bestimmt auch über alles freuen. Ich jedenfalls habe noch nie in meinem ganzen Leben so einen schönen Weihnachtsabend erlebt. Ich glaube, im Himmel gibt es keinen schöneren. Voller Freude über diesen schönen Abend ziehen wir uns nach der Feier in unser kleines Zimmer zurück. Als ich dann mit meiner Mutter im Bett liege, tröste ich mich mit Maria und Josef: Sie hatten ja auch keine Herberge.

Der Schnee ist bis heute ausgeblieben. Aber die eisige Kälte hat jede kleine Wasserpfütze zu Eis erstarren lassen. Wer nicht unbedingt hinaus muss, bleibt lieber in der warmen Stube. Unsere ärmliche Stube will nicht so richtig warm werden. Erst verbreitet sich dicker Qualm in unserem kleinen Raum und wir haben alle Mühe, ihn wieder rauszubekommen. Es braucht halt viel Zeit, bis sich der Herd richtig erwärmt.

Die Schwester meiner Mutter ist ganz in unsere Nähe gezogen. Von jetzt an gehen wir viel zu ihr. Ihre Wohnung ist etwas besser als die unsrige. Ihre kleine Tochter, die noch zwei Jahre jünger ist als mein kleiner Bruder, kann noch nicht allein bleiben. So kann ich jetzt oft zu meiner Tante gehen und mit meiner Cousine spielen. Wir sind ab jetzt viel zusammen. Sogar Weihnachten feierten wir zusammen. Aber die Vermieterin meiner Tante verbietet uns, so oft zu kommen. Sie habe das Zimmer nur an meine Tante vermietet. Für vier Personen sei es zu klein. Leider müssen wir das einhalten, sonst würde meiner Tante die Wohnung gekündigt. Aber dafür kommt sie dann viel zu uns. Doch ist unsere Wohnung längst nicht so schön wie die meiner Tante. Aber ich habe nie eine Klage gehört.

Dann wird es wieder langsam Frühling. Schnee, Regen und Sonnenschein wechseln sich oft am Tage ab. Unsere Kleider sind immer noch dieselben. Meinen Trainingsanzug ziehe ich sommers wie winters an. Die Kinder lachen schon darüber, wenn sie mich damit auf der Straße sehen. Aber es gibt nichts anderes. Wir haben nur das eine Ziel, so schnell wie möglich von hier fortzugehen. So sehr sich meine Mutter auch müht, sie bekommt keine Ausreisegenehmigung. Wir können einfach nicht verstehen, warum sie uns nicht helfen wollen. Zumal wir uns eigentlich nur verfahren hatten. Wir waren doch nur aus Versehen in einen falschen Zug gestiegen. Nun kommen wir uns vor wie in einer Mausefalle. Oft gehe ich mit meiner Mutter mit und höre zu, wie sie inständig um eine Ausreise bittet. Meist sind es ältere Frauen, die ihre Willkür an jüngeren

Frauen auslassen, so auch bei meiner Mutter. Sie hören sie zwar an, aber sie schlagen die Beine übereinander, drehen den Bleistift zwischen ihren Fingern hin und her und belächeln sie. Nicht einmal das kleinste Zeichen der Hilfe wird deutlich. Es ist zum Verzweifeln.

Eines Tages kommt meine Tante zu uns und erzählt, dass sie in den nächsten Tagen einen Versuch, über die Grenze zu kommen, wagen will. Sie hat schon alles gepackt.

Nun sind wir wieder allein. Der Frühling hat wieder seinen Einzug gehalten. Bäume und Sträucher stehen voll bunter Blüten. Wir haben unser kleines Fenster weit geöffnet, damit die frische, warme Frühlingsluft in unser Zimmer einziehen kann. Ich muss oft an meinen kleinen Bruder denken. Wie wird es ihm wohl gehen? Zu gerne wären wir auch schon dort, aber wir haben niemanden, der uns über die Grenze bringen könnte.

Heute hat mich der Pfarrer wieder abgeholt. Es ist ja wieder Kinderstunde, und da soll ich auch immer dabei sein. Voller Kummer erzähle ich ihm, dass wir so gerne in den Westen zu meinem kleinen Bruder möchten, aber wir bekommen keine Ausreise. Schließlich schaue ich ihn an und gebe ihm zu verstehen, dass ich sehr wohl weiß, warum wir nicht hinauskönnen. Gespannt sieht er mich an, neugierig auch, was ich ihm wohl erzählen werde. Zuerst zögere ich noch, weil ich mich auch schäme. Aber dann kommt es wie ein Sturzbach aus mir heraus. „Wissen Sie was, wir sind doch Diebe! Wir haben im vorigen Jahr am Tage Zuckerrüben und in der Nacht Kohlen gestohlen. Und das nicht nur einmal. Sehr oft haben wir das getan. Und nun muss uns Gott dafür strafen. Deshalb müssen wir zur Strafe auch hier bleiben!" Endlich ist der Druck von mir gewichen, ich habe unsere Schuld bekannt. Aber ich kann einfach nicht mehr zu weinen aufhören, so schuldig komme ich mir vor. Erstaunt sieht mich der Pfarrer an und lächelt sogar ein bisschen. Dann legt er wieder seine Hand auf meine Schulter und sagt ganz leise zu mir: „Nein, nein, Gott straft euch dafür nicht! Das hat er euch schon längst vergeben. Nun geh schnell nach Hause, es wird sich schon noch ein Weg finden!" Als ich erleichtert durch die Türe nach draußen gehe, steht schon meine Mutter da und wartet auf mich. Neben ihr steht ein Mann, der meiner Mutter ein Angebot macht, sie für Geld, Schmuck oder sonstige Wertgegenstände über die Grenze zu bringen. Aber er kann uns nur an einem Samstag hinüberführen, weil sich viele Grenzsoldaten gerade von Freitag auf Samstag mit Wodka betrinken und anschließend ihren Rausch ausschlafen. Ein günstiger Augenblick, eine Flucht auf die andere Seite zu wagen. Meiner Mutter ist es ganz egal, an welchem Tag er uns hinüberbringen will. Hauptsache, wir werden nicht erwischt und kommen dort heil an.

Zu Hause sucht meine Mutter nun alles zusammen, was sie entbehren kann. Sie hat noch etwas Schmuck, den wird sie dem Mann, der uns seine Hilfe angeboten hat, geben. Ich bin überglücklich, dass sich so plötzlich eine Wende abzeichnet. Auch meine Mutter ist wie ausgewechselt. Zum ersten Mal fühlen wir uns beide glücklich. Jetzt machen uns all die Entbehrungen, die Sorge um die tägliche Nahrung, meine Krankheit und die Schule, die ich wegen meiner Schmerzen nicht besuchen kann, nichts mehr aus. Wir haben ab heute ein gemeinsames Ziel: so schnell wie möglich nach Westdeutschland zu kommen, koste es, was es wolle! Wichtig ist aber auch, dass wir niemandem etwas von unserem Vorhaben erzählen. Meine Mutter nimmt mir nun das Versprechen ab, niemandem, auch unserem Pfarrer nicht, davon zu berichten. Aber ich bin überzeugt, dass er von unserem Vorhaben sehr wohl etwas weiß. Nur wird nie darüber gesprochen. Denn er ist nach wie vor gleichbleibend freundlich und lässt sich nicht das Geringste anmerken.

Nachträglich sehe ich ihn als einen Heiligen, der abgesondert von allem seinen missionarischen Auftrag ernst nahm und sich von niemandem beeinflussen ließ. Das macht eigentlich erst den rechten Hirten aus, der sein geistliches Amt vor Gott ernst nimmt und es in Treue ausführt.

UNSER LETZTER VERSUCH

Mit dem Mann, der uns mit anderen über die Grenze bringen soll, haben wir letzte Vorkehrungen getroffen: so wenig Handgepäck wie irgend möglich. Kein Gepäck, das irgendwie Geräusche machen könnte. Niemand darf auf dem Weg husten und alle müssen gut laufen können. Mit dem Handgepäck haben wir keine Mühe. Es ist nur ein kleiner Rucksack für uns beide übrig geblieben.

Vor lauter Aufregung können wir in der Nacht vor unserer Flucht nicht einschlafen. Immer wieder schaut meine Mutter auf den alten Wecker, der uns mit seinem lauten Ticktack wach hält. Endlich ist es so weit. Obwohl es noch dunkel ist, ziehen wir uns rasch an und mit einem trocknen Stück Brot in der Hand verlassen wir auf Zehenspitzen unsere kleine Stube. Die alte Holztreppe, die wir doch täglich benutzten, gibt heute besonders laute, knarrende Geräusche ab. Aber es hört uns zum Glück keiner. Meine Mutter nimmt mich an die Hand, und dann eilen wir beide in die angegebene Richtung. Die Straßen sind wie ausgestorben, kein Leben weit und breit. Nicht einmal ein Hund oder eine Katze laufen uns über den Weg. Wir sind wirklich auf weiter Flur ganz allein. Hoffentlich weiß meine Mutter auch den rechten Weg dorthin, wo wir uns alle treffen sollen. Langsam wird es nun schon hell. Immer noch sind wir ganz allein. Vögel fliegen vor uns auf und leiten mit noch etwas schwachen Piepstönen ihre zarten Weisen ein. Es scheint ein schöner Tag zu werden. Überall riecht es nach frisch geschnittenem Gras und manchmal sogar schon nach Heu. Ab und zu muss mich meine Mutter hinterherziehen, weil ich den schnellen Schritt nicht gewohnt bin. Endlich erreichen wir eine alte Scheune. Es sieht so aus, als seien wir die Einzigen, doch das täuscht. In der alten Feldscheune haben sich schon eine ganze Reihe anderer eingefunden. Es wird nur im Flüsterton gesprochen. Eine Frau mit einem Kinderwagen fehlt noch. Auf die müssen wir noch warten. Wir dürfen keine Zeit verlieren. Der Mann geht nun reihum und sammelt seinen Lohn für seinen Lotsendienst ein. Jetzt kommt auch die Frau mit dem Kinderwagen. Sie hat ihr Baby darin eingepackt und noch andere Gegenstände darübergelegt. Aber der Kinderwagen macht laute Quietschgeräusche. Alle sind sich einig, sie darf den Kinderwagen nicht mitnehmen. Was nun? Das Baby würde weinen, wenn sie es auf den Arm nähme, meint die Mutter. In Windeseile wird das Baby umgepackt, und zwar so, dass nur noch ganz knapp Mund, Nase und die Augen frei sind. Alles andere ist rundum zugepackt. Anscheinend gefällt es dem kleinen Erdenbürger, denn er sieht dabei recht fröhlich aus.

Zehn Personen sind wir, die heimlich die Ostzone verlassen wollen. Hoffentlich geht alles gut. Unser Lotse geht schnell vor das Scheunentor, schaut sich vorsichtig noch einmal um und fordert uns mit einer hastigen Armbewegung auf, ihm zu folgen. Gebückt, im Schatten eines Wiesenrains, an Sträuchern und Hecken vorbei, folgen wir unserem Lotsen. Da, plötzlich ein Pfeifton. Wie Wildenten ducken wir uns. Keiner gibt einen Laut von sich. Es ist so, als würde jeder auf Kommando die Luft anhalten. Selbst das Baby spielt schön mit. Es gibt wirklich keinen Ton von sich. Anscheinend weiß es, dass es jetzt darauf ankommt. Dann kriechen wir wie Robben durch das Kornfeld. Nur nicht niesen, denn dann würden wir uns verraten. Mein Bauch fängt wieder an entsetzlich wehzutun. „Hier gibt es kein Jammern. Nur wer durchhält, erreicht das Ziel", hat unsere Großmutter oft gesagt. Jetzt gilt es wieder! Nach langem Kriechen und Schnaufen erreichen wir endlich das andere Ende des Kornfeldes. Vorsichtig schaut sich unser Lotse um, ob uns vielleicht doch jemand beobachten könnte. Die Luft scheint rein zu sein. Er zeigt auf einen großen Stein und teilt uns allen mit, dass das die Grenze ist. Dann zeigt er auf die andere Seite und sagt uns im Flüsterton: „Und das ist Westdeutschland! Jetzt lauft, so schnell ihr könnt, schaut euch nicht um, hört auf kein Rufen. Wenn die russischen Soldaten euch entdecken, holen sie euch bestimmt wieder zurück!"

Wir laufen alle wie auf Kommando, wie wild gewordene Pferde. Wir laufen und laufen. Bis wir plötzlich auf einer Wiese angekommen sind, auf der zwei Personen Gras zusammenrechen. Die rufen uns freudig zu: „Lauft nur, da hinten ist ein kleines Häuschen. Das ist ein Bahnhäuschen, an der Stelle hält jeden zweiten Tag ein Zug. In zwei Stunden wird er dort halten. In den steigt ein. Der bringt euch bis nach Lübeck!" Jetzt wissen wir es, wir haben es geschafft. Als wir endlich das kleine Bahnhäuschen erreicht haben, strecken wir uns alle unter einem großen Baum aus und versuchen, uns erst mal zu beruhigen. Jetzt wird das Baby doch unruhig. Nun darf es auch schreien. Hier wird es keiner mehr hören, der uns dann wieder zurückholen könnte.

Irgendwo an der Bahnstrecke zwischen Halle und Dessau steigen wir in den Zug. Trotz Überfüllung finden wir einen Platz. Und es steigen noch immer mehr hinzu. Wo die bloß alle herkommen und wo die alle hinwollen? Glücklich sitzen wir nun im Zug und freuen uns auf das Wiedersehen mit all unseren Verwandten in Lübeck.

Auf unserem kleinen Rucksack, unseren einzigen Habseligkeiten, habe ich Platz genommen. Halb eingeschlafen träume ich immer wieder von unserem Pfarrer. Zu gerne hätte ich ihm auf Wiedersehen gesagt und ihm für alles gedankt, was er mir und meinem kleinen Bruder getan hat. Aber ich durfte ja nichts sagen. Vielleicht wäre unsere Flucht nicht geglückt, wenn ich es erzählt hätte. Oder sie wäre sowieso nicht geglückt, dann hätten wir uns alle geschämt. Die ganze Zeit drehen sich meine Gedanken um diese Geschichte.

Plötzlich gibt es einen Ruck und wir stehen. Wir sind am Ziel. „Endstation Lübeck, bitte alle aussteigen!" In wenigen Stunden fährt der Zug wieder zurück, hören wir aus dem Lautsprecher. „Aber wer will denn schon zurück", denke ich mir. Wir sind doch alle froh, dass wir endlich hier sind. Wir nehmen uns Zeit beim Aussteigen. Helfer des Roten Kreuzes kommen uns entgegen. Sie wollen uns weiterhelfen. Meine Mutter erzählt ihnen von unseren Verwandten, die jetzt hier wohnen müssten. Es werden ihre Namen aufgeschrieben und wir müssen auf einer Bank Platz nehmen. Eine ganze Zeit müssen wir uns gedulden, doch dann kommt jemand mit einem Zettel, auf dem die ganze Adresse unserer Verwandten vollständig geschrieben steht. Wir wollen keine Zeit verlieren, deshalb machen wir uns sogleich auf den Weg.

Es ist ein warmer Tag, wir müssen wiederholt einen Augenblick ausruhen. Dazu quält uns ein schrecklicher Durst. Aber es gibt nichts zu trinken, wir müssen noch aushalten. Jemand zeigt uns den Weg mit der Hand: „Zweite Straße rechts, das ist die Straße zu der Sie möchten!" Endlich stehen wir vor der Türe und klopfen tüchtig. Ob uns wohl jemand aufmacht? Vielleicht wohnen sie schon lange nicht mehr hier! Auf einmal kommt jemand um die Ecke und stürmt freudig auf uns zu. Es ist Großmutter mütterlicherseits, bei der ich einmal im Winter Ferien gemacht hatte und die für so viele Soldaten Brot gebacken hat und Schweine schlachten ließ. Nein, ist das ein Wiedersehen! Sogleich nimmt sie uns mit ins Haus. Zuerst bekommen wir zu trinken: Saft mit Wasser gemischt. Dann einen großen Teller gefüllt mit weißen Bohnen. Schon lange habe ich so etwas Gutes nicht mehr gegessen. Kuchen soll es auch noch geben, aber den kann ich nicht mehr essen. Eine fürchterliche Müdigkeit überkommt mich. Ich kann nicht mehr aufrecht sitzen. Großmutter hat eine große Zinkwanne mit warmem Wasser mitten in die Küche gestellt. Dahinein soll ich mich sofort setzen und nachher kann ich mich in ihr Bett legen.

Nach vielen Stunden Schlaf, am anderen Tag nachmittags, wache ich endlich auf. Jetzt fühlte ich mich neu geboren, frisch und munter. Von all den vielen Unterhaltungen um mich herum habe ich nichts mitbekommen. Den Trainingsanzug hat Großmutter schon längst im Ofen verbrannt und mir dafür ein neues Kleid und frische Unterwäsche, Schuhe und Söckchen bereitgelegt. „Genau wie es im Himmel einmal sein wird, dort bekommen wir auch ein neues Kleid", hat der Pfarrer damals zu uns Kindern gesagt. Aber wir sind noch nicht im Himmel!

Großmutter staunt über meine dunklen Haare. „Hattest du nicht früher blonde Haare?" will sie wissen. Ich nicke, aber das ist eine lange Geschichte.

Jeden Tag gehen wir nun am Meer spazieren, sammeln Muscheln oder bauen tiefe Sandgräben, die die Wellen wieder zuspülen. So vergeht ein Tag nach dem anderen. Aber meine Mutter hat keine Ruhe, sie will dort hin, wo mein kleiner Bruder ist, in Gemünden. Sie hat schon lange nichts mehr von ihm gehört. Hoffentlich geht es ihm jetzt besser. Das kann Großmutter sehr gut verstehen. So planen wir wieder unsere Weiterreise. Dieses Mal werden wir uns nicht mehr in einen verkehrten Zug setzen und in die Ostzone fahren.

Schnell rast der Zug weiter, in den wir gestiegen sind. Meine Großmutter mütterlicherseits hat uns noch bis zum Bahnhof gebracht und uns so lange nachgewunken, bis unser Zug eine Kurve machte und wir sie nicht mehr sehen konnten. Jetzt sehen wir schon recht ordentlich mit unseren Kleidern aus, nicht mehr wie Räuber und Strauchdiebe. Immer wieder muss ich mich begucken. Sehe ich doch endlich wieder wie ein richtiges Mädchen aus und nicht wie ein fliegender Holländer. Hoffentlich erkennt mich mein kleiner Bruder wieder. Ach, ich freue mich schon richtig auf das große Wiedersehen mit ihm und meiner Großmutter väterlicherseits, die uns auf der ganzen Flucht so treu versorgt hat.

Noch einmal umsteigen und dann sind wir da. Es ist später Nachmittag, unser Zug fährt langsam in den Bahnhof ein. Wir stehen schon an der Tür und warten, dass er hält. Endlich bleibt er nach langem Quietschen und Zischen stehen. Wir sind da. Weißer Rauch breitet sich über den ganzen Bahnhof aus. Wieder fragen wir Leute nach der Straße und dem Namen derer, zu denen wir wollen. Hier scheint jeder jeden zu kennen. Als wir dann die lange Straßen entlanggehen, schauen uns einige Leute hinterher. Es dauert auch gar nicht lange, schon stehen wir vor der Haus-

Wo wären wir nur ohne meine Großmutter!

tür. Sie ist offen und wir gehen vorsichtig eine schmale Holztreppe nach oben. Dann klingeln wir. Ein kleiner Junge macht uns die Türe auf: Es ist mein kleiner Bruder! Sogleich nimmt ihn meine Mutter auf den Arm und drückt ihn tüchtig. Er hält seine kleinen Arme fest um ihren Hals geschlossen. Endlich haben wir uns wieder! Als dann unsere Großmutter noch im Türrahmen erscheint, war die Wiedersehensfreude vollkommen. Dann kommen auch die anderen alle an die Türe: meine Tante, die meinen kleinen Bruder damals abholte, und dann zwei große Jungen und ein großes, freundliches Mädchen mit dünnen, langen Zöpfen. Wir nehmen alle in der Küche Platz. Mein kleiner Bruder bleibt auf dem Schoß unserer Mutter sitzen und ich schleiche mich vorsichtig zu meiner Großmutter. Endlich sind wir alle vereint, denke ich. Aber am Abend soll's noch eine Überraschung geben. Wer wird denn nun noch kommen? Aber wir brauchen gar nicht so lange zu warten. Im Türrahmen steht plötzlich ein großer Mann. Es ist unser Vater! Das ist die größte Überraschung. Es ist ein glückliches Wiedersehen, alle vereint, aber in einer neuen Heimat, in der wir uns erst zurechtfinden müssen. Gemeinsam werden wir es schaffen! Mein Vater muss uns immer wieder anschauen. Er kann es gar nicht glauben, dass ich schon so groß bin. Er nimmt mich auf seinen Schoß und betrachtet mich von allen Seiten. Dann gibt er mir einen Kuss und sagt: „Du bist aber schon ein schönes, großes Mädchen!" Nun sind wir wieder eine ganze Familie! Meine Tante hat alle Hände voll zu tun, uns in ihrer Wohnung unterzubringen. Jeden Tag für so viele hungrige Münder zu kochen ist eine schwere Aufgabe. Wir wollen aber alle mithelfen, damit es ihr nicht so schwer fällt.

Nach einigen Tagen erscheint ein Bote mit einem Brief. Meine Mutter und ich müssen für einige Tage ins Flüchtlingslager. Wir können es zwar nicht verstehen, aber wir müssen hin. Warum das so sein muss, weiß keiner richtig zu sagen. Wieder packen wir unsere Sachen und fahren in die nächste Stadt, nach Gießen, in das dortige Flüchtlingslager.

Überall trifft man Erntewagen, voll beladen. Meistens sind es Kühe, die den Wagen ziehen. Manchmal sitzen hoch oben sogar Kinder und schauen mit verschränkten Armen in den blauen Himmel. Das muss ein schönes Gefühl sein!

Wir müssen mit vielen Menschen einen großen Raum teilen. Aber hier brauchen wir nicht mehr zu hungern oder zu frieren. Die wenigen Tage, die wir bleiben müssen, gehen auch vorbei. Wir können das Gebäude nicht verlassen, denn um das ganze Gebäude ist ein hoher Maschendraht gezogen. Ausbrechen kann hier keiner. Es ist ein langer kühler Regentag, der alles um uns herum grau in grau erscheinen lässt. Die großen grünen Bäume, unter die ich mich in den letzten Tagen immer gestellt habe, triefen vor Nässe. Lange kann sich keiner draußen aufhalten, er würde sonst pudelnass. Aber außen vor dem Zaun steht ein Mann mit einem kleinen Eiswagen und verkauft für zehn Pfennig die Kugel Eis. Manch ein Kind kann sich durch den Maschendraht ein Eisbällchen kaufen, aber ich habe kein Geld. Von weitem beobachte ich die Kinder, wie sie ihr gekauftes Eis auflecken. Der Eisverkäufer muss mich wohl schon eine Weile beobachtet haben, als er mich plötzlich zu sich ruft. Zögernd gehe ich zu ihm hin und da reicht er mir doch durch den Zaun eine Waffeltüte mit einem Eisbällchen darauf. Niemals hätte ich je damit gerechnet. In meinem ganzen Leben hatte ich noch nie so etwas gegessen. Lange danach habe ich noch den wunderbaren Geschmack auf meiner Zunge. Und den freundlichen Mann werde ich auch nicht mehr vergessen.

Mein Vater hat uns heute aus dem Flüchtlingslager abgeholt. Er hat erfahren, dass es mir nicht so gut geht. Wieder bei meiner Tante angekommen, muss ich vor heftigen Schmerzen besonders im Bauch und im Rücken im Bett bleiben. Der Arzt stellt eine böse Krankheit fest. Ich muss ins Krankenhaus, und zwar für längere Zeit! Das ist eine traurige Nachricht für mich, nachdem ich mich doch so über das Wiedersehen gefreut hatte! Aber es gibt keinen anderen Weg. Denn schließlich will ich ja auch wieder gesund werden und in die Schule gehen.

Im Krankenhaus

Einige Wochen liege ich nun schon im Krankenhaus in Marburg. Damit ich nicht immer wieder aufstehe, hat man mich sogar festgebunden. An manchen Tagen sind die Schmerzen unerträglich. Überall hängen kleine Schläuche an mir herunter, die das übermäßige Wasser in meinem Körper abfließen lassen sollen. Sie bereiten mir zusätzliche Schmerzen. Da ich nicht mehr essen kann, werden mir flüssige Speisen über einen Schlauch durch die Nase eingetrichtert. Ein ekliges Gefühl! So manch einen Morgen muss ich einen dünnen Schlauch schlucken, durch den mir dann mit einer Pumpe etwas Schleim aus dem Magen abgesogen wird. Das war jedes Mal eine solche Qual, dass jeder im ganzen Krankenhaus mein lautes Brüllen hören kann. Dann sind da noch die vielen Spritzen, die sich mit langen, dünnen Nadeln in meinen Po oder in die Oberschenkel einbohren. Ach, es ist alles ganz furchtbar! Wie

Im Krankenhaus wurden wir liebevoll versorgt.

sehne ich mich nach Trost von meiner Mutter oder meinem Vater, der mich ja auch hierher gebracht hat. Aber es kommt keiner. Ihnen fehlt das Geld für eine Bahnfahrkarte von Gemünden nach Marburg. Meine Großmutter väterlicherseits, die sich immer um mich gesorgt hat, ist selbst schwer krank und muss im Bett bleiben.

Es gibt Tage, in denen ich Traum mit Wirklichkeit durcheinander bringe. Es kommen lauter fremde Menschen, die andere Kinder besuchen, aber an mein Bett kommt niemand. Ärzte und Schwestern stehen manche Stunden ratlos neben mir. Und weil ich die anderen Kinder mit meiner anhaltenden Schreierei beunruhige, werde ich sogar für einige Zeit ganz allein in ein Zimmer geschoben. Jetzt bin ich wirklich allein. Immer, wenn am Abend das Licht ausgeht, kommen in meiner Traumwelt fürchterliche Gestalten auf mich zu. Sie sehen wie russische Soldaten aus, die sich mit ihren mongolischen Gesichtern über mich beugen und mich mit ihren übergroßen Händen quälen. Schweißgebadet schreie ich so lange, bis eine Schwester kommt und mir mit einem kühlen Tuch meine feuchte Stirn abtupft. Dann geht es mir wieder etwas besser. Oder die Schwester nimmt meine Hand und hält sie lange. Dann habe ich das Gefühl, als wollte sie mir sagen: „Ich bin ja bei dir, du brauchst keine Angst zu haben." Von jetzt an wird auch das Licht nicht mehr ausgeschaltet, eine kleine Glühbirne neben meinem Bett brennt jetzt die ganze Nacht.

Am Morgen erlebe ich eine große Überraschung. Meine Mutter ist gekommen! Das lässt die Schmerzen, die Ängste und die Trauer vorübergehend schwinden. Jetzt habe ich jemanden, mit dem ich vorerst alles teilen kann. Denn niemand versteht mich so gut wie meine Mutter. Sie reicht mir öfter etwas zu trinken, aber es fällt mir sehr schwer, mich aufzusetzen und dann noch zu trinken. Wenn sie mir von meinem kleinen Bruder etwas erzählen will, werde ich plötzlich müde und schlafe wieder ein. Die Stunden vergehen so schnell. Längst ist es draußen dunkel geworden. Stürmisch scheint es draußen zu sein, denn der Wind drückt mit voller Stärke gegen das Fenster. Eine Krankenschwester kommt herein und schaut nach, ob es auch zu ist. Meine Mutter sitzt noch immer an meinem Bett. Sie sieht müde aus. Wenn ich auch kein Abendbrot essen kann, so hat sie wenigstens eines bekommen und mit großem Appetit aufgegessen. Nach Hause kann sie heute Abend auch nicht mehr fahren. Es fährt kein Zug mehr. So weiß sie nicht recht, wo sie bleiben soll. Darum befragt sie eine Schwester, und so kommt es, dass man ihr für diese Nacht das Angebot macht, im Krankenhaus zu bleiben. Sie kann im Behandlungszimmer schlafen. Decken und Kissen werden ihr gebracht. Was für ein schönes Gefühl, dass meine Mutter ganz in meiner Nähe ist und wir uns auch morgen wieder sehen. Vielleicht nimmt sie mich ja morgen wieder mit, denke ich. Eine schöne Aussicht!

Doch es kommt alles ganz anders. Früh am Morgen steht meine Mutter wieder an meinem Bett. Sie musste ihren Schlafplatz schon früh räumen. Dann versucht sie, mir vorsichtig beizubringen, dass sie bald wieder nach Hause fahren muss. Mit ganzer Kraft richte ich mich auf und bettele sie mit erhobenen Armen und Händen an, mich doch bitte, bitte mitzunehmen. Bedauernd sieht sie mich an, sie kann mich nicht mitnehmen. „Du bist noch lange nicht gesund. Aber du willst es doch werden oder nicht?" sagt sie zu mir ganz leise und dabei streicht sie mir über die Haare. „Du musst noch ein bisschen warten. Aber wenn die Ärzte mir Bescheid sagen, dass du gesund bist, dann hole ich dich!" Als sie langsam ihren Mantel anzieht, weiß ich, dass ich noch hier bleiben muss. Und als sie dann zur Tür geht, fange ich laut an zu weinen. Sie schaut sich nicht mehr um, schließt die Türe leise hinter sich und geht. Ihre Schritte verhallen im Gang und ich bin wieder allein. Noch lange weine ich und rufe laut, aber es hört niemand. Danach hat mir mein ganzer Körper entsetzlich wehgetan. Vielleicht geht es mir ja morgen schon besser.

Zu gerne möchte ich wissen, wie es draußen ist, aber die Scheiben sind undurchsichtig. Wenn es drinnen sehr hell ist, wird wohl draußen die Sonne scheinen. Wenn die Eltern ihre Kinder besuchen, müssen sie an meinem Zimmer vorbei. Die Tür steht immer offen. So kann ich an ihrer Kleidung sehen, ob es draußen kalt oder warm ist. Sie haben fast alle warme Kleidung an, also scheint es Winter zu sein.

Noch immer hat mich keiner besucht. Der Besuch meiner Mutter ist schon lange her. Ob sie mich denn ganz vergessen haben?

Aber die Schmerzen sind noch immer stärker als die Trauer. Wenn die Schmerzen etwas nachlassen, dann bin ich auch schon eingeschlafen und wache Stunden später wieder auf. So vergeht ein Tag nach dem anderen.

Heute ist der erste Tag, an dem ich einen leichten Milchbrei zu essen bekomme. Das Schlucken fällt mir sehr schwer. Ich darf mich auch ein bisschen aufsetzen, aber auch nur zum Essen. Viel länger könnte ich auch nicht sitzen, denn dann fangen die Schmerzen sofort wieder an. Zu meiner größten Freude werde ich, endlich nach langer Zeit, wieder zu den anderen Kindern geschoben. Ich habe mir auch vorgenommen, nicht mehr so herumzuschreien.

Fast alle Kinder in meinem Zimmer bekommen Besuch. Aber mich scheinen alle zu Hause vergessen zu haben. Jedes Mal, wenn sich Schritte der Tür nähern, hoffe ich, dass für mich Besuch kommt. Aber vergeblich. Manche Eltern bedauern mich auch und schenken mir manchmal zum Trost ein Bonbon oder einen Keks.

Eines Tages kommt eine Krankenschwester auf eine Idee: Sie reicht mir einen Stoß Bilderbücher, die ich mir ansehen kann und auch den anderen vorlesen soll. Für mich ist das aber sehr schwierig, denn mein Lesen ist sehr schlecht. Bis jetzt hatte ich ja noch keine Schule besuchen können und seit einem Jahr hatte auch keiner mehr Zeit, mit mir zu lesen und zu schreiben. Ich traue mich nicht, es zu sagen, weil ich mich schäme. Das hat wohl schon lange ein älteres Mädchen bemerkt, weil ich mich ständig davor drücke, anderen etwas vorzulesen. Sie kommt eines Tages an mein Bett und bietet mir an, mir beim Lesen zu helfen. So kommt es denn, dass ich in ganz kurzer Zeit nicht nur mit ihr lesen, sondern auch endlich allein weiterlesen kann. Als ich merke, wie schnell ich alles behalte, überkommt mich ein richtiges Glücksgefühl. Am liebsten würde ich alle Kinder in meinem Zimmer umarmen und aus dem Fenster rufen: „Hurra, ich kann richtig lesen!" Selbst Krankenschwestern nehmen sich manchmal für mich Zeit und beobachten mich beim Lesen und wundern sich, wie schnelle Fortschritte ich in allen Lese- und Schreibübungen mache. Denn die Schreibübungen kommen nun auch dazu. Mehrmals in der Woche kommt eine Frau, die den Kindern Unterricht gibt, die schon lange nicht mehr die Schule besuchen konnten. Dazu zähle ich auch. Leider darf ich nicht länger als eine Stunde im Bett sitzen. Schreiben, Lesen und Rechnen wechseln nun fast täglich unseren langweiligen Tag aus. Wenn es auch nur eine Stunde Unterricht gibt, so habe ich doch anschließend viel Zeit zu üben. Ich übe oft übertrieben lange, sodass mir hin und wieder die Krankenschwestern alles wegnehmen müssen. Denn schließlich sollen wir Kinder viel liegen und nicht sitzen. Dann gibt es auch wieder Zeiten, in denen ich vor Schmerzen nichts tun kann, nicht einmal essen, und es überkommt mich oft eine Schwäche, dass selbst der Stationsarzt nicht weiß, was er mit mir noch machen soll.

So manchen Morgen muss ich vor dem Frühstück den Schlauch schlucken. Wenn ich dann noch den Wagen mit all den Geräten für diese Prozedur sehe, bekomme ich richtige Todesängste. Manchmal steht der Wagen schon einige Zeit in unserem Zimmer, es fehlen nur noch eine Schwester und der Doktor, um diese grausige Behandlung an mir auszuführen. Jedes Mal erklären sie mir, dass das nicht schlimm ist und dass sie das auch nicht gerne tun, es aber für mich tun müssen, um mir zu helfen. Doch vor lauter Angst verstehe ich in dem Augenblick nichts und kann meine Angstschreie auch nicht unterdrücken. Aber es hilft nichts. Weil ich so herumzappele, werde ich wieder in meinem Bett festgebunden und dann wird mir mit Gewalt der dünne Schlauch durch die Nase bis in den Magen eingeführt. Dann saugt man mir wieder aus meinem Magen etwas Flüssigkeit ab und schon ist alles fertig. Wenn alles beendet ist, finde ich es überhaupt nicht mehr schlimm.

Die Fenster sind heute weit geöffnet worden. Es schneit und weht tüchtig und die dicken Schneeflocken versuchen sogar, weit in unser Zimmer hinein zu fliegen. Aber sie bleiben nicht liegen. Draußen liegen schon dicke Schneepolster auf den Treppenstufen und auf der langen Mauer. Weihnachten ist nicht mehr weit, sagen uns die Schwestern. Wir müssen uns alle bis oben zudecken und ruhig liegen bleiben. Keiner darf das Bett verlassen, solange das Fenster offen steht. Ich liege dicht am Fenster und kann die dicken Schneeflocken beobachten, wie sie kreuz und quer durch die Luft wirbeln und dann auf dem Fensterbrett liegen bleiben. Ein schönes Gefühl, dass ich aus meinem warmen Bett und aus einem warmen

Zimmer dem Schneetreiben zusehen kann. Hier fühle ich mich richtig geborgen und sicher.

Voller Schrecken wache ich auf, als jemand anhaltend auf meine Schulter klopft und mir leise meinen Namen ins Ohr flüstert. Ich kann es gar nicht fassen, mein Vater hat sich mit dem Fahrrad im kalten Winter auf den langen Weg von Gemünden nach Marburg gemacht, um mich zu besuchen. Es ist solch eine große Überraschung, dass ich zuerst glaube, es sei alles nur ein Traum. Aber als er vor mir ein graues Päckchen aufwickelt und eine Puppe zum Vorschein kommt, weiß ich ganz bestimmt, dass es kein Traum ist. Schon sehr lange ist es her, dass ich eine richtige Puppe in den Händen halten konnte. Immer wieder muss ich sie mir ansehen. Mein Vater merkt es mir an, dass ich mich über die Maßen freue. Dann beugt er sich über mich und sagt mit rührender Stimme zu mir: „Siehst du, ich wusste, dass du dich darüber freuen wirst. Darum bin ich auch mit dem Fahrrad hergekommen, so hatte ich das Geld für eine Puppe übrig." Anschließend sitzt er lange an meinem Bett und sagt kein Wort, aber ich sehe, dass er sich dauernd Tränen abputzt. Die Fahrt hierher mit dem Fahrrad war wohl doch etwas zu viel für ihn. So beobachtet er mich nun eine ganze Zeit, ob es mir auch wirklich gut geht. Als ich ihm dann aus einem Bilderbuch etwas vorlese, da muss er auf einmal richtig lachen. Ja, er freut sich sichtlich, dass ich schon so gut lesen kann. Dann zeige ich ihm auch, wie das mit dem Schreiben und Rechnen geht. Ich sehe, wie er sich über mein kleines Wissen freut. So vergeht die Zeit. Als wir uns dann wieder verabschieden müssen, fällt es mir nicht mehr so schwer wie bei meiner Mutter. Ich habe ja jetzt eine richtige Puppe, mit der ich immer spielen kann. Auch wenn er schon längst mit seinem Fahrrad wieder unterwegs ist, habe ich das Gefühl, dass er an mich denkt und mich lieb hat. Und das tröstet mich über alles weg. Und die Puppe ist der Beweis.

Weihnachten im Krankenhaus

Zum ersten Mal höre ich die Glocken einer großen Kirche, die nicht weit von uns stehen muss. Sehr laut sind sie, aber feierlich. Festtagsstimmung herrscht im ganzen Krankenhaus. Überall sind Tannenzweige ausgelegt. Große Sträuße in Bodenvasen, verziert mit Strohsternen, schmücken die langen Gänge. Der große Adventskranz mit den vier Kerzen und den roten Schleifen im Vorraum verbreitet eine weihnachtliche Stimmung. Ich glaube, es ist das erste Mal, dass ich mich an eine so heimelige, stille Zeit erinnern kann. Alles ist so neu für mich und so wunderschön.

Schritte sind zu hören, lautes Lachen. Unsere Zimmertür wird aufgemacht, dann wird alles still. Wir sind alle gespannt, was nun kommt. Eine Krankenschwester steht an unserer Türe, sieht einmal zu uns und dreht sich dann wieder um, als beobachte sie jemanden. Schließlich singt ein Chor, ein Männerchor ist es, der uns amerikanische Weihnachtslieder vorträgt. So etwas Schönes haben wohl die meisten noch nicht gehört und noch dazu in amerikanischer Sprache. Ich jedenfalls noch nie.

Wie sie da stehen, mit ihren senffarbenen Anzügen und dem schmalen Schiffchen auf dem Kopf! Dass sie nicht frieren, da es doch draußen so kalt ist! Vielleicht haben sie ihre dicken Mäntel schon im Vorraum abgelegt.

Vor jeder Türe bleiben sie stehen und singen genau in das Zimmer hinein ein Weihnachtslied. Einige kenne ich sogar, bloß sie singen nicht auf Deutsch. Plötzlich kommt auch noch einer, der sich als Weihnachtsmann verkleidet hat und einen großen Sack mit sich schleppt. Aus diesem großen Sack holt er für jeden ein kleines Weihnachtssäckchen, das mit vielen Süßigkeiten und kleinen Spielsachen gefüllt ist: mit ganz kleinen Püppchen, kleinen Autos und winzigen Puppentellern, Tässchen und niedlichen kleinen Kaffeekännchen. Eigentlich müsste man jetzt laute Jubelrufe hören. Aber es ist ganz mäuschenstill, man könnte eine Stecknadel fallen hören. Erst als die amerikanischen Soldaten wieder draußen sind, fängt der Jubel an. Alle schreien, rufen und hopsen in den Betten herum, gerade wie auf einem Trampolin. Ob die Amerikaner wohl gemerkt haben, dass sie uns mit ihrem Besuch eine solch große Freude gemacht haben?

Mit meinem Essen wird es auch immer besser. Langsam bekomme ich auch Appetit. Ich kann so manches wieder essen, was zu Anfang überhaupt nicht möglich war. Vielleicht hat das der Lebertran bewirkt, ein übel schmeckendes, dickflüssiges Aufbaumittel, das alle Kinder täglich bekommen. Er bewirkt bei mir immer einen Brechreiz. Aber damit ich mich nicht wirklich übergebe, heißt es jedes Mal bei der Verabreichung: „Nase zuhalten, Mund weit auf und schnell herunterschlucken!" Trotzdem dauert das Essen immer ziemlich lang. Der Hals tut beim Schlucken weh und es fehlt einfach der richtige Appetit. Aber hier im Krankenhaus haben die Schwestern viel Geduld mit uns. So langsam wie der kleine Junge mir gegenüber sind wir nun doch nicht alle. Denn der hat noch am späten Nachmittag seine restliche Mittagsmahlzeit im Mund und kann sie einfach nicht herunterschlucken. Er hat schon richtige Hamsterbacken.

Eis und Schnee haben in unserem Krankenhausgarten zugenommen. Sogar der kleine Springbrunnen ist hoch zugeschneit. Es sieht aus, als wolle der Winter uns mal richtig zeigen, was er auch in einem „kleinen Deutschland" so alles kann.

Die traurige Nachricht

Die Röntgenbilder zeigen bei mir immer noch keine Wende. Oft zucken Ärzte und Schwestern mit den Schultern, sie wissen auch nicht weiter. Mein sehnlichster Wunsch ist, dass ich endlich nach Hause gehen kann. Keiner gibt mir eine Antwort, wenn ich danach frage. Einige Kinder durften schon nach Hause. Auch das große Mädchen, das mit mir fleißig lesen übte. Schade, dass sie weg ist. Es kommen aber fast täglich fremde Kinder dazu. Immer wieder neue kranke und weinende Kinder.

Eines Tages steht im Türrahmen eine große, dunkle Gestalt. Als ich genau hinsehe, ist es meine Tante, die damals meinen kleinen, kranken Bruder abgeholt hat. Schnurstracks kommt sie auf mich zu. Sie begrüßt mich mit Handschlag und setzt sich zu mir auf die Bettkante. Sie schaut mich eine ganze Weile an, dann streicht sie mir die Haare aus dem Gesicht und seufzt auffallend laut. Vielleicht hat sie mir etwas Wichtiges zu sagen, darum beobachte ich sie genau, was wohl kommen wird. Ihr strenges Gesicht, ihre glatten zurückgekämmten Haare und ihre auffallend hellen, stechenden Augen lassen so schnell kein Vertrauen in mir aufkommen. Ihr ganzes Gesicht zeigt einen auffallenden rötlichen Schimmer. Es ist von der kühlen Luft noch besser durchblutet. So kommen die hellen Gesichtshaare, die von der Seite wie ein seidenes Fellchen aussehen, noch deutlicher zum Vorschein. Ihr brauner Pelzmantel riecht stark nach Mottenkugeln und ist eigentlich für sie viel zu kurz. Aber was macht das schon, Hauptsache, er hält warm. Jetzt steht sie hastig auf und zieht schnell ihren warmen Mantel aus. Wieder setzt sie sich auf meine Bettkante.

Bestimmt erzählt sie mir jetzt etwas Wichtiges. Wenn ich sie auch nicht richtig ansehen kann, so bin ich doch gespannt. Endlich berichtet sie mir von meinem kleinen Bruder, der jetzt in die Schule geht. Auch, dass er keine Krämpfe mehr bekommt und manchmal recht lustig ist. Nach mir würde er auch öfter fragen. Dann ist wieder eine Pause. Ihr Gesicht verändert sich, ihre Stirn bekommt tiefe Falten. Jetzt holt sie tief Luft, schaut mich wieder mit ihren hellen, stechenden Augen an und sagt mit leiser Stimme: „Mein liebes Kind, du wirst nicht mehr gesund, das haben mir die Ärzte gesagt. Wahrscheinlich wirst du bald sterben müssen. Denn diese Klinik hat nicht das richtige Medikament, das dir helfen könnte!"

Diese Nachricht trifft mich wie ein vernichtender Schlag. Sehr wohl weiß ich, was sterben ist. So manche toten Kinder und tote Erwachsene hat man auf der Fahrt in die Freiheit aus dem endlos langen Güterzug einfach an den Bahndamm gelegt. Ich sollte nicht hinsehen, aber ich habe es doch getan. Nun, da ich alles überstanden habe, soll ich auch sterben? Warum erst jetzt, warum nicht schon früher? Es fängt sich in meinem Kopf zu drehen an. Nein, ich will nicht sterben! Voller Angst nehme ich die Hand meiner Tante und flehe sie an: „Bitte hilf mir, ich will nicht sterben, nicht jetzt!"

Sie sitzt fast unbeweglich neben mir auf der Bettkante und ihr Gesicht zeigt harte Züge. Dann bewegt sie ihren Kopf hin und her, was heißen soll: „Ich kann dir nicht helfen!" Schließlich fange ich entsetzlich zu weinen an. „Ist denn niemand da, der mir helfen kann?" jammere ich sie an. Sie sagt noch immer nichts. Sie lässt mich erst einmal weinen. Dann folgt eine lange Pausen. Auf einmal nimmt sie ihr Taschentuch und trocknet meine Tränen. Sie schaut mich an, aber plötzlich ganz verändert. Jetzt entdecke ich auch Mitleid bei ihr, denn ihre Falten zwischen den Augenbrauen lassen sehr wohl erkennen, dass sie überlegt, wie sie es mir richtig mitteilen soll. Denn sagen will sie mir jeden Augenblick etwas sehr Wichtiges. Und dann kommt es aus ihr heraus, als wollte sie es schon längst gesagt haben. „Hör mal", sagt sie, „ich weiß aber jemanden, der dir vielleicht noch helfen kann. Zwar hilft er nicht immer sofort, aber du kannst es ja mal versuchen."

Und so kommt es, dass sie mir die Geschichten von Jesus erzählt, dass er Menschen gesund machen kann. „Er kann Blinde sehend, Lahme gehend machen, Menschen, die voller Geschwüre waren, hat er gesund gemacht und er kann sogar Tote aufwecken", erzählt sie mir voller Begeisterung weiter. Ich bin sprachlos, dass es doch noch jemanden gibt, der so etwas Gewaltiges tun kann. Gehört hatte ich schon von solchen Geschichten von meiner Großmutter. Komisch, dass ich nicht schon früher darauf gekommen bin. „Du brauchst nichts anderes zu tun, als ihn zu bitten, dass er dich doch auch gesund macht", sagt sie ganz leise zu mir. Nach einer Weile springt sie plötzlich von meiner Bettkante auf, zieht sich ihren kurzen Pelzmantel wieder an, bindet sich ein Kopftuch um und macht eine Handbewegung, mit der sie mir zu verstehen gibt, dass sie ganz schnell zum Zug muss. Aber vorher stellt sie sich noch an mein Bett, faltete ihre Hände und betet für mich. Und das tut sie ganz laut, sodass es alle hören können. Dann verlässt sie mit raschen Schritten das Krankenzimmer.

Die größeren Kinder, die unser Gespräch mitbekommen haben, sind auffallend still geworden. Eigentlich geht es in unserem Zimmer nach den Besuchen immer recht lebhaft zu, doch diesmal ist es besonders ruhig. So etwas fällt auf. Zwei Schwestern schauen fragend in unser Zimmer hinein. „Hallo, seid ihr noch alle da?" rufen sie in unsere Stille hinein. Dabei müssen sie lachen, weil wir alle so aussehen, als hätte jemand über uns einen Eimer kaltes Wasser gegossen. „Hat jemand von euch Schmerzen?" fragen sie weiter. Fast gleichzeitig bewegen wir unsere Köpfe hin und her, so als hätten wir uns dabei abgesprochen. Die beiden Schwestern schauen sich an und lachen weiter. Und so schnell, wie sie gekommen sind, sind sie auch wieder verschwunden.

Die kommenden Wochen sind schrecklich für mich. Meinen Kummer will ich niemandem erzählen. Vielleicht stimmen sie meiner Tante noch zu und meine Angst würde überhaupt nicht mehr weichen. So manche Nacht kann ich nicht schlafen, doch am Morgen sieht es dann wieder anders aus. Auch die Kinder sind alle auffallend lieb zu mir. Wissen sie denn alle von meiner tödlichen Krankheit, nur ich nicht? Jeden Morgen beobachte ich jetzt die Krankenschwester, die mir eine Spritze in den Oberarm gibt, was sie für ein Gesicht macht: Schaut sie mich freundlich an oder macht sie ein besorgtes Gesicht? Ich kann nichts feststellen. Wer hat nun Recht: Meine Tante oder die Ärzte und Krankenschwestern? Sie müssten es doch wissen. Den dünnen Schlauch aus meinem Bauch haben sie schon lange herausgenommen. Trotzdem weiß ich nicht, ob sie die Hoffnung für mich aufgegeben haben. Vielleicht geht es mir schon längst besser, nur meine Tante weiß noch nichts davon? Essen kann ich auch schon einigermaßen. Woran soll es jetzt noch liegen?

Jeden Tag bete ich jetzt: „Lieber Herr Jesus, bitte mach mich doch gesund. Wenn du schon so vielen Menschen geholfen hast, dann kannst du jetzt auch mir helfen. Bitte, bitte tu es doch!" Am Morgen, gleich nach dem Aufwachen, bete ich diesen Satz und auch am Abend. Und sehr oft auch am Tage, immer wenn allgemeine Ruhe ist, dann versuche ich zu beten. Immer denselben Satz. Alles ganz heimlich, still und leise unter meiner Decke. Denn niemand soll wissen, mit wem ich da überhaupt rede. Jetzt wundern sich alle, dass ich so ruhig geworden bin, dass ich so ein liebes Mädchen bin. Eigentlich bin ich gar nicht so lieb, wie sie jetzt immer sagen. Wahrscheinlich ist es das Gebet, das mich so artig macht.

Ein Gebet wirkt Wunder

Der Frühling hat unbemerkt wieder seinen Einzug gehalten. Die letzten Schneereste hat der Wind in dieser Nacht noch aufgelöst. Längs der Mauer strecken Schneeglöckchen vorsichtig ihre weißen Köpfchen heraus. Die Weidenkätzchen mit ihrem pelzigen Silberfellchen drängen ans warme Frühlingslicht. Wenn die Fenster geöffnet werden, hört man die kleinen und großen Vögel mit ihren altbekannten Lockrufen. Eine Stimmung, die alle fröhlich macht.

Heute müssen alle Kinder zum Röntgen antreten. Alle werden angezogen, weil wir über eine offene Terrasse in ein anderes Gebäude gehen müssen. Aber vorher bete ich noch ganz innig meinen alten Satz. Dabei verhalte ich mich auch ganz ruhig. Kühn habe ich noch eine zusätzliche Bitte eingefügt: „Bitte, bitte schicke mir doch heute oder morgen meinen Vater, der mich nach Hause holt. Bitte, bitte!"

Nun gehen wir alle gemeinsam in das gegenüberliegende Gebäude. Dort angekommen, müssen wir uns wieder alle ausziehen und warten, bis wir uns, einer nach dem anderen, vor die kalte Röntgenplatte stellen müssen. Bei mir bleiben sie besonders lange stehen. Ständig werde ich hin und her gedreht. Schließlich holt man noch einen Arzt dazu, der bestätigen soll, dass nichts mehr zu sehen ist. Mehrmals wird das festgestellt. Es ist alles in Ordnung! Aber wie kann das sein? Die vorigen Röntgenbilder ließen deutlich erkennen, wie unverändert mein Krankheitsbild noch immer war. Die Ärzte stehen vor einem Rätsel. Dann schauen sie mich an und sagen: „Ja, unser Mädchen, wir können nichts mehr finden! Für uns zwar ein Wunder, wir können es uns nicht erklären, aber es ist so, du bist wirklich gesund! Aber du musst dich noch sehr schonen. Eine Erholung wäre nun gut!" Eine umwerfende Nachricht für mich. So schnell hatte ich noch nicht damit gerechnet. Sollte Gott wirklich so schnell ein Gebet erhören? In der Tat, er hat es getan! Der Beweis war ja da, denn wer sollte es sonst getan haben? Die Krankenschwestern und die Ärzte, die oft in unser Zimmer kommen, besuchen mich heute alle nacheinander und freuen sich mit mir. „Siehst du, nun wird doch noch alles gut, jetzt kannst du auch jeden Tag etwas länger aufbleiben", sagen die Schwestern zu mir. Heute darf ich sogar mein Mittagessen am Tisch einnehmen. Aber es soll noch eine Überraschung folgen.

Am nächsten Tag – wieder ein warmer Frühlingstag, der schon am Morgen eine fröhliche Stimmung aufkommen lässt – gibt es eine zweite Überraschung.

Mit einigen Kindern sitze ich am Tisch und spiele ein Würfelspiel. Wir sind so vertieft in unser Spiel, dass wir gar nicht merken, wer plötzlich hinter mir steht. Mein Vater ist gekommen, um mich abzuholen. Zuerst denke ich, es sei alles nur ein Traum. Aber als er mich so herzlich begrüßt und so freundlich redet, da weiß ich, es ist kein Traum. Glücklich bin ich, überglücklich! Mein Gebet ist wirklich erhört worden. Nun ist auch noch mein Vater gekommen! Alles das habe ich mir gewünscht und alles ist eingetroffen! Ja, mein Gebet ist ganz erhört worden. Aber ich werde alles für mich behalten. Es soll ein Geheimnis bleiben, von dem niemand etwas erfahren wird.

Dann werden alle Sachen zusammengepackt. Es ist nicht viel, aber für mich sind die Puppe von meinem Vater und die kleinen Weihnachtsgeschenke von den Amerikanern sehr wertvoll. Es darf nichts hier bleiben. Eine Schwester kommt und hilft beim Zusammenräumen. „Deine Puppe hat ein schönes Kleid bekommen", sagt voller Erstaunen mein Vater. „Das Puppenkleid hat mir eine Krankenschwester gestrickt", erzähle ich ihm. Wieder ist mein Vater gerührt. Es erfreut einfach sein Herz, das kann ich sehen.

Nun stehe ich fertig angezogen da mit meinem kleinen Köfferchen, das mir mein Vater mitgebracht hat, mit all meinen Sachen darin und warte auf den Doktor. Der will noch einiges mit uns besprechen und uns den Krankenbericht für den nächsten Arzt mitgeben. Ich verabschiede mich von allen Kindern und auch von allen

Krankenschwestern und Ärzten der Station. Wie Soldaten stehen sie da, als wir an ihnen vorbeigehen, und als ich mich noch einmal umdrehe, winken sie mir sogar nach.

Im Erholungsheim

Jetzt bin ich endlich mit meinem Vater allein. Eilig gehen wir zum Bahnhof. Da sagt mein Vater zu mir: „Aber wir fahren nicht nach Hause, wir fahren heute in einen anderen Ort, dort ist ein Erholungsheim. Da musst du noch für einige Wochen bleiben. Und ich bringe dich dorthin, aber deine Spielsachen nehme ich alle mit, weil es dort genug Spielsachen für dich gibt. Sie könnten dir weggenommen werden, das willst du doch nicht. Wenn die Zeit für dich dort um ist, dann hole ich dich endgültig nach Hause. Aber bis dahin musst du dich noch etwas gedulden!"

Jetzt verstehe ich gar nichts mehr. Ich soll nicht nach Hause? Ich soll wieder an einen völlig fremden Ort, an dem mich keiner kennt und auch keiner zu mir kommen kann, weil der Weg viel zu weit ist. Zudem ist auch kein Geld für diese Reise da. Ich kann es nicht verstehen. Immer wieder bettele ich meinen Vater an, mich doch bitte, bitte mitzunehmen. Aber es gibt kein Zurück, denn wir sitzen schon lange im Zug. „Bald sind wir da, du wirst sehen, es wird dir schon gefallen", sagt tröstend mein Vater. „Meinst du, mir tut es nicht leid, dass ich dich hierher bringen muss? Viel lieber hätte ich dich mit nach Hause genommen. Aber was würdest du sagen, wenn du wieder krank würdest und zurück ins Krankenhaus müsstest? Es ist sowieso ein Wunder, dass du schon gesund bist. Der Arzt hat uns vor nicht allzu langer Zeit noch etwas ganz anderes erzählt. Bitte sei nicht traurig. Du solltest dich freuen, dass es dir schon so gut geht. Die Zeit geht auch vorbei." Das ist alles, was mein Vater sagt. Ich schweige und denke über alles nach.

Als der Zug endlich hält, steigen wir beide aus und schauen uns um, ob uns nicht jemand abholt. Plötzlich stehen zwei Frauen vor uns und fragen nach unseren Namen. Mit einer Handbewegung fordern sie uns auf, mitzugehen. Mein Vater lächelt und sagt zu mir ganz leise: „Kerle, das ist ja hier wie beim Militär!" Dann stapft er zügig mit mir hinter ihnen her. Ein klappriger, alter Bus fährt uns zu dem Kinderheim, in dem ich mich erholen soll. Noch vor der Tür muss mein Vater die Papiere, die er vom Krankenhaus mitbekommen hat, abliefern. Die beiden Frauen nehmen mein Köfferchen und sagen zu mir: „So, nun verabschiede dich von deinem Vater und dann gehen wir ins Haus!" Ich muss weinen, als ich mich verabschiede, weil ich jetzt noch weiter weg von zu Hause bin, im Odenwald. Aber da weint mein Vater auch. Für ihn ist es auch schlimm, dass er mich wieder allein zurücklassen muss. Eilig dreht er sich um und wie im Dauerlauf, als ob einer hinter ihm her wäre, verschwindet er an der nächsten Wegbiegung.

Die Tür fällt hinter mir ins Schloss. Ich bin mit zwei strengen Frauen ganz allein. Viele Treppenstufen müssen wir hochsteigen, bis wir endlich das Stockwerk erreicht haben, auf dem ich mein Zimmer haben soll. Erst gehen wir durch eine Pendeltüre, dann wieder rechts durch die Nächste. Jedes Mal muss ich aufpassen, dass mir die Türe nicht an die Beine schlägt. Dann öffnen sie eine Zimmertüre, schubsen mich energisch vor, stellen meinen kleinen Koffer hin und sagen zu den anderen Kindern: „So, das ist die Neue! Das ist dein Bett und das ist der Schrank, in den du deine Kleider und deine Wäsche legen kannst. Hast du noch Fragen, dann frage jetzt. Wir müssen noch was anderes tun, als hier herumstehen!" Fragend sehen sie mich an und warten ab, aber ich kann ihnen keine Frage stellen.

Ich fange an, mich vor ihnen zu fürchten. „Wo sind deine Spielsachen?" wollen sie von mir wissen. „Die hat mein Vater mit nach Hause genommen", ist meine Antwort. „Na, dann musst du eben ohne Spielsachen auskommen, wir haben jedenfalls keine für dich", sagen sie darauf. „Zieh dich aus und leg dich in dieses Bett!" Sie zeigen auf ein Bett gleich hinter der Türe. Ehe ich noch fragen kann, sind die beiden Frauen schon wieder weg. Eigentlich will ich mich noch nicht ausziehen. Aber die anderen Mädchen in meinem Zimmer raten mir dringendst, das zu tun, was diese Frauen befehlen, sonst würde es mir hier sehr schlecht ergehen. Als das Abendbrot endlich kommt, stellen sie es mir auf meinen Nachttisch. „So, du musst im Bett essen. Verschütte nichts im Bett, sonst musst du eine Woche darunter schlafen!" Ich würde ja gerne an den Tisch gehen und dort essen, aber das darf ich ja nicht. Dann kommt eine der beiden Frauen, räumt das Geschirr ab und befiehlt gleichzeitig, dass wir uns alle in dem großen Waschraum gegenüber waschen und die Zähne putzen sollen. Ich habe zwar eine Zahnbürste aus dem Krankenhaus mitbekommen, aber ich habe weder Handtuch, Waschlappen oder Zahnpasta noch Seife, die ich nun bräuchte. Wo sollte ich sie wohl auch herbekommen? Es konnte uns ja keiner etwas mitgeben. Selbst meinem Vater kam alles so überraschend, denn er wollte mich eigentlich nur im Krankenhaus besuchen und musste mich plötzlich hierher bringen. Da blieb keine Zeit, etwas einzukaufen. Und wenn, dann wäre für solche Dinge überhaupt kein Geld da gewesen. Deshalb überlege ich die ganze Zeit, wie ich den anderen erklären soll, warum ich diese Dinge nicht besitze. Aber ich traue mich nicht.

Alle haben sich für die Nacht fertig gemacht und liegen in ihren Betten. Ich bin zwar im Bett, aber waschen konnte ich mich nicht. Voller Angst überlege ich, was ich sagen soll, wenn ich gefragt werde. Aber zum Glück kommt keine Kontrolle. Nur einmal kommt jemand und öffnet unsere Türe einen Spalt breit, reicht mit dem Arm bis zum Lichtschalter und knipst das Licht aus. Jetzt ist es wirklich ganz dunkel, nicht einmal ein kleiner Lichtstrahl dringt durch unser Fenster.

Später hat sich alles eingefunden. Eine freundliche Helferin gibt es, die nicht jeden Tag kommt. Aber wenn sie kommt, dann verbreitet sie eine frohe Stimmung. Dann wird gesungen, gelacht und sogar auch gespielt. Sie hat auch für mich die fehlenden Waschutensilien zusammengesucht. Die größeren Kinder in diesem Zimmer bleiben für sich. Ich bin ihnen eigentlich noch zu klein. Wenn sie aufstehen und nach draußen gehen, bin ich ganz allein in dem großen Zimmer. Immer wieder frage ich die beiden strengen Helferinnen, ob ich nicht auch raus kann. Aber sie geben mir keine Antwort. Schweigend wird mir das Mittagessen gebracht, schweigend wird alles wieder weggeräumt. Die großen Kinder aus meinem Zimmer essen im Speiseraum. Nur zum Mittagsschlaf kommen sie zurück in ihre Betten. Und da darf dann auch nicht geredet werden. Sie haben Redeverbot, sagen sie mir. „Warum denn das?", will ich wissen.

Aber sie schauen sich nur an und geben mir auf all meine Fragen keine Antwort. Eine schlimme Zeit beginnt aufs Neue für mich.

Vierzehn Tage bin ich nun schon hier. Es hat sich für mich nichts geändert. Immer noch liege ich im gleichen Zimmer und warte darauf, dass mir jemand sagt, dass ich auch aufstehen darf, wie die anderen. Aber es tut sich nichts. Das Zimmer hat nur ein kleines Fenster zu einem schattigen Winkel des Innenhofes. Wenn wenigstens ein bisschen mehr Sonne diesen Raum erhellen würde, dann wäre ich vielleicht nicht so traurig. Aber dieser Raum bekommt nie Sonne.

Endlich nach langer Zeit kommt wieder die fröhliche Helferin und staunt, dass ich so ganz allein im Zimmer liege. „Wie kommt das denn, dass du noch immer hier liegst?" will sie wissen. „Du solltest längst mit anderen Kindern draußen spielen", sagt sie zu mir und schaut mich mit großen Augen an. Hastig verlässt sie das Zimmer und im Flur höre ich, wie sie nach jemandem ruft. Nun ist ein heftiger Wortwechsel nicht zu überhören. Schließlich kommt sie wieder rein und fordert mich auf, aufzustehen und mich sofort anzuziehen. „Das wird ja noch schöner, die schlechten Launen an unschuldigen Kindern auszulassen! Wer gibt ihnen das Recht, so zu handeln? Nächste Woche kommt der Arzt, dem werde ich das sofort erzählen", drohte sie mit erhobenen Armen den beiden launischen Helferinnen und schlägt die Tür in meinem Zimmer so heftig zu, dass andere Kinder heraneilen, um nachzusehen, was da passiert ist.

Sie staunen nicht schlecht, als sie entdecken, dass da jemand ganz allein liegen muss. „Du bist die Einzige", sagen sie. Sie warten, bis ich angezogen bin, und dann gehen wir gemeinsam, aber ganz vorsichtig die Treppe hinunter, denn mir fällt das Gehen auf einmal so schwer. Meine Knie sind so wacklig, ich kann sie nicht richtig durchdrücken. So schlimm war es noch nicht einmal im Krankenhaus. Aber ich lasse es mir nicht anmerken. Vielleicht müsste ich wieder zurück in mein Bett. Und das will ich auf keinen Fall. So gehen wir geradewegs durch eine Pendeltür in einen großen Spielraum. Endlich bin ich einmal mit vielen Kindern in einem Spielraum zusammen! Das ist ein schönes Gefühl.

Die letzten Wochen meiner Erholungszeit sind nicht gerade schön. So gut es geht, will ich nicht auffallen. Egal wie ruppig die beiden launischen Helferinnen auch sind, ich mache alles, was sie wollen. Und doch mache ich nach ihrer Meinung immer wieder Fehler, die sie beide in Wut bringen. Aber warum sie gerade an mir ihre Launen auslassen, das habe ich nie erfahren. Andere Kinder bekommen hin und wieder Besuch, der mir nicht vergönnt ist. Es fehlt meinen Eltern einfach das Geld, um in den Odenwald zu reisen. Vielleicht fühlen die beiden Helferinnen sich gerade deshalb so sicher, an mir auch weiter ihre Launen auszulassen. Hier sind ja keine Kläger zu befürchten.

Ob sie es mit anderen auch so machen, kann ich nicht feststellen. Aber es soll sich doch ändern, denn das Ausmaß der Beschimpfungen hat nun sichtbar seinen Höhepunkt erreicht.

Ein warmer Gewitterregen, der schon am zeitigen Vormittag einsetzte und Feld und Flur in einem herrlich frischen Grün erstrahlen lässt, macht es unmöglich, spazieren zu gehen. Also werden wir im großen Spielraum in Gruppen aufgeteilt, damit man bei allen folgenden Spielen bessere Übersicht behält. Kaum haben wir einen Kreis gebildet, wird mir auch schon von der einen launischen Helferin befohlen, ans Fenster zu gehen. „Du bist zu schwach, du bleibst dort stehen", sagt sie und zeigt mit dem Finger auf das gegenüberliegende Fenster. Ein allgemeines Aufhorchen geht deutlich durch unsere Gruppe. Aber es wagt niemand, ein Wort zu sagen.

Am Mittagstisch spitzt sich die Lage für mich endgültig zu. Weil mir schon am Vormittag übel war, will ich auf keinen Fall zu Mittag essen. Aber das gibt es nicht. Da sitze ich nun vor meinem Teller, aber ich bekomme keinen Bissen runter. Der Geruch fördert meine Übelkeit noch mehr. Da scheint die Gelegenheit für eine der launischen Helferinnen gekommen, mir endlich mal zu zeigen, wie schnell man doch essen kann! In Windeseile wird mir dann Löffel für Löffel förmlich in den Mund gepresst. Dabei beschimpft sie mich, als würde ich alles mit Absicht tun, nur um sie zu ärgern. Meine Tränen vermischen sich mit dem Essen. Auch als ich mich schon einige Male in den Teller zurück erbreche, werde ich weiter gefüttert. Sie zeigt kein Erbarmen und besitzt auch kein Mitgefühl.

Sie setzt ihre eiserne Härte fort, bis der Teller leer ist. Anschließend muss ich sofort ins Bett. Am Nachmittag stellt sich Fieber ein, aufzustehen ist daher nicht möglich. Am Abend bringt mir jemand einen Tee, den ich trinken soll. Auch den kann ich nicht mehr zu mir nehmen.

Ich muss wohl sehr tief geschlafen haben, denn als ich aufwache, habe ich mich in meinem Bett erbrochen, ohne es zu merken. Bis zum nächsten Morgen darin zu liegen ist unmöglich. So wecke ich eines der älteren Mädchen und bitte sie, mir doch zu helfen. Sie läuft so schnell sie kann durch den schwach beleuchteten Flur und ruft laut um Hilfe. Und wer kommt? Eine der launischen Helferinnen, die ich nun auch noch in ihrer Nachtruhe gestört habe. Zuerst gibt's rechts und links was hinter die Ohren. „Warum bist du nicht auf Toilette gegangen? Was fällt dir ein, so eine Schweinerei zu machen? Warte nur ab, morgen gibt es noch eine Strafe, an die du dich dein ganzes Leben erinnern wirst!" ruft sie. Dann bezieht sie hastig das Bett, und ich muss in den Waschraum, um mich zu waschen und neue Sachen für die Nacht anzuziehen. Das alles muss mir die zornige Helferin noch obendrein besorgen. Sie ist sehr wütend und hat in der Nacht noch einen zusätzlichen Hass entwickelt. Zur Strafe komme ich nun nicht mehr in mein Bett zurück, sondern muss mehrere Stunden im kalten Waschraum barfuß in einer Ecke stehen. Ich fühle mich so schlapp. Wie gerne würde ich mich einfach auf den Steinboden legen, aber das darf ich nicht. Das ist verboten. Aber eines der großen Mädchen muss wohl wieder wach geworden sein und die sucht mich. Schließlich findet sie mich im Waschraum. Voller Mitleid nimmt sie mich an der Hand und führt mich zu meinem Bett. „Hier bleibst du liegen und ich werde mich morgen bei der Leiterin beschweren", sagt sie. Erstaunlicherweise hat diese launische Helferin nicht einmal nachgesehen, ob ich noch im Waschraum bin oder schon wieder im Bett.

Am anderen Morgen wache ich früh auf, weil mein Kopfkissen nass ist. Mit großem Entsetzen muss ich nun auch noch feststellen, dass mein rechtes Ohr stark blutet. Der kräftige Schlag in der Nacht hat wohl ein Äderchen zum Platzen gebracht. Der Anblick ist schrecklich.

Der Arzt muss kommen, der nun mein Ohr behandelt und natürlich auch nach der Ursache fragt. Eh ich überhaupt zum Reden komme, sind die anderen schon längst dabei und erzählen dem Arzt von den beiden launenhaften Helferinnen, wie sie hier ihre Wut an den Kindern auslassen und wie die eine Betreuerin heute Nacht mit mir umgegangen ist. Er sagt nichts, er steht langsam auf, geht nachdenklich aus unserem Zimmer und drückt die Zimmertüre vorsichtig hinter sich zu.

Jetzt folgte endlich die Zeit der ersehnten Ruhe. Die beiden launischen Helferinnen sind nun endgültig fort. Eine Freiheit, nach der ich mich schon immer gesehnt hatte, ist endlich gekommen. Warum konnte sie nicht schon von Anfang an da sein? Aber trotz allem bin ich durch dieses Erlebnis doch an kleinen Erfahrungen reicher geworden. Das ist eben das Leben mit seinen Höhen und Tiefen.

Glücklich vereint

An einem schönen Maientag sitze ich endlich mit anderen Kindern wieder im Zug. Wir fahren nach Hause. Dass meine Mutter mich vom Bahnhof abholen will, das weiß ich. Aber ob wir ein neues Zuhause haben, das weiß ich noch nicht. Viele Kinder sind schon vor mir ausgestiegen. Jetzt bin ich die Nächste, aber noch nicht die Letzte. Wirklich steht meine Mutter am Bahnhof und nimmt mich so herzlich in ihre Arme, dass ich auf einmal weiß: Es gibt für uns eine neue Heimat!

Außerhalb des neuen Heimatortes Gemünden finde ich mit meinen Eltern und meinem kleinen Bruder ein neues Zuhause. Endlich sind wir vereint und glücklich ans Ziel gekommen. Die Wirren des Krieges und der Entbehrungen haben uns nicht für immer getrennt. Die außergewöhnliche Hilfsbereitschaft des Hausbesitzers ebnet uns den Weg und macht es uns leicht, einen Anfang in einer neuen Heimat zu starten. Ein bescheidener Neuanfang, aber ein glücklicher! Nun sind wir alle wieder vereint, auch mit unserer Großmutter.

Die Kriegserlebnisse aber bleiben noch lange in meinem Inneren und bauen sich nur langsam ab. So kommt es vor, dass, wenn während des Schulunterrichts sich ein Flugzeug nähert, ich mich jedes Mal unter der Schulbank verstecke und mir gleichzeitig die Ohren zuhalte. Meine Lehrer haben Mühe, mir diese Angst zu nehmen. Aber am Ende ist es ihnen doch geglückt.

Auch die täglich dargereichte Schulspeise, die an alle Kinder verteilt wurde, bleibt mir in dankbarer Erinnerung. Sie war eine Idee der Amerikaner, wie auch die großen Carepakete voller Lebensmittel und Kleidung, die sie über Jahre hinweg spendeten. Und das alles für ein geschundenes, ausgebranntes und am Boden zerstörtes Volk. Ohne ihre Hilfe hätten wir es nicht geschafft!

Einmal bin ich mit meinem Vater unterwegs. Wir müssen eine Brücke überqueren, die einen breiten Fluss überspannt. Auf der anderen Seite steht ein Amerikaner mit einer Schrotflinte und zielt auf Enten, die genau über uns fliegen. Eigentlich ist er noch ziemlich weit weg. Vor Schreck sehe ich die Enten in dem Augenblick gar nicht. Ich glaube, er würde auf uns zielen, und aus Angst falle ich auf die Knie und schreie laut: „Ach bitte nicht!" Mein Vater ist sichtlich erschrocken. Was mit mir denn los sei, fragt er. Der Amerikaner kommt schnell zu uns gelaufen, hebt mich hoch und entschuldigt sich. Er schenkt mir gleich ein Päckchen Kaugummi, mehr hat er nicht. Dann setzt er sich in sein großes Auto und fährt weg. Ihm ist mit Sicherheit die Lust auf Entenjagd vergangen.

Einige Wochen später gehen wir alle, auch meine Großmutter, nach Jahren zum ersten Mal gemeinsam in die Kirche. Es ist uns allen ein großes Bedürfnis, dem lebendigen Gott zu danken, dass er uns bis hierher seine Treue gehalten und trotz der schweren Wegführung bewahrt hat. Die kleine Dorfkirche ist gut besucht. In der dritten Reihe, ziemlich weit vorne nehmen wir unsere Plätze ein. Die Kirche wäre ziemlich dunkel, wenn nicht die Sonne mit ihren hellen Strahlen durch die bunten Kirchenfenster dringen würde. Mit meinem kleinen Bruder sitze ich fast in der Mitte. An meiner anderen Seite sitzt meine Großmutter, die mir die Hand hält, als wir an den Liedvers kommen: „In wie viel Not hat nicht der gnädige Gott über dir Flügel gebreitet!" Ja, das haben wir alle erfahren und werden es nie vergessen.